Josef Fiala

Die Februarkämpfe 1934 in Wien Meidling und Liesing

Ein Bürgerkrieg, der keiner war

disserta Verlag

Fiala, Josef: Die Februarkämpfe 1934 in Wien Meidling und Liesing: Ein Bürgerkrieg, der keiner war, Hamburg, disserta Verlag, 2013

Buch-ISBN: 978-3-95425-254-1
PDF-eBook-ISBN: 978-3-95425-255-8
Druck/Herstellung: disserta Verlag, Hamburg, 2013
Covermotiv: "Indianerhof" (Fey-Hof), Nutzung mit freundlicher Genehmigung des Bezirksmuseum Meidling

Alle abgebildeten Dokumente (Fotos, Briefe, Zeichnungen, Zeitungsausschnitte usw.) stammen aus dem Polizeiarchiv, dem Bezirksmuseum Meidling bzw. aus dem jeweiligen Familienbesitz, welche für das Buch kostenlos zur Verfügung gestellt wurden.

Bibliografische Information der Deutschen Nationalbibliothek:
Die Deutsche Nationalbibliothek verzeichnet diese Publikation in der Deutschen Nationalbibliografie; detaillierte bibliografische Daten sind im Internet über http://dnb.d-nb.de abrufbar.

Das Werk einschließlich aller seiner Teile ist urheberrechtlich geschützt. Jede Verwertung außerhalb der Grenzen des Urheberrechtsgesetzes ist ohne Zustimmung des Verlages unzulässig und strafbar. Dies gilt insbesondere für Vervielfältigungen, Übersetzungen, Mikroverfilmungen und die Einspeicherung und Bearbeitung in elektronischen Systemen.

Die Wiedergabe von Gebrauchsnamen, Handelsnamen, Warenbezeichnungen usw. in diesem Werk berechtigt auch ohne besondere Kennzeichnung nicht zu der Annahme, dass solche Namen im Sinne der Warenzeichen- und Markenschutz-Gesetzgebung als frei zu betrachten wären und daher von jedermann benutzt werden dürften.

Die Informationen in diesem Werk wurden mit Sorgfalt erarbeitet. Dennoch können Fehler nicht vollständig ausgeschlossen werden und die Diplomica Verlag GmbH, die Autoren oder Übersetzer übernehmen keine juristische Verantwortung oder irgendeine Haftung für evtl. verbliebene fehlerhafte Angaben und deren Folgen.

Alle Rechte vorbehalten

© disserta Verlag, Imprint der Diplomica Verlag GmbH
Hermannstal 119k, 22119 Hamburg
http://www.disserta-verlag.de, Hamburg 2013
Printed in Germany

Gerhard und Heidi gewidmet

Wir gestalten Lebensraum

Vorwort

Nach Überlegungen, Informationen und einigen Gesprächen mit Herrn Univ.-Prof. Mag. DDr. Oliver Rathkolb und Herrn Univ.-Prof. Mag. Dr. Karl Vocelka entstand das vorliegende Buch mit dem Titel **Die Februarkämpfe 1934 in Wien Meidling und Liesing. Ein Bürgerkrieg, der keiner war**. Ihnen schulde ich ich herzlichen Dank und Anerkennung.

Für zahlreiche informative Gespräche danke ich Mag. Andreas Huber, Mag. Dr. Maximilian Graf und Mag. Dr. Bernhard Brudermann, sowie Frau Mag. Brigitte Brudermann. Besonders herzlich danke ich meinem Bruder, Herrn Mag. art. Hubert M. Fiala, der mir beratend zur Seite stand.

Ebenso danke ich der Leitung des Bezirksmuseums Meidling, Frau Prof. Dr. Vladimira Bousska und Herrn Prof. Hans W. Bousska sowie den Herren Dr. Gerald Netzl und Jürgen Weyand, welche mich mit Literatur und Broschüren sowie mit wertvollen Informationen bei persönlichen Gesprächen unterstützten.

Mein Dank gilt auch dem Verein für Geschichte der Arbeiterbewegung und dem Dokumentationszentrum des österreichischen Widerstands.

Von einigen weiteren Personen, besonders aber von den Interview-Partnern, habe ich im Zuge der Arbeit förderliche Hinweise und Anregungen erhalten. Ihnen allen schulde ich Dank, denn ohne sie wäre dieser Arbeit ein Verlust entstanden.

Mag. Dr. phil. Josef Fiala

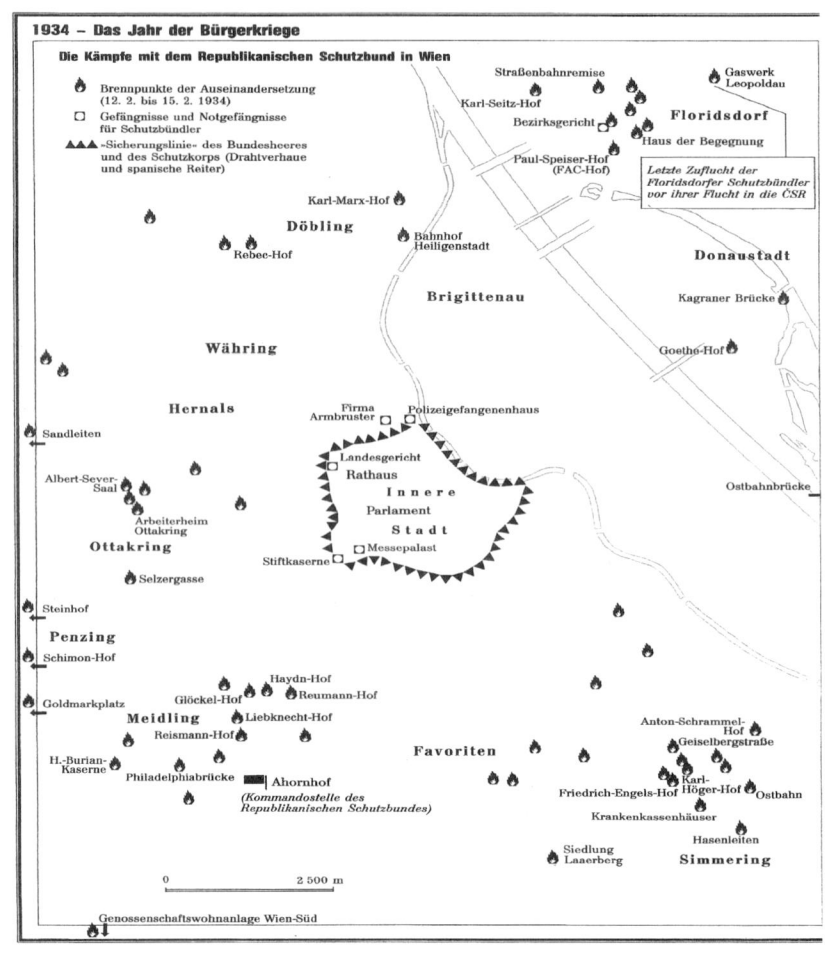

Die Kämpfe des Republikanischen Schutzbundes in Wien

Inhaltsverzeichnis

Einleitung 13

1. Die Entwicklungen in der 1. Republik 18
   1.1. Ende und Anfang 18
      1.1.1. Der Friede von St. Germain-en-Laye 1919 20
   1.2. Die Gründung der Parteien und der bewaffneten Schutzverbände ... 21
      1.2.1. Die Heimwehren 21
      1.2.2. Der Republikanische Schutzbund 23
   1.3. Die Toten von Schattendorf und ihre Folgen 27
   1.4. Die Ausschaltung des Parlaments 31
      1.4.1. Der Beginn des Austrofaschismus 34
      1.4.2. Die neue Verfassung 35
   1.5. Der autoritäre Ständestaat 35

2. Ein Bürgerkrieg, der keiner war 40
   2.1 Der 12. Februar 1934 im Hotel Schiff/Linz (Zentrale der OÖ Sozialdemokratischen Partei) 40
   2.2 Kein Generalstreik 42
   2.3 Die Verhängung des Standrechts 43
   2.4 Die Kämpfe in Oberösterreich 44
   2.5 Die Kämpfe in der Steiermark 46
   2.6 Die Kämpfe in Niederösterreich 47
   2.7 Die Kämpfe in Tirol 48
   2.8 Vor Beginn der Kämpfe in Wien 49
      2.8.1. Der Verrat des Schutzbundführers Kreis West Eduard Korbel ... 51
   2.9 Der „Eifler-Plan" 52

3. Die Kämpfe in Wien – Meidling 54
   3.1 Die Lage der Gemeindebauten in Meidling 54
   3.2. Die Leitung des Widerstands im Ahorn-Hof 59
   3.3. Die stärksten Widerstände und Berichte von verschiedenen Kämpfen ... 62
      3.3.1. Chronologischer Ablauf der Ereignisse 63
         3.3.1.1. Montag, 12. Februar 1934 63
         3.3.1.2. Dienstag, 13. Februar 1934 72
         3.3.1.3. Mittwoch, 14. Februar 1934 73
         3.3.1.4. Donnerstag, 15. Februar 1934 78
         3.3.1.5. Die Kämpfe in anderen Bezirken Wiens: 79
         3.3.1.6. Kampffreie Bezirke 80
         3.3.1.7. Bericht von Dr. Emanuel Edel, Arzt im Fuchsenfeld-Hof ... 81
   3.4. Bericht aus: Der Februar =Aufruhr 1934 82
      3.4.1. Die Kämpfe aus dem Blickwinkel der Regierung 87
   3.5. Weitere Berichte von Vorfällen oder Anzeigen 88
      3.5.1. Karl Schittra 88
      3.5.2. Komensky Schule 89
      3.5.4 Anzeige eines Herrn „Veritas" 91
      3.5.5. Anzeige Waffenlager in der Rosenhügelstrasse 92
      3.5.6. Waffensuche im Konsumgebäude Wolfganggasse 93
      3.5.7. Waffensuche im Volksbad Ratschkygasse (bei Indianerhof) ... 94
      3.5.8. Anweisung von Beschlagnahmungen 95
   3.6. Meldungen in der bürgerlichen Presse Meidlings 96

3.7. Die Listen der verletzten und toten Zivilisten in Meidling 99
    3.7.2. Dienstag, 13. Februar 1934 99
    3.7.3. Mittwoch, 14. Februar 1934 103
3.8. Die Listen der verletzten und toten Exekutivbeamten in Meidling 105
    3.8.1. Polizei: 105
    3.8.2. Bundesheer 105
    3.8.3. Heimwehr (inkl. Heimatschutz, Ostmärkische Sturmscharen) 106
3.9. Gesamte Opferzahlen 107

4. Die Anwendung der Oral History Methode bei Zeitzeugen bzw. deren Nachkommen 110
    4.1. Interview mit Herrn Amtsführenden Stadtrat a.D. Franz Nekula 110
    4.2. Interview mit Herrn Dipl.-Ing. Ernst Minychthaler 114
    4.3. Interview mit Herrn Karl Radda 116
    4.4. Interview mit Herrn Prof. Dr. Gerhard Johann Fürnsinn 117
    4.5. Interview mit Herrn Dr. Hubert Mykšanek 120
    4.6. Interview mit Frau GR Inge Zankl 122
    4.7. Interview mit Herrn Fritz Pruckner 124
    4.8. Interview mit Herrn Johann Kaltenbeck 126
    4.9. Interview mit Herrn Otmar Fischperer 128
    4.10. Interview mit Frau Ingeborg Wais 131
    4.11. Interview mit Herrn Josef Schmidberger 133
    4.12 Interview mit Frau Dr. Hertha Bren 134
    4.13 Interview mit Herrn Rudolf E. Olsina 137

5. Die Kämpfe in Liesing (damals Niederösterreich) 144
    5.1. Versammlung und erste Kampfhandlungen bei der Wohnbaugenossenschaft „Wien Süd" 144
    5.2. Verhaftung und Anklagen von Schutzbündlern in Rodaun und Liesing 146
    5.3 Wiedergabe eines Interviews von Dr. Gerald Netzl mit dem ehemaligen Schutzbündler Alfred Gromus aufgezeichnet am 10. November 2003 158
    5.4. Die Protestversammlung am 15. Juli 1934 auf der Predigtstuhlwiese in der Liesinger Nachbarortschaft Kaltenleutgeben mit Rosa Jochmann und drei Todesopfern 161
        5.4.1. Josef Gerl 164
        5.4.2 Originalbericht der Gendarmerie - Predigtstuhlwiese 165

6. Verhaftungen, Verfolgungen, Verurteilungen 171
    6.1. Verhaftungen und Einlieferungen in die Landesgerichte für Strafsachen Wien I und Wien II 171
        6.1.1. Landesgericht Wien I: 171
    6.2. Prominente verhaftete Politiker, Landesgericht I: 174
    6.3 Kerkerstrafen 175
    6.4. Anhaltelager Wöllersdorf und Kaisersteinbruch 176
    6.5. Kündigung der Gemeindebediensteten und andere Existenzverluste 178

7. **Hingerichtete Schutzbundführer** 179
   7.1. Karl Münichreiter Wien 179
   7.2. Ing. Georg Weissel Wien 181
   7.3. Emil Swoboda Wien 183
   7.4. Koloman Wallisch Steiermark 184
      7.4.1. Interview mit Herrn Ing. Günter Mühlbauer über die Festnahme von Koloman Wallisch aufgenommen am 18.04.2011 185

8. **Fluchtpunkte und Auswanderungen: Tschechoslowakei, Sowjetunion, Spanien** 188
   8.1. Auffanglager in der Tschechoslowakei 188
   8.2. Otto Bauer und Julius Deutsch in Brünn, Auslandsbüro Österreichischer Sozialdemokraten (ALÖS) 189
   8.3. Herstellung der „Arbeiter-Zeitung" und Schmuggel nach Österreich 191
   8.4. Flucht von ca. 2500 - 3000 Schutzbündlern 1934 in die Tschechoslowakei und die Sowjetunion 195
   8.5. Kurzbericht Erwin Hanzl: „Mein Weg als Schutzbündler Wien – Prag –Moskau" 200
   8.6 Schutzbündler im Bürgerkrieg in Spanien 1936 202

9. **Die Teilnahme von Kommunisten an den Kämpfen** 206
   9.1. Die Kommunistische Partei Österreichs in der Ersten Republik 206
   9.2. Kommunistische Einsätze bei den Kämpfen in Meidling 208

10. **Nachtrag** 212
11. **Schlusswort** 214
12. **Anhang** 215
Literaturverzeichnis 217

Einleitung

Dieses Buch soll ein Beitrag zur Erhellung der noch nicht vollständig aufgearbeiteten Kämpfe zwischen dem Republikanischen Schutzbund (und kommunistischen Kämpfern) einerseits und der Polizei, dem Bundesheer und den Heimwehren andererseits in den Bezirken Meidling und Liesing sein.

Der Ortsname „Meidling", ist warscheinlich slawischen Ursprungs. Im ältesten erhalten gebliebenen Grundbuch des Stiftes Klosterneuburg (Grundherrschaft) aus dem Jahre 1258, wird Meidling als „Mevrling" angeführt. Erst im 18. Jahrhundert taucht der Ortsname Meidling auf. Aber auch „Murling" (von Mauer) wurde in verschiedener Literatur genannt.

Meidling war seit mehr als einhundert Jahren ein Arbeiterbezirk, als nach Beendigung des Weinanbaus viele Bauern sich von der Landwirtschaft auf Handwerksbetriebe umstellten, vor allem als Lieferanten für ortsansässige Fabriken. Sie wurden Färber, Gerber und Wäscher und verbesserten damit ihre Lebensverhältnisse.

Durch Zusammenschluss der bis dahin selbständigen Ortsgemeinden Gaudenzdorf, Hetzendorf, Unter- und Obermeidling sowie des größten Teils von Altmannsdorf wurde der 12. Wiener Gemeindebezirk - Meidling – gebildet und diese Verordnung trat mit 1. Jänner 1892 in Kraft.

Schon ab dem 18. Jahrhundert entstand an der heutigen Grünbergstraße ein weiteres Siedlungsgebiet, wo keine Bauern siedelten, sondern Arbeitskrafte vom Schloss Schönbrunn und den Fabriken wohnten.

Der Bezirk Liesing besteht aus den ehemaligen Dörfern Atzgersdorf, Erlaa, Inzersdorf, Rodaun, Kalksburg, Siebenhirten, Mauer und eben Liesing. Liesing wird erstmals 1073 urkundlich erwähnt. Der Bezirk wurde nach dem Bach „Liesing" benannt, welcher altslawisch „Lesenica" heißt und sich mit „Waldbach" übersetzen ließe.

Die Besiedelung begann um 955 n. Chr., der bodenständige Kern waren slawische Bauern, welche sich nach der Schlacht am Lechfeld zurückzogen. Ihre Verfolger, Franken und Bayern, blieben zum großen Teil hier und wurden sesshaft. Nur Liesing wurde 1905 zur Stadt erhoben. Sie gehörte zur Bezirkshauptmannschaft „Hietzing-Umgebung" in Niederösterreich. Erst im Jahr 1938 wurde die Stadt als 25. Bezirk an Wien angegliedert, zusammen u.a. mit den Gemeinden Mödling, Breitenfurt, und Kaltenleutgeben. Im Jahr 1954 kamen die letzt genannten Gemeinden wieder zu Niederösterreich, Liesing wurde zum 23. Wiener Gemeindebezirk. Auch er war wie

Meidling ein Arbeiterbezirk, wo sich entlang des Liesingbaches in den Ortsteilen Kalksburg, Rodaun, Liesing, Atzgersdorf, Erlaa und Inzersdorf bis 11 Mahlmühlen, sowie Färbereien und viele andere Handwerks- und Industriebetriebe ansiedelten.

Dieses Thema für ein Buch wurde von mir gewählt, da ich in Wien - Meidling in der Längenfeldgasse geboren und aufgewachsen bin und die Gemeindebauten sowie die anderen Plätze, in welchen tagelange Kämpfe stattgefunden haben, mir gut bekannt sind. Einige Freunde waren und sind in diesen Bauten der Gemeinde Wien wohnhaft.
Viele Veranstaltungen und Besuche in diesen Wohnhausanlagen sind mir in guter Erinnerung.
Da ich seit vielen Jahren in Liesing wohne, wurden auch diese Kämpfe im Februar 1934 von mir erforscht, da die Schutzbündler aus der Nachbarortschaft Liesing auch die Meidlinger Kämpfer unterstützten (Philadelphiabrücke, Straßenbahn-Remise). Aber auch in dem Vorfall des 15. Juli 1934 auf der Kaltenleutgebner Predigtstuhlwiese, wo bei einer Rede von Rosa Jochmann zwei Schutzbündler, Richard Lehmann und Johann Fröhlich, erschossen wurden, waren die Liesinger Schutzbündler eingebunden.

Sven Lindquist fordert in seinem Buch „Grabe, wo du stehst" (Dig, where you stand) dazu auf, das Zustandekommen der eigenen Lebensverhältnisse zu erforschen. Diese Aufforderung, dort zu „graben" (zu forschen), Quellen offenzulegen, wo man gerade steht und lebt, ist mittlerweile zu einer „Grabe-wo-du-stehst-Bewegung" weltweit geworden. Sie ist 1978 entstanden, als Lindquist begonnen hat, die Arbeitsbedingungen in der Zementindustrie in Schweden zu erforschen. Dabei kam er zu vielen neuen Erkenntnissen, die Vergleiche zu Arbeitsverhältnissen in anderen Industriezweigen standhielten.
Mit dieser Arbeit versucht der Autor, dort zu „graben", wo er seine Kindheit und Jugendzeit (in den Nachkriegsjahren in Wien) verbrachte.

Es sollte ein Buch zur lokalen Geschichte der Kämpfe in den beiden Bezirken Meidling und Liesing werden. Eine „Geschichte von unten" mit neuen Erkenntnissen, welche in dieser Form noch nicht aufgearbeitet wurden, keine Mitteilung von bereits bekannten Kämpfen, die in den anderen Wiener Bezirken stattgefunden haben. Ein Bericht von betroffenen Familien, welche um ihre Männer, Frauen, Söhne und Töchter gebangt und auch später vielleicht getrauert haben. Oder sich damit abfinden mussten, dass ihre Angehörigen verhaftet, verurteilt oder auch in vielen Fällen getötet wurden.

Das neue Interesse an Alltagsgeschichte, an der Geschichte der „kleinen Leute", an „Geschichte aus der Sicht der Betroffenen" stellt sicher für die etablierte Geschichtswissenschaft eine Herausforderung dar.

Es sollte eine „Mikrogeschichte" werden, welche in den betroffenen Bezirken und Gebieten nie erwähnt oder aufgezeichnet und nur mündlich weitererzählt wurde.

Diese „Geschichte von unten" spiegelt aber auch die damaligen Lebensverhältnisse wieder, besonders wenn davon erzählt wird, wie das Zusammenleben auf engstem Raum der Familien in den Gemeindebauten funktionierte, von der Kommunikation und der Hilfsbereitschaft der Mitbewohner. Für hunderte Familien erschwerten sich die Bedingungen des alltäglichen Lebens, da die Arbeitslosigkeit immer stärker wurde und die oftmalige Verhaftung des einzigen Familienversorgers dann auch noch erfolgte.

Nach den Kämpfen kamen tausende in die Anhaltelager nach Wöllersdorf oder Kaisersteinbruch, oder wurden bei den großen Sozialisten-Prozessen zu langen Kerkerstrafen (wie Bruno Kreisky) verurteilt.

Etwa 2 500 Schutzbündler flohen in die Tschechoslowakei (hunderte nach Deutschland und Jugoslawien), gingen später in die Sowjetunion (ca. 1 000 mit Familien, zuerst als Helden gefeiert, später wurden ca. 400 Personen bei stalinistischen Schau-Prozessen verurteilt, verschwanden in Straflagern oder wurden hingerichtet) oder zu den Internationalen Brigaden im Spanischen Bürgerkrieg (1936-1939). Nach Kriegsende flohen sie nach Frankreich, wurden in Sammellager gesperrt, später den Nationalsozialisten übergeben und nach Dachau gebracht. Nur wenige kamen nach Österreich zu ihren Familien zurück.

Eine Auflistung (soweit vorhanden) der Verwundeten und Toten sowohl der Zivilbevölkerung (bedeutet Angehörige des Schutzbundes und einigen wirklichen Zivilisten) und der Exekutive, als auch Anzeigen und Verleumdungen von privaten Bürgern, aus amtlich noch nicht veröffentlichten Dokumenten, Vorladungen, Verurteilungen, Briefen usw., wurde erstellt.

Der Begriff „Bürgerkrieg" wurde in Frage gestellt, da es kein Massenaufstand der Bürger österreichweit war (nicht einmal ein gesamter „Aufstand der österreichischen Arbeiter", wie es Otto Bauer in seiner Schrift im Exil in der CSR formulierte), nur in einigen Bundesländern gekämpft wurde und auch kein Generalstreik stattfand.

Es wurde auch die Opferzahl in Meidling angezweifelt, da es nur zwei Namen (Walter Schwarz und Walter Schittra) auf einem Gedenkstein am Meidlinger Friedhof gibt, welche sich als viel zu gering herausstellte: 21 (!) ermordete „Zivilpersonen", dunter auch Frauen, sowie 11 Exekutivbeamte.

Eine umfangreiche Literatur zu dem Thema „Februarkämpfe 1934" ist vorhanden, jedoch zu Meidling und Liesing nur allgemein gehalten (Autoren: Otto Bauer, Joseph Buttinger, Ilona Duczynska, Bruno Kreisky, Josef Hindels, Julius Deutsch, Walter Wishaupt usw., siehe Literaturverzeichnis). Es wurde über Meidling (und Liesing noch weniger) nur jeweils in fünf bis zehn Zeilen über die heftigsten Kämpfe in den größten Gemeindebauten berichtet (Fuchsenfeld-Hof, Indianer-Hof, Liebknecht-Hof, Bebel-Hof). Ausführlicher wurden die tagelangen Kämpfe der großen Höfe wie Karl-Marx-Hof, Goethe-Hof, Schlinger-Hof, Sandleiten-Hof, aber auch in Simmering, Favoriten, dem Arbeiterheim Ottakring usw. beschrieben. Die Zusammenstöße der Regierungstruppen mit dem Republikanischen Schutzbund in den genannten Bezirken konnten erst nach genauem Quellenstudium in Archiven erforscht werden. Aber auch die Opferzahlen bei den Schutzbündlern in Meidling und Liesing sowie im gesamten Bundesgebiet müssen neu überdacht werden, da die Regierung die Anzahl der Todesopfer so gering als möglich hielt und viele Opfer erst durch dieses Quellenstudium bekannt wurden.

Nach Auskunft von Zeitzeugen und deren Nachkommen wurden sehr viele Verwundete nicht in Krankenhäuser eingeliefert, da man sie danach sofort verhaftet hätte.

Sie wurden zu ihren Wohnungen gebracht, wo man sie in Kellern oder Abwasserkanälen versteckte und aus Angst keine ärztliche Hilfe in Anspruch nahm. (In den Kanälen hatte es auch im Februar noch Temperaturen über 0 Grad Celsius!)

Trotzdem verstarben noch viele Schutzbündler in Wien in den folgenden Wochen an ihren Schussverletzungen, aber auch an Wundbrand, Fieber, mangelhafter Versorgung der Wunden und zu geringer Nahrungsaufnahme. Nach Erzählungen dieser Nachkommen, welche jedoch nicht genannt werden wollten, wurden viele Verstorbene zum Teil nachts in Massengräbern des Zentralfriedhofs (130 Männer in Schachtgräbern der Gruppe 28, Reihe 42, Grab 1—65), aber auch einige (aus Meidling) an der Außenmauer des Meidlinger Friedhofs, am Ende der Längenfeldgasse, oder in Parks, auch nachts begraben. Letztendlich wurden auch einige Tote (aus dem 21. Bezirk) in der Donau versenkt, wie Julius Deutsch in seinem Buch: "Der Bürgerkrieg in Österreich. Eine Darstellung von Mitkämpfern und Augenzeugen", berichtete.

Das Thema der Februarkämpfe war vor den 1990er Jahren parteipolitisch wichtig und wurde sehr emotional geführt. Für die Bevölkerung war es zum großen Teil tabu, die Erlebnisse, Entbehrungen, Verluste von Familienmitgliedern und zum Teil auch Verfolgungen des Zweiten Weltkriegs waren stärker in den Köpfen der Menschen eingebrannt.

Erst nach dem Ende des Kalten Krieges wurde das Thema weniger wichtig, obwohl Zeitzeugen vermehrt dazu Stellung nahmen. Die politischen Auseinandersetzungen der Ersten Republik wurden zu einem wissenschaftlichen Thema, und die bereits in den 1970er Jahren entstandene Literatur erfuhr eine weitere Vermehrung.

Da sich herausstellte, dass der Forschungsstand für diese historischen Ereignisse der Region des Südwestens Wiens (Meidling, Liesing) noch sehr lückenhaft ist, erschien es mir wichtig, sich damit zu befassen.

Es wurde mit Hilfe der „Oral History" die Befragung von noch lebenden Zeitzeugen (welche damals Kinder waren) und deren Nachkommen gearbeitet.

Unter „Oral History" versteht man eine sozialhistorische Forschungsmethode, bei welcher Erinnerungsinterviews mit Zeitzeugen als historische Quellen dienen. Dadurch kann ein neuer Blick auf die Vergangenheit gewonnen werden, da Geschichte nicht nur als gesehen erlebt wird, sondern meist als erfahrene und erlittene Geschichte.

Wörtlich übersetzt bedeutet Oral History „mündliche Geschichte". Diese ermöglicht den Zugriff auf Geschichte, die nur in dieser Form zu erfahren ist, da die befragten Menschen ihre Geschichte selbst nicht als solche wahrnehmen.

Dennoch bleibt es eine „Geschichte von unten", um „einfachen Menschen" die Möglichkeit zu geben, sich zur „großen Geschichte" zu äußern.

Es wird aber auch von Verhaftungen nach den Kämpfen vom Februar 1934, Überstellungen in Gefängnissen (und ev. Besuch und Verpflegung dieser Verhafteten) und Anhaltelagern berichtet. Ebenso über Verurteilungen, Flucht in die Tschechoslowakei und danach Ausreise mit Familien in die Sowjetunion, erzählt.

Die persönlichen Schicksale der Familien aus Meidling und Liesing sollen im Hauptteil des Buches vorherrschen.

Im Anhang sollen Urteile von Verhafteten, Fotos, Briefe, Abbildungen und Zeitungsausschnitte das Gesamtbild abrunden.

1. Die Entwicklungen in der 1. Republik

1.1. Ende und Anfang

„An Meine getreuen österreichischen Völker!"
Mit diesem „Völkermanifest" versuchte am 17. Oktober 1918 Kaiser Karl I. den österreichischen Teil der Monarchie zu retten. Er wollte Cisleithanien mit weitgehender Autonomie für die Nationen in einen Bundesstaat umwandeln. Aber es war bereits zu spät. Die Bildung von Nationalräten wurde angenommen, aber diese neuen Volksvertretungen gründeten aus Altösterreich unabhängige Staaten. Am 30. Oktober 1918 wurde „Deutschösterreich" gegründet, Karl Renner wurde Staatskanzler, Viktor Adler (schon todkrank) Staatssekretär für Äußeres.

Dr. Karl Renner *(1870- 1950), geb. in Mähren, ab 1907 im Reichsrat, nach Zusammenbruch der Monarchie 1918 Staatskanzler der 1. Republik, Delegationsleiter der Friedensverhandlungen in St. Germain, ab 1920 und von 1923- 1933 Präsident des Nationalrates. Am 12. Februar 1934 verhaftet. Ab April 1945 Kontakt mit der Roten Armee, danach Staatskanzler, von Dezember 1945 bis 1950 Bundespräsident.*

Ende Oktober rief Ungarn seine Truppen (Teile der ungarischen Armee meuterten bereits) von der italienischen Front am Isonzo zurück.
Am 3. November 1918 wurde der Waffenstillstand in der Villa Giusti in Padua unterzeichnet. Das Armeeoberkommando, hilflos gegenüber der Frontauflösung am Isonzo, war über die Gefangennahme von 300 000 Soldaten mindestens erleichtert, da dies eine drohende Massenhungersnot abgewendet hat. Am 6. November 1918 wurde die k.u.k. Armee von Kaiser Karl demobilisiert. Da das Italienische Oberkommando annahm, die Entente würde das Versprechen nicht einlösen, Südtirol für Italien zu bekommen, stellte es strenge Waffenstillstandsbedingungen, welche die österreichische Offiziersdelegation erst nach Rücksprache mit dem Hauptquartier in Baden bei Wien bestätigen konnte. Dadurch kam es zu einem Missverständnis, da die österreich-ungarischen Soldaten das Feuer an der Front um 24 Stunden früher einstellten, als die Italiener. Mehr als 300.000 Soldaten kamen in italienische Kriegsgefangenschaft.
Im Parlament trat am 11. November 1918 der Staatsrat (Kollegialorgan, setzte sich aus den 3 Parteiführern und 20 Abgeordneten der Nationalversammlung) zusammen.

Diesem wurde von Karl Renner ein Entwurf des Gesetzes über die Ausrufung der neuen Republik „Deutschösterreich" vorgelegt.

Danach wurde dem Kaiser vom Liquidationsminister Universitätsprofessor Dr. Karl Lammasch geraten, die Verzichtserklärung, welche Karl Renner (und unter anderem Ignaz Seipel) entwarf, zu unterzeichnen. (…"Das Volk hat durch seine Vertreter die Regierung übernommen. Ich verzichte auf jeden Anteil an den Staatsgeschäften"…)

Damit war die Herrschaft der Habsburger beendet.

Am 12. November fand im Parlament die Provisorische Nationalversammlung statt. Die Bevölkerung Wiens wurde aufgerufen, an der Proklamation der Republik vor dem Parlament teilzunehmen. 150 000 Menschen waren gekommen, teils organisiert, aber auch spontan. Viele verschiedene politische Gruppen nahmen daran teil, viele rote Fahnen der Kommunistischen Partei, welche bereits am 3. Oktober 1918 gegründet wurde, waren zu sehen.

Nachdem der Deutschnationale Präsident dieser Versammlung, Franz Dinghofer, auf der Rampe des Parlaments die einhellige Beschlussfassung bekannt gab, verlas der Sozialdemokrat Seitz den ersten Artikel dieser Verfassung. Artikel 1:

„Deutschösterreich ist eine demokratische Republik. Alle öffentlichen Gewalten werden vom Volke eingesetzt". Bei diesen Worten wurde bei den beiden Fahnenmasten die rotweißrote Fahne hochgezogen.

Einige Soldaten der „Roten Garde" stürmten jedoch zu den Masten, rissen den weißen Teil heraus und hissten diese roten Fahnen sowie ein Transparent mit der Aufschrift: „Hoch die sozialistische Republik". Als Gewehrschüsse fielen, flüchteten die Abgeordneten ins Parlament, die Menge der Zuschauer zerstreute sich in Panik.

Loyale Volkswehrsoldaten drängten die Rotgardisten ab, aber der Gründungstag der Republik hat zwei Menschenleben, einen zwölfjähriger Knaben und einen vierzigjährigen Mann, sowie 40 Verletzte gefordert.

Da die „neuen" Staatsführer annahmen, dass der neue Staat „Deutschösterreich" nicht lebensfähig sei, wurde auf der Ebene der Länder wie des Gesamtstaates die Möglichkeit einer staatlichen Verbindung mit der Deutschen Republik (ab 1919: Deutsches Reich) erwogen und bejaht: Die Republik Deutschösterreich erklärte sich in Verfassungsbestimmungen zum „Bestandteil" der Deutschen Republik. Auch in den Hauptstädten der Bundesländer und besonders im Wiener Neustädter Gebiet vollzog sich auf ähnliche Weise die politische Revolution.

In Linz kam es zu Unruhen von starker Wirkung, das proletarisch-sozialistische Element schien über das bürgerlich-deutschnationale überwogen zu haben. Radikale Eisenbahner und Soldaten stürmten den Garnisonsarrest und es kam in der Schlosskaserne zu ausgedehnten Plünderungen. Mit Hilfe von Soldatenräten gelang es den Sozialdemokraten, die radikale Strömung unter den Soldaten unter Kontrolle zu bringen.

Aber auch in den agrarischen und kleinstädtischen Gebieten erfuhr die alte Ordnung eine entscheidende Schwächung. Spontan entstehende Selbstverwaltungsorgane des Bürgertums und der Bauern, Freiwilligenkorps, Bürgerwehren, Bauernräte usw. wurden aufgestellt, wobei der Schutz von Eigentum vor Plünderungen und Ausschreitungen von durchziehenden ehemaligen Frontsoldaten vorherrschend war.

1.1.1. Der Friede von St. Germain-en-Laye 1919

Seit 14. 5. 1919 weilte die deutschösterreichische Delegation unter der Leitung von Staatskanzler Karl Renner in einem Pariser Vorort.

Erst am 20. 7. 1919 wurde der gesamte Text (nur schriftlich, kein mündlicher Meinungsaustausch) des Entwurfs eines „Friedensvertrages" übergeben.

Somit war klar, dass dieser „Friedensvertrag" nicht auf dem Weg echter Verhandlungen, sondern als Diktat der Siegermächte zustande gekommen war. Das „Selbstbestimmungsrecht", welches der amerikanische Präsident Woodrow Wilson in seinen „Vierzehn Punkten" verkündet hatte, schien nur für die „neuen Staaten" wie Tschechoslowakei, Polen, den serbisch-kroatisch-slowenischen Staat usw. zu gelten.

Für den Rest von Österreich galt es in keiner Weise, diese Entscheidung war damals unfassbar. (Georges Clemenceau, französischer Ministerpräsident: *„L`Autriche c`est ce qui reste"* – „Der Rest ist Österreich")

Zahlreiche Stellungnahmen und Gegenvorschlägen der deutschösterreichischen Delegation (auch ein Memorandum der Vertreter der deutschen Sudetenländer) hatten keinen Erfolg.

Nur die Annexion „Deutsch-Westungarn" sowie die Durchführung einer Volksabstimmung in Südkärnten wurden in den überreichten Text des „Friedensvertrages" aufgenommen. Nach Stimmenthaltungen der Tiroler Abgeordneten (Südtirol!) und mit der Mehrheit von 97 gegen 23 (deutschnationale Abgeordnete, da kein Anschluss an Deutschland genehmigt wurde) Stimmen wurde am 10. September 1919 in der konstituierenden Nationalversammlung von Staatskanzler Karl Renner in St. Germain dieser „Siegfriede" unterzeichnet.

Ohne Unterzeichnung des amerikanischen Abgeordnetenhauses trat er am 16. Juli 1920 in Kraft.

Das neue „Österreich" verlor an Italien das deutschsprachige Südtirol (Trentino und deutsch-ladinisches Südtirol), einige überwiegend deutschsprachige Orte im Kanaltal mit Tarvis und das Küstenland mit dem Hafen Triest, an den neuen SHS-Staat Teile von Kärnten und der Südsteiermark im Grenzgebiet. An die neue Tschecho-Slowakei Deutsch-Südböhmen, Deutsch-Südmähren, aber auch Teile von Niederösterreich wie ein Gebiet nordwestlich von Gmünd, im Raum Feldsberg südwestlich von Lundenburg (Breclav), das Sudetenland, die Sprachinseln Iglau, Olmütz und Brünn. Teile von Schlesien wurde Polen zugeordnet. Für die mehr als drei Millionen deutschsprachigen Einwohner dieser Gebiete in der Tschechoslowakei gab es das Selbstbestimmungsrecht nicht.

Allerdings entschieden sich die mehrheitlich slowenisch sprechenden Unterkärntner bei der Volksabstimmung im Oktober 1920 für Österreich. Und als erfreulicher Ersatz für manche Verluste kam, wie erwähnt, das Burgenland 1921 von Ungarn hinzu. Da Deutschösterreich keinen Krieg begonnen hat, gilt dieser Vertrag als „Staatsvertrag". Der neue Staatsname lautete **„Republik Österreich"**.

1.2. Die Gründung der Parteien und der bewaffneten Schutzverbände

1.2.1. Die Heimwehren

Kurz nach dem Waffenstillstandsabkommen und damit am Ende des Weltkriegs wurden die ersten Wehrverbände gegründet. Bereits am 3. November 1918 hatten sich sozialdemokratische Vertrauensmänner, einige Offiziere und Unteroffiziere zu einer Besprechung beim Unterstaassekretär Dr. Julius Deutsch eingefunden, um eine Neuaufstellung einer „Volkswehr" zu besprechen. Diese Volkswehr hatte besonders im Jahr 1919 mehrere kommunistische Putschversuche abzuwehren. Auch in Kärnten, der Steiermark und Tirol hatte die Volkswehr die junge Republik zu verteidigen.

__Dr. Julius Deutsch__ (1884- 1968), von 1919- 1933 Nationalrat, von 1920- 1932 Parlamentskommissär für Heereswesen. Ab 1924 Kommandant des Schutzbundes. Gemeinsam mit Otto Bauer führten sie die Kampfleitung des Aufstandes im Ahorn-Hof. In der Nacht zum 14. Februar 1934 flohen sie vor Verhaftung und sicherem Tod in die CSR. 1936- 1939 war er General der republikanischen Truppen im spanischen Bürgerkrieg.

Sieht man vom „Offiziersfaschismus" der zahlenmäßig wenig bedeutsamen Frontkämpfervereinigung ab, so waren vor allem die allerdings bzgl. ihrer Programme und Zielsetzungen heterogenen Heimwehren die wichtigsten „austofaschistischen" Organisationen. Im Unterschied zu den regulären Streitkräften Österreichs sind die einflussreichen Privatarmeen hervorzuheben.

Der am 2. September 1919 übermittelte Vertrag von St. Germain zwang Österreich ein Berufsheer auf und veranlasste somit das Ende der seit knapp 10 Monaten bestehenden Volkswehr von ca. 50.000 Mann (Artikel 120: Höchststand von 30.000 Offizieren, Unteroffizieren und Mannschaften).

Die Geschichte der Gründung der Heimwehren begann bereits beim Zusammenbruch der Monarchie, dem Zurückfluten der Armeen in den verbliebenen Rest von Österreich, vor allem in die ehemalige Haupt- und Residenzstadt Wien. Hunderte Offiziere mit tausenden Mannschaften fanden sich in der neuen Ordnung nicht zurecht. Viele hatten nichts anderes gelernt, als Soldat zu sein, der jetzt nichts mehr galt und für den man keine Verwendung hatte. Der spätere Bundeskanzler Julius Raab war einer der führenden Offiziere. (Julius Raab erinnerte sich: „Als wir heimkamen von den Schlachtfeldern, da ist uns…großmäulig erklärt worden, dass das Paradies auf Erden nun beginnt. Die ihre Pflicht erfüllt haben in schwerster Zeit, sind verspottet worden, verhöhnt und besudelt; dafür hat sich in den Zentralen und Kriegswirtschafts-Anstalten die krummnasige Garde vom Armeekorps Dr. Deutsch breitgemacht..")

Tiefes Misstrauen bestand in der Sozialdemokratie, dass die „bewaffnete Macht" in den Händen der „konterrevolutionären Offiziere" gegen die Demokratie und die junge Republik eingesetzt werden könnte.

Die bürgerlichen Parteien befürchteten andererseits, dass ein „sozialdemokratisches Heer" diese Republik stürzen und zu einer „Diktatur des Proletariats" umwandeln könnte. Die ersten bewaffneten Wehrverbände (Heimwehren, Heimatwehren) sind bereits während der Abwehrkämpfe in Kärnten und der Steiermark zur Verteidigung der Landesgrenzen entstanden. Die Länder Tirol (mit Richard Steidle, Heimatschutz), Vorarlberg, Salzburg und Oberösterreich folgten. Diese Heimwehrverbände dienten allerdings dem „inneren Frieden", womit der Kampf gegen den Bolschewismus gemeint war.

Die Sozialdemokratische Partei war für die Heimwehrbewegung nicht nur eine politische Konkurrenz, sondern eine radikal andersartige fremde Macht, welche die soziale und geistige Lebenswelt der bürgerlich-bäuerlichen Gesellschaft bedrohte und die abgewehrt werden musste.

Diese ersten rechtsgerichteten Wehrverbände traten unter verschiedenen Namen auf, hatten aber eine Gemeinsamkeit: Sie waren erklärte Feinde des Marxismus und lehnten die Folgen der Revolution von 1918 ab. Ziel war für Teile der Heimwehrbewegung schon ab 1930 die Abschaffung des Parlamentarismus und die Errichtung eines autoritären Regimes (Korneuburger Eid!). 1927 bis 1929 erlebten die Heimwehren eine Hochblüte. Das Anwachsen dieser hing zum einem mit der Veränderung der politischen Kräfteverhältnisse nach dem Juli 1927 zusammen: Die Defensivstrategie der Sozialdemokratie ermutigten die antidemokratischen Kräfte im bürgerlichen Lager. Zum anderen steht der Aufschwung der Heimwehren mit dem Interesse Italiens an einer faschistischen Umgestaltung Österreichs und der Etablierung einer Regierung, die die außenpolitischen Interessen Italiens garantieren konnte, im Zusammenhang. Ab dem Frühjahr 1928 unterstützte Mussolini die Heimwehren mit Waffen und Geld.

Aber auch in der Periode ihrer größten organisatorischen Stärke, in der es von vorbereiteten und wieder abgesagten Putschplänen nur so wimmelte, kamen sie nicht über den Status einer faschistischen Bewegung hinaus, die nie gegen, sondern nur mit Unterstützung und Einwilligung der Christlichsozialen einen politischen Umsturz hätte herbeiführen können. Dass den Heimwehren selbst nach einem erfolgreichen Putsch nicht die zentrale Rolle in einem Regime auf autoritärer Verhandlungsgrundlage zugekommen wäre, war sowohl den Heimwehren als auch ihren italienischen Protegés bewusst.

Aus beiden Lagern appellieren einige Politiker an die Vernunft, wollten eine „Abrüstung da wie dort", da sich zu viele Waffen, übrig geblieben aus dem Millionenheer des Weltkriegs, in zu vielen Händen befanden.

Aber ein „harter Kern von Ideologen" in beiden Lagern „warnte" vor Putschversuchen der anderen, von diesem Misstrauen kamen die Parteien nicht mehr los. Das Aufrüsten beider Verbände (Heimwehr und Schutzbund) endete erst in blutigen Kämpfen des Jahres 1934.

1.2.2. Der Republikanische Schutzbund

Im Oktober 1922 wurde auf dem Parteitag der Sozialdemokraten der Antrag von Dr. Julius Deutsch, eine Schutztruppe der Arbeiterklasse aufzustellen, angenommen. Es sollte einen Gegenpol zu den „Frontkämpfervereinigungen", Heimatschutzverbänden", „Ostmärkische Sturmscharen", „Selbstschutzorganisationen", usw., darstellen. Neben dem durch den Friedensvertrag zahlenmäßig stark begrenzten Heer und der Exekutive waren bis zu 180.000 Personen in Wehrverbänden der politischen Lager organisiert, was zu Drohgebärden, Machtdemonstrationen, Auseinandersetzungen um die Besetzung des öffentlichen Raumes und zu Konflikten mit Blutvergießen und Toten führte.

In Fabriken und großen Staatsbetrieben gab es bereits verschiedene „Arbeiterwehren" und „Ordnerorganisationen", welche die Betriebe vor Plünderungen von entlassenen Soldatentrupps aus den verschiedenen Frontbereichen schützten, aber auch mithalfen, Übergriffen ungarischer Freischärler aus dem Burgenland entgegen zu treten.

Am 19. Februar 1923 wurde der „Republikanische Schutzbund" aufgestellt, welcher zuerst auf Wien und danach auf Wiener Neustadt und das umliegende Industriegebiet zentriert war.

Die Parteiführung wollte den Schutzbund, welcher sich nur defensiven Aufgaben widmen sollte, als eine rein militärische Sondertruppe zur Verfügung haben, die technisch gut gedrillt, auf bedingungslosen Gehorsam eingestellt, der Parteiführung in der Wienzeile in Wien zur Verfügung zu stehen hat. Von Anfang an in der Defensive – die Opfer politischer Zusammenstöße in jener Zeit waren ausschließlich in der Linken zu finden - wurde erst nach den tragischen Ereignissen des 15. Juli 1927 ernsthaft an eine militärische Ausbildung des Schutzbunds geschritten.

Das Kommando führten die früheren Bundesheeroffiziere Dr. Julius Deutsch und Major Ing. Alexander Eifler.

Ing. Alexander Eifler (1888- 1945) Sohn des K.u.k. Feldmarschallleutnants Ferdinand Eifler Edler von Bodenstedt, Offizier im 1. Weltkrieg, ab 1921 Major.
Gründungsmitglied des Militärverbandes, ab 1930 Stabschef des Republikanischen Schutzbunds (scharfer Gegensatz zu General Theodor Körner),1934 ist der „Eifler-Plan" nicht ausgeführt worden, Eifler wurde am 3. Februar verhaftet. 1935 beim „Hochverratsprozess Schutzbund" zu 18 Jahren Kerker verurteilt, nach der Amnestie im Dezember 1935 entlassen. Im März 1938 verhaftet, KZ nach Dachau, Flossenbürg und wieder Dachau, am 2. Jänner 1945 an „Blutvergiftung" gestorben.

Der frühere Generalstabschef der Isonzo-Armee, General i.R. Theodor Körner (von Siegringen), politisch ein demokratischer Loyalist, war nicht für den offenen militärischen Kampf, sondern für eine neue „Guerilla-Taktik", welche von der

Parteileitung abgelehnt wurde. Im Jahr 1928 trat Körner in den Hintergrund, 1930 ganz zurück. Seine warnenden Briefe an Karl Renner und Otto Bauer fruchteten nichts.

Theodor Körner Edler von Siegringen (1873- 1957), Techn. Militärakademie, ab 1899 im Generalstab, Offizier im 1. Weltkrieg, ab 1917 Generalstabschef der Isonzo-Armeen, ab 1924 als General im Ruhestand, trat er der Sozialdemokratischen Arbeiterpartei bei. Er wurde Mitglied der Zentralleitung des RS und geriet mit Julius Deutsch und Alexander Eifler wegen militärischer Uneinigkeit in Konflikt. Verbrachte nach 1934 11 Monate in Haft, wurde auch nach dem Hitler-Attentat 1944 in Haft genommen. Nach 1945 Bürgermeister von Wien, ab 1951 bis 1957 Bundespräsident.

Körner sah im Februar 1934 einen Kampf als Selbstmord an, dies sagte er auch zu Julius Deutsch, da er die steigende Ungeduld des Schutzbundes und die ebenso steigende Apathie der Massen erkannte; Brief an Renner vom 21.9. 1933 anbei.

Die Kritik an der geplanten Waffengewalt, die Theodor Körner mit der Präzision des Generalstäblers und dem Zorn des Propheten gegen die stur-militärische Schutzbundpolitik der Sozialdemokratie richtete, umreißt als Alternative eine politisch-militärische Taktik, die uns heute im weltweiten Raum als die moderne Taktik des Guerillakrieges bekannt ist.

Die politische Leitung des Republikanischen Schutzbundes übernahm die Sozialdemokratische Arbeiterpartei Österreichs; für jede örtliche Organisation des Schutzbundes die örtliche Organisation der Partei.

Aktionen durften nur „im Einvernehmen mit der zuständigen Parteiorganisation" unternommen werden.

Abschrift!

Wien, am 21.September 1933.

Lieber, verehrter Genosse Renner!

Ich schreibe Ihnen nur, weil sicher wieder keine Gelegenheit sein wird, irgend etwas ruhig zu besprechen. Eine Bemerkung von Ihnen vom letzten Donnerstag veranlasst mich, Ihnen auf ein paar losen Blättern anzudeuten, dass man die Probleme der Gewalt sehr wohl bis zum Ende durchdenken und demzufolge auch sehr wohl vorsorgen kann. Die Militärs vor 1914 hatten auch alle möglichen "Mobilisierungs Vorsorgen" und "Aufmarschpläne" die den Kriegsfall R,I,B, und kam es im Ernstfall anders. Aber der Geist war vorgeschult, und alles konnte sich zurechtfinden.

Ich verstehe schon, dass allen Genossen die Militär- und Gewaltfragen höchst zuwider sind. Ich verstehe aber nicht, warum z.B. im ganzen Jahre 1933 nicht ein einziger Genosse der Parteileitung das Bedürfnis gehabt hat, mit mir einmal über diese Geschichte zu reden.

Mit den besten Parteigrussen

Ihr

Körner m.p.

Brief von Gen. Theodor Körner an Karl Renner

1.3. Die Toten von Schattendorf und ihre Folgen

Am Sonntag, dem 30. Jänner 1927, ereignete sich in dem kleinen burgenländischen Ort Schattendorf ein Zusammenstoß zwischen „Frontkämpfern" und „Republikanischem Schutzbund", welcher zwei Todesopfer forderte.

Die Frontkämpfer (im Gasthaus Tscharmann) und der Schutzbund (im Gasthaus Moser) hielten ihre sonntägigen Versammlungen alternierend 14tägig ab, da die Frontkämpfer jedoch aus den Nachbarorten (Baumgarten) und Wien Abordnungen erwarteten, empfand man diese größere Veranstaltung jedoch als Provokation.

Als 200 Schutzbündler zum Bahnhof Loiperbach - Schattendorf marschierten, kam es beim Vorbeimarsch am Gasthaus Tscharmann um ca. 13:30 Uhr zu handgreiflichen Auseinandersetzungen und zur Abgabe von zwei Alarmschüssen durch einen Sohn des Wirts. Um 16:00 Uhr passierten die Schutzbündler das Gasthaus Tscharmann nochmals, in dem sich einige Frontkämpfer aufhielten. Einige Schutzbündler drangen in den Hof und die Küche des Gasthauses ein, wodurch sich Frontkämpfer, darunter auch die beiden Wirtssöhne Josef und Hieronymus Tscharmann sowie deren Schwager Johann Pinter, bedroht fühlten und sich in die Privatwohnung im ersten Stock des Gasthauses zurückzogen, in welcher schon auf Grund der Vorkommnisse des frühen Nachmittags geladene Gewehre bereit standen.

Während Josef Tscharmann einige Schüsse auf die gegenüberliegende Hofmauer abgab, um die bereits in den Hof eingedrungenen Schutzbündler zu vertreiben, feuerten Hieronymus Tscharmann und Johann Pinter von einem straßenseitigen, vergitterten Fenster auf die Straße. Auch Josef Tscharmann kam in das vordere Zimmer und gab noch mindestens einen Schuss ab, wie er später selbst gestand. Die dabei verwendeten Schrotladungen verletzten mehrere Personen, fünf davon schwer, und töteten den achtjährigen Josef Grössing und den vierzigjährigen Kriegsinvaliden Matthias Csmarits. Dieser wurde von einer Schrotladung von hinten in Kopf und Nacken getroffen, der kleine, am gegenüberliegenden Straßenrand stehende Grössing starb an einem Herzschuss.

Am 14. Juli 1927 endete im Wiener Landesgericht für Strafsachen II der Prozess gegen Josef Tscharmann, Hieronymus Tscharmann und Johann Pinter. Die Anklage lautete nicht auf „Mord" oder „Totschlag", sondern auf „Verbrechen der öffentlichen Gewalttätigkeit durch boshafte Handlungen unter besonders gefährlichen Verhältnissen nach § 87 des Österreichischen Strafgesetzes".

Die Angeklagten selbst bestritten nie, die tödlichen Schüsse abgegeben zu haben, gaben jedoch an, nicht in der Absicht geschossen zu haben, zu töten oder zu verletzen. Man erwartete bei der klaren Sachlage des Falles allgemein, dass die Angeklagten, wenn schon nicht wegen Mordes oder Totschlags, so doch wegen fahrlässiger Tötung oder mindestens wegen Notwehrüberschreitung verurteilt würden. Das Urteil lautete jedoch auf vollständigen Freispruch.

Dieser war für alle überraschend und damit begründet, dass es die Anwälte der Angeklagten geschickt verstanden hatten, die eigentliche Schuld dem Schutzbund zuzuweisen. Bei früheren Gerichtsverhandlungen gegen Sozialdemokraten gab es durchgehend strenge Strafen, trotz der eigentlich von den Sozialdemokraten verlangten Einführung von Geschworenen- Gerichten.

Als am 14. Juli 1927 um 21:30 Uhr der Freispruch einer vor dem Grauen Haus wartenden Menschenmenge bekanntgegeben wurde, kam es bereits zu lebhaften Unmutsäußerungen. Nachdem eine Delegation der E-Werk- Arbeiter im Parteihaus in der Rechten Wienzeile Meldung erstattete, schrieb der Chefredakteur der „Arbeiter-Zeitung", Friedrich Austerlitz, einen anklagenden Leitartikel für den nächsten Tag: „Die Arbeitermörder freigesprochen".

Nach einer Nachricht an Bürgermeister Karl Seitz um 3:00 Uhr früh, beschlossen die Betriebsräte der Städtischen E-Werke einen Streik von 8:00 bis 9:00 Uhr der Straßenbahn.

Karl Seitz *(1869- 1950), 1889 gründete der junge Lehrer eine sozialdemokratische Lehrerorganisation., ab 1901 im Reichsrat, ab 1902 auch im N.Ö. Landtag, trat 1915 erstmals offen gegen den Krieg auf. Ab 1919 Erster Präsident der Nationalversammlung. Nach 1923 Bürgermeister von Wien, daraus am 12. Februar 1934 verhaftet und bis Jahresende 1934 ohne Anklageerhebung in Haft. Nach Hitler-Attentat 1944 neuerlich verhaftet und nach Ravensbrück gebracht. Von 1945 bis zu seinem Tod Nationalratsabgeordneter und Ehrenvorsitzender der Sozialdemokratischen Partei auf Lebenszeit.*

Auch Julius Deutsch, der Leiter des Schutzbundes wurde verständigt, welcher wieder versuchte, die Bezirkssekretäre zu Ordnerdiensten zu rufen.

Aber es war bereit zu spät, zu wenig Schutzbund-Ordner konnten die aufgebrachte Menschenmenge beim Marsch zum Parlament nicht beruhigen.

Nachdem dort nur eine geringe Anzahl von Polizisten versuchte, die Demonstranten aufzuhalten, welche sich mit Holzlatten und Eisenstücken von den Parkeinfriedungen bewaffneten, wurde berittene Polizei eingesetzt, welche die Menge mit gezogenem Säbel in Richtung Schmerlingplatz zerstreute, dort befand sich aber auch der Justizpalast.

Gegen 11:00 Uhr zog eine kleine Schutzbundeinheit vor dem Haupttor des Justizpalastes auf, konnte jedoch (oder wollte) die tobende Menge nicht mehr zurückhalten. Inzwischen strömten bereits immer mehr Menschen auf den Schmerlingplatz. Man schätzte, dass um die Mittagszeit an die 200.000 Menschen in der Innenstadt versammelt waren. Der Justizpalast wurde für sie zum Symbol der obrigkeitlichen Ungerechtigkeit, die in dem Freispruch zum Ausdruck kam. Etwa um 12:00 Uhr begannen einige Demonstranten, durch Fenster und das Haupttor in den Justizpalast einzudringen und sowohl die Einrichtung zu zerstören, als auch Akten aus den Fenstern zu werfen und schließlich schon in den Räumlichkeiten Akten und Möbel zu verbrennen. Die verständigte Feuerwehr wurde von den Demonstranten so behindert, dass mit wirksamen Löscharbeiten nicht begonnen werden konnte. Auch der herbeigerufene Wiener Bürgermeister Karl Seitz, sowie Julius Deutsch, konnten erst nach einiger Zeit auf die Demonstranten einwirken, die Feuerwehr ihre Arbeit tun zu lassen.

Im Justizpalast befanden sich noch Richter, Rechtsanwälte, Klienten, Polizisten und einige Schutzbündler, welche von Beginn an helfen wollten, die Situation zu bereinigen; sie alle befanden sich in Lebensgefahr. General Theodor Körner gelang es, mit einer kleinen Schutzbundeinheit die Eingeschlossenen unbeschadet aus dem Justizpalast heraus zu schleusen.

Der Brand hatte den Großteil des Gebäudes mit seinen Akten und reichen Archivbeständen, zerstört.

Der Schießbefehl erfolgte durch Polizeipräsident Johann Schober.

Dr. Johann Schober (1874-1932) Polizeipräsident vom 30. November 1918-20. Juni 1921, vom 31. Mai 1922- 19. August 1932, Bundeskanzler und Außenminister vom 21. Juni 1921-21.Jänner 1922, BK und Innenminister vom 22. Jänner 1922- 21. Mai 1922.

Er hielt Rücksprache mit dem christlichsozialen Bundeskanzler Ignaz Seipel.

Dr. Ignaz Seipel *(1876-1932) Bundeskanzler vom 21.Mai 1922- 1. Juni 1924, von 1926-4. April 1929, maturierte in Wien-Meidling, Rosasgasse und wurde katholischer Priester und Prälat. Ab 1909 Univ.-Professor in Salzburg. Er war langjähriger Abgeordneter des Reichsrates der Monarchie und kurzzeitig 1918 Minister im Kabinett von Heinrich Lammasch. Danach gehörte er der Konstituierenden National-Versammlung an und war von 1921-1930 Obmann der Christlich-Sozialen Partei. Er löste die CS aus der Koalition mit den Sozialdemokraten und schloss ein Bündnis mit der Großdeutschen Volkspartei.*

Dieser beschloss inzwischen, die Unruhen, welche er als eventuell beginnende Revolution betrachtete, gewaltsam nieder zuschlagen. Vizekanzler und Innenminister Karl Hartleb beauftragten den Wiener Polizeipräsidenten Johann Schober, mit Gewehren gegen die Menge der Demonstranten vorzugehen.

Dieser gab um 14:30 Uhr den Schießbefehl. An die 600 mit Bundesheerkarabinern ausgerüstete Polizisten hat Schober gegen die Demonstrierenden aufgeboten.

Schon nach den ersten Salven begannen die Menschen zu flüchten. Der Polizeieinsatz wurde zum Massaker, da die Polizisten blindwütig in die davonlaufende Menge schossen.

Ein Augenzeugenbericht von dem Schriftsteller Manès Sperber: *„ Wir standen dem Parlament gegenüber und hatten den Blick bis zum Justizpalast frei. So konnten wir das Anrollen dieser Wagen und die Aktion der in wilde Krieger verwandelten Schutzleute beobachten, die, am Platz angekommen, aus den Wagen sprangen, 10 bis 15 Meter vorwärts liefen und feuerten, ohne stehen zu bleiben und ohne genau zu zielen. Sie zielten nicht auf die Beine der Menschen, sondern nicht selten aufs Pflaster, so dass die aufprallenden Patronen ähnliche Verletzungen wie „Dum-Dum-Geschosse" bewirkten. Noch ehe der Lärm des Schnellfeuers verhallte, drangen Rufe der Empörung und Schmerzensschreie an unser Ohr".*

Die „Neue Freie Presse" schrieb in ihrer Ausgabe vom 18. Juli 1927 unter anderem: *„Die Schüsse und deren Echo riefen Entsetzen hervor. Frauen und Kinder kreischten. Die Menge rannte wie besessen. Die Polizei fuhr fort zu schießen, die Menschen wurden von furchtbarer Panik ergriffen. In den Pausen zwischen zwei Salven wurden die Opfer ins Parlament getragen – viele tot und sehr viele schwer verwundet, meist*

Kopf-, Brust- und Unterleibsverletzungen. Drei Stunden dauerte dieses Schießen an. Die Polizei fuhr fort, von Straße zu Straße zu schießen".

Die Bilanz dieses Julitages war furchtbar: 89 Tote bei den Demonstranten. (Karl Kraus, der Herausgeber der „Fackel" hat recherchiert und das 90ste Todesopfer gefunden, den 16jährigen Hans Erwin Kiesler, welcher bei einen Botengang zufällig zu den Demonstranten stieß und von 3 Polizeikugeln getroffen wurde, Hand, Oberschenkel und Gesäß, Knochenmarksentzündung Herzbeutelentzündung, Sepsis, Tod am 27. Dezember 1927. Es ist anzunehmen, dass ebenso andere Schwerverletzte später ihren Verletzungen erlagen, so dass dieTodeszahl sicher mehr als 100 betrug.)

Unter den Verwundeten ist nur die Zahl der Polizisten feststellbar, viele der verwundeten Demonstranten suchten weder Ärzte noch Krankenhäuser auf, da sie befürchteten, angezeigt und verhaftet zu werden.

Die Polizei berichtet von 548 verwundeten Demonstranten, die „Arbeiter- Zeitung" beziffert die Zahl der Verletzten unter den Demonstranten mit 1057, in den Spitälern wurden 328 verwundete zivile Opfer aufgenommen, 57 davon waren schwer verletzt. Die genaue Zahl der verletzten Zivilisten konnte nie ermittelt werden, da sehr viele, auch schwere Verwundungen, aus Furcht vor strafrechtlicher Verfolgung verheimlicht wurden.

Bundeskanzler Seipel meinte danach, dass man bei Bestrafungen von ihm „keine Milde" verlangen dürfe, und es liegt kein sicheres Zeichen vor, dass er diesen schroffen Satz bedauert hätte. Die sozialdemokratische Arbeiterschaft antwortete auf seine Politik durch massenweise Austritte aus der katholischen Kirche (ca. 100.000). Für sie war er nur mehr der „Prälat ohne Milde, Prälat ohne Gnade".

1.4.Die Ausschaltung des Parlaments

Durch die einsetzende Wirtschaftskrise und die sinkende Industrieproduktion stieg die Arbeitslosigkeit dramatisch an.Im Jahr 1930 betrug die Anzahl der Arbeitslosen 243 000; 1933 bereits 557 000 (Gesamt, unterst. Arbeitslose 328 000) Zehntausende waren „ausgesteuert", 40 bis 50 Prozent der registrierten Arbeitslosen erhielten keinerlei Unterstützung des Staates, mußten betteln gehen oder versuchen, als Straßenmusikanten ein Almosen zu erhalten. Im Mai 1932 wurde der bisherige Minister für Land- und Forstwirtschaft, der Christlichsoziale Engelbert Dollfuß, Bundeskanzler.

Dr. Engelbert Dollfuß *(1892- 1934), ab 1904 Besuch des Priesterseminars, ab 1914 Studium der Rechtwissenschaften und Nationalökonomie, sowie Offizier im Weltkrieg als Oberleutnant. Ab 1927 Direktor der Landwirtschaftskammer N.Ö. 1931 Bundesminister für Land- und Forstwirtschaft. 1932 wurde er Bundeskanzler. Am 4.März 1933 löste er das Parlament auf, regierte autoritär im "Ständestaat". Der Austrofaschismus hatte nach dem Vorbild Mussolini begonnen, Verbot des Republikanischen Schutzbunds, der Kommunistischen Partei, sowie der NSDAP. Nach Waffensuchen beim Schutzbund kam es am 12. Februar 1934 zum Aufstand des RS, Dollfuß reagierte mit großer Härte und ließ mit Kanonen auf Wohnhäuser schießen. Bei einem Putsch der Nationalsozialisten wurde er im Bundeskanzleramt am 25. Juli 1934 ermordet.*

Seine Regierung stand auf schwachen Beinen: im Parlament hatte er nur eine hauchdünne Mehrheit von einer Stimme (83 Abgeordnete für die Regierung, 82 für die Opposition). Dollfuß, welcher nie Volksvertreter war, hatte für die Debatten im Parlament kein Verständnis. Bereits 1932 stärkten die parlamentarischen Auseinandersetzungen um die „Lausanner Anleihe" seine Überlegungen, man müsse über den Parlamentarismus hinwegkommen.

Als sich die Schwierigkeiten türmten, reifte in ihm die Überzeugung, dass es leichter sei „ohne endlose parlamentarische Kämpfe sofort gewisse dringliche Maßnahmen in die Tat umzusetzen". Der Bundeskanzler wartete nur auf eine günstige Gelegenheit, die Volksvertretung auszuschalten.

Am 1. März 1933 führten die Eisenbahner einen zweistündigen Warnstreik durch, da die Märzgehälter und Pensionen in drei Raten ausbezahlt werden sollten. Die Regierung ließ die Streikführer verhaften und allen Beteiligten sollte für die Dauer des Streiks die Bezüge gestrichen werden. Bei der dringlich einberufener Sitzung des Nationalrates bzgl. der Abstimmung darüber, kam es zu schwerwiegenden Ereignissen und Entscheidungen, welche Ursachen für die nächsten Jahre hatten.

Als zwei sozialdemokratische Abgeordnete in der Aufregung ihre Stimmzettel verwechselten, verlangten die Christlichsozialen eine Wiederholung der Abstimmung. Der sozialdemokratische erste Präsident des Nationalrates, Karl Renner, wies diese Forderung als unbegründet zurück und erklärte, nachdem ein allgemeiner Tumult entstand, seinen Rücktritt, um bei der nächsten Abstimmung mit stimmen zu können.

Als der zweite Präsident des Nationalrates, der christlichsoziale Rudolf Ramek eine Wiederholung der Abstimmung verlangte, protestierte Karl Seitz, worauf auch Ramek zurück trat. Auch der dritte Präsident, der Großdeutsche Sepp Straffner, trat sofort zurück und daher wurde die Sitzung nicht weitergeführt, aber auch nicht für beendet erklärt, die Abgeordneten verließen nacheinander den Sitzungssaal.

Der bisherige dritte Präsident des Nationalrates, Dr. Straffner berief eine neuerliche Sitzung der Abgeordneten für den 15. März 1933 ein. Beamte der Kriminalpolizei verhinderten jedoch eine neue Sitzung des Nationalrates.
Vor dem Parlament wurden große Polizeieinheiten zusammen gezogen. Danach beschloss die Regierung Dollfuß, autoritär, ohne Parlament, zu regieren.
Er berief sich auf das „Kriegswirtschaftliche Ermächtigungsgesetz" vom 24. Juli 1917 aus dem Ersten Weltkrieg und eine Diktatur setzte die demokratisch gewählte Regierung ab. Schrittweise traten folgende Anordnungen in Kraft:
- Verbot von Aufmärschen und Versammlungen
- Einschränkung der Pressefreiheit
- Verbot des Republikanischen Schutzbunds, der traditionelle Maiaufmarsch der Sozialdemokraten durch Militär und Polizei unterbunden
- Verbot der Kommunistischen Partei
- Verbot der Nationalsozialistischen Deutschen Arbeiterpartei (NSDAP)
- Ausschaltung des Verfassungsgerichtshofs
- Beamte wurden nicht mehr auf die Republik, sondern auf den Bundesstaat Österreich vereidigt
- Verbot von Streiks
- eine Vaterländische Front sollte alle Österreicher überparteilich zusammenfassen

Die Auseinandersetzung mit der politischen Opposition wurde sukzessive aufgegeben und durch Parteiverbote in den Bereich der Polizeigewalt verschoben. Gleichzeitig mit diesem Prozess wurde der Polizeiapparat zentralisiert; die Macht der polizeilichen Zentralinstanzen weitete sich aus.
So wurden im Juni 1933 – also bereits in der ersten Phase der austrofaschistischen Diktatur – Sicherheitsdirektoren des Bundes in den Bundesländern bestellt und damit die Landeskompetenzen in Sicherheitsfragen beschränkt; die nur der Generaldirektion für die öffentliche Sicherheit im Bundeskanzleramt unterstehenden

Sicherheitsdirektoren erhielten auch die Möglichkeit zu Einweisungen in Anhaltelager ohne richterlichen Befehl. Mit dieser Ausschaltung der Gerichte und der Möglichkeit zum Freiheitsentzug für politisch Tätige, auch ohne den Nachweis einer strafbaren Tat, war die Rechtsstaatlichkeit aufgehoben. Mit der Einrichtung eines zentralen staatspolizeilichen Nachrichtendienstes in der Generaldirektion für die öffentliche Sicherheit – des Staatspolizeilichen Büros – wurde im November 1933 ein weiterer wichtiger Schritt zur Schaffung der Grundlagen polizeistaatlicher Machtausübung getan. Das Staatspolizeiliche Büro erhielt u.a. folgende Agenden:
„Wahrnehmung politischer Vorgänge, Bekämpfung staatsfeindlicher Bestrebungen, Staatspolizeilicher Nachrichten- und Informationsdienst, Einweisung in Anhaltelager." Weitere Schritte zur Absicherung der Diktatur waren die Bestellung eines Bundeskommissärs für Personalangelegenheiten, der für die Sicherung einer regierungstreuen Beamtenschaft sorgen sollte und Dienstenthebungen auch unter Umgehung der Ressortminister und ohne Disziplinarverfahren vornehmen konnte, und die Schaffung der Möglichkeit, anstelle eines gewählten Landtages und Gemeinderates einen Sicherheitskommissär des Bundes einzusetzen. So wurde in Wien im Februar 1934 der Polizeipräsident und Sicherheitsdirektor Seydel zugleich zum Bundeskommissär bestellt.

Innerhalb eines Jahres war in Österreich eine Diktatur errichtet und die politische Opposition in die Illegalität gedrängt worden.

Bundespräsident Wilhelm Miklas hätte diesen autoritären Staat mit faschistischen Elementen ablehnen können, ließ aber die Regierung Dollfuß gewähren.

1.4.1. Der Beginn des Austrofaschismus

Endlich wurde erreicht, was schon bei einem Heimwehrtreffen in Korneuburg/ Niederösterreich am 18. Mai 1930 mit den Landesführern Steidle (Tirol), Starhemberg (O.Ö.), Pfrimer (Steiermark), Fey (Wien), Raab (N.Ö, Bundeskanzler ab 1953!) usw. als Eid geschworen wurde.

Das „Korneuburger Gelöbnis": *„Wir wollen Österreich von Grund aus erneuern! Wir wollen den Volksstaat der Heimwehren....Wir verwerfen den westlichen demokratischen Parlamentarismus und den Parteienstaat!*

Wir wollen an seine Stelle die Selbstverwaltung der Stände setzen und eine starke Staatsführung, die nicht aus Parteienvertretern, sondern aus den führenden Personen der großen Stände und aus den fähigsten und bewährtesten Männern unserer Volksbewegung gebildet wird..."

Dollfuß schwebte eine Erneuerung Österreichs durch eine klerikal gefärbte faschistische Diktatur vor, ein „Ständestaat" ohne Parteidemokratie.

Als politisches Instrument sollte die „Vaterländische Front" dienen, welche im Mai 1933 ins Leben gerufen wurde. Mit dem italienischen Faschistenführer Benito Mussolini wurde ein „starker Mann" als Schutzherr gewonnen.

Später traf Bundeskanzler Dollfuß in Rom und Riccione Benito Mussolini, welcher die österreichische Bundesregierung seit einiger Zeit mit Geld und Waffen unterstützte („Römische Protokolle: 7. März 1934").

Die österreichische NSDAP wurde immer stärker, besonders als deutsche Politiker wie Joseph Goebbels, Hermann Göring und Hans Frank (13.Mai 1933) in Österreich Hetzreden gegen die Regierung Dollfuß, die Demokratie und das Judentum führten.

Im Rahmen des Allgemeinen deutschen Katholikentages hält Dollfuß am 11. September 1933 eine Rede am Wiener Trabrennplatz, wo er den neuen Regierungskurs vorstellt und keine Zweifel an „starker autoritärer Führung des Staates" zulässt.

1.4.2. Die neue Verfassung

Am 1. Mai 1934 erschien das Bundesgesetzblatt (BGBL) Jahrgang 1934.

„Im Namen Gottes, des Allmächtigen, von dem alles Recht ausgeht, erhält das österreichische Volk für seinen christlichen, deutschen Bundesstaat auf ständischer Grundlage diese Verfassung.

Art. 44. Die Gesetzgebung des Bundes übt nach Vorberatung der Gesetzesentwürfe durch den Staatsrat, den Bundeskulturrat, den Bundeswirtschaftsrat und den Länderrat (vorberatende Organe) der Bundestag (beschließendes Organ) aus..."

Mit dieser neuen Verfassung wollte die Regierung Dollfuß nach dem Beispiel Italiens zu den anderen europäischen Ländern wie Ungarn, Polen und Jugoslawien aufschließen und auch gegen den immer stärker gewordenen Nationalsozialismus in Österreich (mit deutscher Unterstützung) bestehen. Dollfuß findet für seine Vorhaben Rückendeckung bei Mussolini, wobei ihn dieser ausdrücklich bestärkt und auffordert, sowohl den „österreichischen Bolschewismus" als auch den immer stärker in Erscheinung tretenden Nationalsozialismus auszuschalten.

1.5. Der autoritäre Ständestaat

Der Republikanische Schutzbund war eine von mehreren Organisationen in der Ersten Republik, welche in der späteren politischen Geschichtsdeutung legendenhafte Züge angenommen hat. Sie wollte keine Bürgerkriegstruppe sein, die eine „Diktatur des Proletariats" vorzubereiten hatte, war aber auch nicht jene harmlose Partei- Parade- Organisation, als die sie manchmal hingestellt wurde. Aus den älteren Arbeiter- oder Fabriks- Wehren entstanden 1923 eine Selbstschutzorganisation in vereinsmäßiger Form. Anfangs nur zur Verteidigung bei politischen Zusammenstößen gedacht, wurde erst nach den furchtbaren Ereignissen des 15. Juli 1927 ernsthaft an eine militärische Ausbildung des Schutzbundes geschritten.

Am 16. März 1933 wird im Bundesland Tirol die Auflösung des Republikanischen Schutzbundes bekannt gegeben. Bereits einen Tag vorher, am 15. März 1933 wird die Heimwehr als „Notpolizei" in diesem Bundesland anerkannt.

Als am 31. März 1933 die Auflösung und das Verbot jeglicher Tätigkeit des Republikanischen Schutzbundes im ganzen Bundesgebiet durch den Bundeskanzler Dollfuß erklärt wurde, gibt der Wiener Landeshauptmann und Bürgermeister Karl Seitz per Bescheid die Auflösung des Wiener Heimatschutzes bekannt. Dieser Auflösungsbescheid wird nur einen Tag später durch das Bundeskanzleramt aufgehoben. Weitere „Notverordnungen" wie Einkommens- und Pensionskürzungen bei Eisenbahnern und öffentlich Bediensteten sowie Beschränkungen der Arbeitslosenunterstützungen und auch die Lahmlegung des Verfassungsgerichtshofes folgen.

Die Sozialdemokratie nannte nach einem außerordentlichen Parteitag vier Ereignisse, bei welchen sie bereit wäre, zu einem Generalstreik aufzurufen und an der Abwehr des braunen Faschismus sowie dem Heimwehrfaschismus, sich mit Waffengewalt der Regierung zur Wehr zu setzen:

- Auflösung der Partei
- Auflösung der freien Gewerkschaften
- Einsetzung eines Regierungskommissärs anstatt des Wiener Landeshauptmanns und Bürgermeisters
- Oktroy einer faschistischen Verfassung

Die Wiedereinführung der Todesstrafe für Mord, Brandlegung und boshafte Beschädigung fremden Eigentums, sowie das standrechtliche Verfahren, wurde am 11. November 1933 bekanntgegeben.

Im Jänner 1934 begann die Regierung mit weiteren Provokationen gegen die Sozialdemokraten. Der Wiener Heimwehrführer Emil Fey, in der neuen Regierung Dollfuß Vizekanzler, gab den Befehl zur Waffensuche.

Emil Fey (1886- 1938) Offizier im 1. Weltkrieg, 1919 im Kärntner Abwehrkampf. 1923 gründete er die „Deutschmeister- Heimwehr", 1927 die „Wiener Heimwehr", ab 1931 Landesführer des „Wiener Heimatschutzes", ab 1932 Staatssekretär für das Sicherheitswesen verbot er alle Aufmärsche der Sozialdemokraten, Kommunisten und Nationalsozialisten. Ab 1933 Minister für öffentliche Sicherheit, danach Vizekanzler, führte er gezieltes Waffensuchen beim RS durch und einige Angriffe im Februar 1934 persönlich an. Starb nach Einvernahme bei der Gestapo 1938 durch Suizid, eine andere Version ist die Liquidierung durch Nationalsozialisten, da neben ihm auch seine Frau, sein Sohn Herbert und ein Dienstmädchen den Tod fanden und an Feys Leichnam zahlreiche Wunden festgestellt worden sein sollen.

Die Exekutive und die Heimwehr führten willkürliche Hausdurchsuchungen in Parteiheimen, Vereinslokalen der Kinderfreunde und anderer Unterorganisationen sowie auch in Privatwohnungen durch. Es wurden Waffen aller Art und Munition generell beschlagnahmt, diese befanden sich auch in geheimen Verstecken oder wurden vergraben. Da viele der Waffenlager des Schutzbundes der Polizei verraten wurden (größere Mengen in Schwechat), konnte zielgenau vorgegangen werden. Die wohlunterrichtete Staatsmacht traf ihre „Präventivmaßnahmen", als sie die Zeit für gekommen hielt, der Sozialdemokratie ein Ende zu setzen.
Bei diesen Aktionen der Waffensuche wurde am 3. Februar 1934 der Kommandant des Schutzbunds, Alexander Eifler, der Kommandant der Wiener Stadtwache und Waffenreferent Rudolf Löw sowie danach die meisten Kreis- und Bezirksführer des Schutzbundes verhaftet. Der sogenannte „Eifler- Plan" konnte - zum Teil schon von der Polizei bei Hausdurchsuchungen beschlagnahmt - nicht durchgeführt werden.
Bereits im Jänner 1934 ließ das Bundesministerium für Landesverteidigung „in sachkundiger Vorsorge" sechs improvisierte Panzerzüge zusammenstellen, wie auch von Eisenbahnern gemeldet wurde.
Am 8. Februar wurde das Haus und der Sitz der sozialdemokratischen Partei auf der Rechten Wienzeile besetzt, nach Waffen durchsucht und es wurden auch einige

gefunden. Diese Aktion hatte eine deprimierende Wirkung auf Führung und Mitglieder der Sozialdemokratie.

Schon am 3. Februar begann man damit, das „Schutzkorps" mit tausenden Heimwehrmännern zu verstärken: diese wurden im Stadtzentrum einquartiert, wo sie wichtige Staatsgebäude zu bewachen hatten.

Vizekanzler Fey entzog am 10. Februar dem Wiener Bürgermeister (Seitz) und den gewählten Organen Wiens alle Angelegenheiten der öffentlichen Sicherheit und beauftragt damit den Polizeipräsidenten von Wien, Eugen Seydel, als Bundes-Sicherheitskommissär.

Bei einer Gefechtsübung des niederösterreichischen Heimatschutzes, am Sonntag, den 11. Februar 1934 in Langenzersdorf - Korneuburg bei Wien, bei welcher auch der Staatssekretär für Verteidigung, Generaloberst Alois Schönburg- Hartenstein anwesend war, hielt der Vizekanzler Major Emil Fey eine Ansprache.

Diese war an Deutlichkeit und Entschlossenheit nicht zu überbieten:*„..Kameraden, ich kann euch beruhigen. Die Aussprachen von gestern und vorgestern haben uns die Gewissheit gegeben, dass Kanzler Dollfuß der Unsrige ist.*

Und ich kann auch noch mehr, wenn auch nur mit kurzen Worten sagen: ***Wir werden morgen an die Arbeit gehen, und wir werden ganze Arbeit leisten für unser Vaterland,*** *das nur uns Österreichern allein gehört, das wir uns von niemand nehmen lassen und für das wir kämpfen wie jene Helden* (gemeint waren die Gefallenen des Ersten Weltkrieges), *die wir grüßen mit dem Ruf: Heil Österreich!"* (Neue Freie Presse, Wien 12. Februar.)

Dass diese Aussage keine Phrase war, ging auch aus einem Ansuchen Feys an den faschistischen ungarischen Generalstab hervor, 1,5 Millionen neuer Ogivalpatronen für die alten Weltkriegsbestände der Waffen zu liefern, um die Alarmbereitschaft der Heimwehreinheiten zu sichern. Die gewünschte Sendung der neuen Munition traf am 6. Februar in Österreich ein. Mit der neuen Munition ausgerüstet, konnte die Heimwehr losschlagen. „Losschlagen" heißt, die Sozialdemokraten zu entwaffnen und ihre „Macht" zu brechen. Der Sicherheitsminister und Vizekanzler Major Emil Fey nahm einen Bürgerkrieg in Kauf.

Am 12. Februar 1934, zeitgleich mit dem Ausbruch der Kämpfe in Linz, erschien im „Berliner Tagblatt" folgender Artikel: „Wie die United Press von zuständiger Stelle erfährt, wurde in den Konferenzen, die Bundeskanzler Dollfuß in den letzten Tagen mit verschiedenen Vertretern der Heimwehr und anderen Organisationen der Vaterländischen Front abhielt, die Durchführung folgender Maßnahmen beschlossen:

1. Auflösung der Länderparlamente und der Landesregierungen, soweit sich diese nicht selbst auflösen;
2. Absetzung der Landeshauptleute in Wien, Kärnten und Burgenland (alle SDAP)
3. Auflösung der Gemeindeparlamente
4. Auflösung der politischen Parteien (es gab nur mehr die Vaterländische Front);

Wann diese Maßnahmen zur Durchführung gelangen werden, ist noch nicht entschieden. Wahrscheinlich beginnt diese Aktion noch vor Mitte dieser Woche…"

2. Ein Bürgerkrieg, der keiner war

2.1 Der 12. Februar 1934 im Hotel Schiff/Linz (Zentrale der OÖ Sozialdemokratischen Partei)

Der oberösterreichische Landesparteisekretär der SDAPÖ (Sozialdemokratische Arbeiter Partei Österreichs) und Schutzbundführer Richard Bernaschek übermittelte der Zentrale in Wien am 5. Februar einen Bericht über die Stimmung der Arbeiterschaft, der Parteigenossen und den Schutzbündlern. Sie waren sehr erbittert, sowohl über die Kapitulation bei der Auflösung des Schutzbundes, aber auch über die Untätigkeit der Führung, viele wollten sich den Kommunisten anschließen.

Richard Bernaschek (12.6.1888- 18. 4. 1945 im KZ Mauthausen ermordet) war ab 1926 Landesleiter des Oberösterreichischen Schutzbunds. Er wurde am Morgen des 12. Februar 1934 im Linzer HotelSchiff, verhaftet, konnte noch vorher Landeshauptmann Dr. Schlegel um Intervention bitten, dieser konnte den Ablauf aber nicht mehr beenden. Am 3.April 1934 wurde ihm von dem NSDAP-gesinnten Gefängnisdirektor Ernst Seiler und einem Justizwachebeamten Karl Dobler die Flucht nach Deutschland ermöglicht. In München wurde versucht, ihn zum Beitrit der "Österreichischen Legion" der Nationalsozialisten, zu bewegen. Bernaschek lehnte ab und kam über Zürich, Paris, Moskau nach Prag, wo er mit Otto Bauer zusammentraf und sich mit der Auslandsführung der Revolutionären Sozialisten versöhnte. Ab 1939 lebte er in Linz, wo er am 21.Juli 1944, einen Tag nach dem Attentat auf Hitler, verhaftet wurde. Er kam in das KZ Mauthausen, wo er am 18.April 1945 durch Genickschuss ermordet wurde, 18 Tage bevor die Amerikaner das KZ Mauthausen befreiten.

Bernaschek verfasste am Sonntag, dem 11. Februar 1934 einen Brief an Otto Bauer, Theodor Körner und den Gewerkschafter Johann Schorsch. Darin erklärte er, dass, wenn am Montag, dem 12. Februar irgendwo in Oberösterreich die Heimwehr mit Waffensuchen oder Verhaftungen beginnt, Widerstand geleistet werde.

Dr. Otto Bauer (1881- 1938) wurde 1900 Mitglied der Sozialdemokratischen Arbeiterpartei., studierte ab 1903 an der Universität Jurisprudenz, Geschichte, Sprachen und Nationalökonomie, las Schriften von Karl Marx und lernte Karl Renner und Friedrich Adler kennen. 1914 wurde er Offizier und kam an die russische Front. Nach 3 Jahren Kriegsgefangenschaft kehrte er nach Wien zurück und wurde Mitarbeiter von Victor Adler. Er war Staatssekretär der jungen Regierung bis Oktober 1919. Als Führer der Sozialdemokraten und des RS floh Otto Bauer in der Nacht zum 13. Februar in die CSR, wo er in Brünn das Auslandsbüro der österreichischen Sozialdemokraten (ALÖS) aufbaute, das vor allem die Arbeiter- Zeitung und die Monatsschrift Der Kampf produzierte, die dann illegal in Österreich verbreitet wurden. 1938 flüchtete er über Brüssel nach Paris, wo er am 4. Juli 1938 einem Herzinfarkt erlag. 1948 wurde seine Urne nach Wien gebracht und 1950 in einem Ehrengrab der Stadt bestattet.

Er erwartete, dass sowohl die Wiener als auch die gesamte Arbeiterschaft losschlagen werde („..Wenn die Wiener Arbeiterschaft uns im Stich lässt, Schmach und Schande über sie...") Zwei Funktionäre (Anton Mayer und Alois Jalkotzy) fuhren mit dem Brief von Linz per Bahn nach Wien.

Im Auftrag des Bundesministeriums für Landesverteidigung wurde im Jahr 1935 ein „Nur für den Dienstgebrauch" bestimmtes Werk herausgegeben.
In diesem Werk, das das Eingreifen des österreichischen Bundesheeres im Februar 1934 schildert, heißt es auf Seite 157 und 158 über den Beginn der Kämpfe in Linz wörtlich: „Da die Telefongespräche verdächtiger Personen durch außerordentlich verlässliche Beamte des Postamtes Linz fallweise überwacht wurden, gelang es einer Postbeamtin, in der Nacht vom 12. Februar ein Gespräch von der Parteistelle Kinderfreunde, Wien 12, Schönbrunn, Westtrakt Nr. R 31-9-44, Sprecher Alois Jalkotzy, an das Landessekretariat der Kinderfreunde im Hotel Schiff abzuhorchen.
Es lautete: „Das Befinden des Onkel Otto und der Tante wird sich erst morgen entscheiden. Die Ärzte raten, abzuwarten, vorläufig noch nichts unternehmen."
Dies wurde dem Sicherheitsdirektor noch in der Nacht bekannt gegeben, worauf die Waffensuche frühmorgens nicht beim Parkbad, sondern beim Hotel Schiff begann.
Kurz nach 7:00 Uhr begann die Polizei mit der Hausdurchsuchung, wobei sie zwar Bernaschek und seine Männer überraschten, jedoch er sie zu den Waffen rufen konnte und der Maschinengewehrschütze Kunz aus einem Dachgeschoß zu feuern begann.
Bernaschek, welcher sich bereits seit 6:00 Uhr früh in seinem Büro befand, bekam um 6:30 Uhr vom Torposten Nachricht, dass eine Abteilung Polizei vor dem Hause eingetroffen war.

Er eilte in sein Arbeitszimmer, verschloss es von innen, telefonierte noch mit Landeshauptmann Schlegel (den er um Hilfe bat) und mit Funktionären, die er von den Ereignissen in Kenntnis setzte. Danach wurde die Türe aufgebrochen und Bernaschek ergab sich ohne Gegenwehr, gemeinsam mit den Schutzbundführern Kreindl, Boyhadi und Huschka, so dass der Linzer Schutzbund schon um 7:30 Uhr seine gesamte Zentralleitung verloren hatte.

Um 8:45 Uhr traf die 5. Kompanie des Bundesheer- Alpenjägerregiments Nr. 7 unter Major Schusta beim Hotel Schiff zur Verstärkung der Exekutive ein. Weitere Verstärkung durch eine Maschinengewehrkompanie wurde von Major Schusta um 9:45 Uhr beim Brigadekommando angefordert. Nachdem der Entsatz durch drei Schutzbund- LKW falsch geleitet wurde, flaute der Widerstand ab.

Um 11:45 Uhr ergaben sich die Verteidiger, da die Munitionsvorräte zu Ende gingen und der wichtigste Kämpfer, der Maschinengewehrschütze Kunz, von Scharfschützen erschossen wurde.

Aber auch in anderen Gebieten von Linz war es zu Kampfhandlungen gekommen, besonders im Parkbad, der Diesterwegschule, im städtischen Wirtschaftshof, bei den Gaswerken, der Schiffswerft, bei der Eisenbahnbrücke über die Donau, beim Hauptbahnhof, den Spatenbrotwerken und bei den Gebäuden der Feuerwehr.

Aber auch die Gegend Dorfhalle/Frankstrasse, im Süden von Linz der Raum Poschacher Brauerei/ Polygonplatz (heute Bulgariplatz, benannt nach dem hingerichteten Schutzbundführer), im Westen beim Gasthof Jägermayer und im Norden am linken Donauufer, dem Stadtteil Urfahr (Spatzenberg und Petrinum). Der Schutzbund verfügte im Raum Linz über 5 Abteilungen mit ca. 2 200 Mann. Die Bewaffnung dieser Truppen bestand aus rund 30 Maschinengewehren und ca. 700 Karabiner sowie hunderten Faustfeuerwaffen. Bei der Exekutive, bestehend aus Polizei, Heimwehr, Frontkämpfer und Militär mit schweren Geschützkanonen, kämpften ca. 4 000 Mann.

2.2 Kein Generalstreik

Der Generalstreik, welcher immer als stärkste Waffe der Arbeiter gegen die Regierung angesehen war, wurde trotz Ankündigung nicht durchgeführt. Das ursprünglich für den Notfall vereinbarte Zeichen zum Generalstreik und zur Mobilisierung des Schutzbundes, das Abschalten des elektrischen Stroms, erfolgte erst um 11:46 Uhr des 12. Februars, also um die Mittagszeit. (Der Strom wurde im E-Werk 2. Bezirk,

Engerthstraße von dem Gen. Kritzer durch Abstellen der Maschinen abgeschaltet. Gleichzeitig wurden im Simmeriger E-Werk die Maschinen auch abgeschaltet und so manipuliert, dass sie nicht sofort wieder Strom erzeugen können.) Drei Tage zuvor war allerdings das Zeichen zur Mobilisierung geändert worden. Die Radiomitteilung von der Verhaftung des Wiener Bürgermeisters und Parteivorsitzenden Karl Seitz sollte nun als Signal gelten.

Da aber nur Teile des Schutzbundes von dieser Änderung informiert wurden, sorgte dies in der bestehenden Hektik für zusätzliche Verwirrung. Die dann erfolgte Niederlage der Sozialdemokraten zeichnete sich vor allem durch die äußerst mangelhafte Befolgung des ausgerufenen Generalstreiks aus. Die knapp elf Monate des Zurückweichens (seit März 1933) hatten viele demoralisiert, das allgemeine Chaos in der Organisation verstärkte Rat- und Mutlosigkeit und bewog offenbar viele, sich passiv zu verhalten.

Nicht einmal die Eisenbahner (einige Militäreinheiten wurden per Bahn von den westlichen Bundesländern nach Wien gebracht und bewaffnete, gepanzerte Züge fuhren in Meidling und in Brigittenau die Strecken ab), die langjährige Stütze der Partei, folgten dem Streikaufruf. Die überwiegende Mehrheit der Eisenbahner hat versagt. Die Eisenbahner waren einst eine Elitetruppe der österreichischen Arbeiterbewegung. Aber die Ereignisse der letzten Jahre haben sie zermürbt. Die Sorge um den Arbeitsplatz, sowohl in staatlichen oder öffentlichen Diensten, als auch bei privaten Firmen, hielten viele Schutzbündler davon ab, sich dem Streik anzuschließen. Dass dieser Generalstreik, eine unabdingbare Voraussetzung für ein bewaffnetes Vorgehen des Schutzbundes, nicht stattfand, war traurige Gewissheit und bedeutete, dass die Kämpfer isoliert blieben. Es erfolgte keine Unterstützung der Massen, die für eine, wenn auch nur temporäre Zurückdrängung, bzw. Milderung des faschistischen Regierungskurses bedeutet hätte.

2.3 Die Verhängung des Standrechts

Zu Beginn der Kämpfe in Wien am Nachmittag des 12. Februars um 14.00 Uhr wurde die Verhängung des Standrechts und die Sozialdemokratische Partei für aufgelöst erklärt.

Von Einheiten des Bundesheeres, unterstützt vom Freiwilligen Schutzkorps wird um 16:45 Uhr das Wiener Rathaus besetzt, Bürgermeister Seitz sowie die Stadträte Danneberg, Breitner, Speiser, Honay und Weber wurden verhaftet.

Bereits im November 1933 wurde die Todesstrafe bei Standgerichtsverfahren eingeführt und später auf weitere Delikte ausgedehnt. Ab 12. Juli 1934 wurde sie auch für Sprengstoffattentate eingeführt, der erste Hingerichtete war (wegen Sprengung eines Bahnmastes) der Sozialist Josef Gerl. Dieser wurde zum Tod verurteilt und am 24.Juli 1934 gehängt. Bundeskanzler Dollfuß hat ein Gnadengesuch und Interventionen abgelehnt, einen Tag später wurde er selbst Opfer eines nationalsozialistischen Attentats und von Otto Planetta und Johann Holzweber am Ballhausplatz erschossen.

Bereits am 14. Februar 1934 nahmen die Standgerichte ihre Tätigkeit auf. 21 Schutzbundführer wurden von diesen Gerichten zum Tod verurteilt, neun Urteile wurden vollstreckt, die anderen Verurteilten erhielten hohe Kerkerstrafen, zum Teil sogar lebenslänglich.

Mit der Aufhebung des Standrechts wartete man bis zum 19. Februar 1934, bis in Leoben der Schutzbundkommandant und Abgeordnete Koloman Wallisch verurteilt, das Todesurteil ausgesprochen und vollstreckt wurde.

2.4 Die Kämpfe in Oberösterreich

Auch in anderen Teilen Oberösterreichs flackerte der Aufstand auf. Besonders wurde um Ennsleiten, einen Ortsteil von Steyr, gekämpft, wo das Militär Artillerie und Minenwerfer einsetzte. Im Bergarbeiterdorf Holzleithen konnten sich die Bergarbeiter bewaffnen und Bahngeleise der Hausruckbahn nach geringen Kämpfen sprengen (am Viadukt in Ramingstein). Danach kam es zu einem scheußlichen Verbrechen, als der stellvertretende Bezirkshauptmann nach der Besetzung des Arbeiterheimes sechs unbewaffnete Arbeiter-Samariter auf der Bühne des Saales aufstellen und von Heimwehrleuten erschießen ließ (Foto in der Beilage).

Als die Bergarbeiter von Holzleithen am Dienstag, den 13. Februar abends nach zähem Kampf der dreifachen Übermacht der Exekutive weichen mussten und die weiße Fahne auf dem Arbeiterheim hissten, rückte Militär und Heimwehr ein, durchsuchte alle Räume und stieß im Keller auf sechs Sanitätsleute von der Werksfeuerwehr in Thomasroith, die sich für die Rettung der Verwundeten zu Verfügung gestellt hatten. Auf Befehl des Bezirkshauptmannstellvertreters Dr. Frühwirt – „An die Wand mit Ihnen, Standrecht!"- wurden sie in den Saal getrieben. Das Hauspersonal konnte sich in Sicherheit bringen, während die sechs Sanitätsleute auf die Bühne gebracht und

mit ca. dreißig Schüssen niedergestreckt wurden. Franz Holzinger, Andreas Krobatschek, Josef Schmied und Anton Zaribnicky wurden erschossen, Josef Hamminger und Josef Zaribnicky schwer verletzt. Karl Groiß, wurde erschossen, als er mit erhobenen Händen das Arbeiterheim verließ.
Bereits vorher wurden die Schutzbündler Josef Skrabal, Josef Reisenberger, Karl Fellinger Johann Lobmeier und Josef Zeilinger vom Militär erschossen. Einer der sechs konnte sich dadurch retten, dass er sich tot stellte, als er einen Schuss ins Bein erhielt. Ein Arzt nahm ihn dann später in seinem Auto mit. Die Toten hatte man anschließend mit Mistwagen zu den Friedhöfen gebracht und verscharrt. Der Offizier, der den Mord befahl, war Major Charwat.

In Steyr wurde in der Waffenfabrik ab 12:00 Uhr gestreikt, es gab einige Kämpfe bei den Arbeitersiedlungen, anschließend aber nur Defensivaktionen des Schutzbundes.

Nach dem Ende der Kämpfe am Mittwoch, den 14. Februar, gab es am Donnerstag, den 15. Februar neue Gefechte bei dem Ort Ebensee, welchen die Schutzbündler zur Gänze besetzten. Als die Exekutive mit großer Verstärkung aufmarschierte, zogen sich die Schutzbündler kampflos ins Gebirge zurück.

Der Bahnhof Attnang-Puchheim war ein besonders wichtiger Bahnknotenpunkt. Er konnte den ganzen Montag, den 12. Februar von Schutzbundkämpfern besetzt gehalten werden. Am Dienstag mussten sich die Schutzbündler zurückziehen.

Am Mittwoch und Donnerstag kam es in einigen Kampfzentren in Oberösterreich noch zu einigen Gefechten. Erbitterter Widerstand wurde auch in Stadl-Paura geleistet, in der Bezirksstadt Wels fehlte es den Schutzbündlern an Waffen sowie an einer tatkräftigen Führung, die die Aktionen mit kampfwilligen Schutzbundeinheiten in der Umgebung abgestimmt hätten.

Erschießung von Sanitätern in Holzleithen, Oberösterreich

2.5 Die Kämpfe in der Steiermark

In der Steiermark begannen heftige Kämpfe in der Landeshauptstadt Graz, im Mürztal sowie entlang der Bundesstraße von der Landeshauptstadt bis Bruck an der Mur. In Weiz kam es zu Kampfhandlungen der Arbeiter der Elin-Werke gegen den Gendarmerieposten.

Als einzige Zeitung Österreichs konnte der „Arbeiterwille" einen Generalstreikaufruf drucken, aber der Ausstand blieb auf wenige Großbetriebe beschränkt. Starke Kämpfe gab es auch in Graz/Eggenberg. 200 Schutzbündler sammelten sich Montag den 12. Februar beim Konsumverein. Die Bewaffnung war unzureichend, ein Großteil der ausgegrabenen Gewehre „verrostet und fast nicht gebrauchsfähig". Erst als das Bundesheer mit vier Geschützen das Haus des Konsumvereins beschossen hatte, zogen sich die Schutzbündler zurück. Nach schweren Artilleriebombardements am Dienstag zogen sich einige hundert Schutzbündler von den Anhöhen des Schlossbergs in Graz zurück und marschierten nach Süden ins Alpengebiet.

Es gab schwere Kämpfe bei der von den Schutzbündlern belagerten Kaserne der Gendarmerie in Bruck an der Mur, welche erst nach längerem Beschuss aufgegeben werden musste.

Am Dienstag, dem 13. Februar, gab es ebenfalls Kampfhandlungen in Leoben, Göß, Zeltweg, Fohnsdorf, Judenburg, St.Peter-Freienstein, Straßgang, Voitsberg, Köflach und Kindberg. Beim Gendarmerieposten Zeltweg befanden sich etwa 30 verhaftete sozialdemokratische Parteimänner, darunter auch der Bürgermeister. Sie wurden in Judenburg dem Gericht übergeben.

In Kapfenberg hatten 600 Schutzbündler aus der Umgebung die Stadt abgeriegelt und die umgebenden Höhen mit MGs besetzt. Trotzdem konnten sie den Gendarmerieposten nicht zur Aufgabe zwingen. Erst bei Ankunft der Bundesheereinheiten stellten die Schutzbündler ihre Aktionen ein.

2.6 Die Kämpfe in Niederösterreich

Im Gegensatz zu Linz hatten sich die Ereignisse in Niederösterreich anders entwickelt. Praktisch führerlos (unterschiedliche Auffassungen von Oskar Helmer zu der Bundesleitung und den Bezirksleitungen - eher nicht zu kämpfen) und ohne Weisungen, lieferten sich Schutzbündler in Niederösterreich erst am 13. und 14. Februar kurze Gefechte mit der Exekutive. In Purkersdorf und Liesing (damals noch Niederösterreich) waren dies eher verzweifelte Schüsse aus dem Hinterhalt. **Liesinger Schutzbündler halfen allerdings in Meidling bei der Verteidigung der Philadelphiabrücke und der Straßenbahnremise Koppreitergasse mit.** Am Montagabend konzentrierten sich bewaffnete Schutzbundgruppen im Mödlinger Arbeiterviertel Fünfhaus, räumten aber ihre Stellungen am nächsten Tag, da Heimwehr und Artillerieeinheiten des Bundesheeres anrückten.

In der verkehrsmäßig wichtigen Stadt Schwechat bei Wien wurde der Schutzbundkommandant Franz Musil, Kreisführer vom Kreis West (die Bezirke VI, VII, XIII, XIV, XV, XVI), zu dem bis 1933 Schwechat und Liesing gehört haben, durch Verrat verhaftet, da er die neuen Waffen, Munition und Sprengstoff für Schwechat organisierte und ein großen Waffenlager angelegt hatte. Es wurden nur Barrikaden errichtet, um den Zuzug von Militär aus Richtung Hainburg nach Wien zu erschweren.

Der Widerstand in Waidhofen an der Ybbs, Neunkirchen, Ternitz und Traisen war unkoordiniert und daher sehr kurz. Auch in Amstetten und im Ybbstal war man bemüht, einigermaßen Ordnung in die Kämpfe zu bringen, was allerdings nicht gelang.
In St. Pölten griffen Schutzbundgruppen einige Stellungen der Exekutive an. Aus dem nördlichen Gebiet stieß eine Abteilung in den Stadtkern vor, welche sich dann aber zurückzog, da das Militär starke Gegenmaßnahmen ergriff. Nur der Bahnhof konnte bis zum 16. Februar besetzt bleiben.
In Wilhelmsburg griffen Schutzbündler den Gendarmerieposten an, mussten sich jedoch dem anrückenden Bundesheer ergeben.
Wiener Neustadt war seit längerer Zeit eine Hochburg des Schutzbundes, ein wichtiger Industriestandort und Eisenbahnknotenpunkt, beherbergte allerdings eine Garnison sowie die Militärakademie.
Der Schutzbund verfügte am 11. Februar in Wiener Neustadt über 2 200 Mann, sie hatten allerdings seit den Razzien und Waffensuchen 15 MG, 5 000 Gewehre und 250 000 Schuss Munition verloren. Die dritte Kompanie verfügte lediglich über 2 MG, 10 Gewehre und einige „Schmierbüchsen". Damit konnte man nicht wirklich kämpfen.
Die Folgen des geringen Widerstands des Schutzbunds in Niederösterreich waren für die Regierung von Vorteil, da sie Schutzkorpsleute und Militär aus den Garnisonstädten Stockerau, Krems, Wiener Neustadt, Hainburg und Bruck/Leitha nach Wien und die Obersteiermark entsenden konnten, während die in Wien kämpfenden Schutzbundtruppen keine Verstärkung erhielten.

2.7 Die Kämpfe in Tirol

Auch in Tirol wurde am 13. Februar 1934 gekämpft und von den Behörden das Standrecht verkündet. Entschlossene Schutzbündler in Wörgl, Häring und Kitzbichl lieferten dem Bundesheer, der Polizei und der Heimwehr einige Feuergefechte. Der Streik der Arbeiter in Jenbach wurde unterdrückt. Es gab Verwundete und es folgten Verhaftungen. Die „roten Rädelsführer" Johann Lenk aus Wörgl, Johann Oberhofer aus Häring, Johann Astl aus Kirchbichl und andere Mitangeklagte wurden vom Tiroler Landesgericht zu hohen Arreststrafen verurteilt.
In der Wohnung des Führers des Republikanischen Schutzbundes der Landesorganisation Tirol, Gustav Kuprian, wurde ein Konzept eines Flugblattes an die Soldaten und Beamten der Sicherheitsexekutive gefunden, mit dem Hinweis auf die

Ausschaltung des Parlaments und die Einführung der Diktatur, sowie der Bitte, auf die Arbeiter – Brüder und Schwestern – nicht zu schießen.

2.8 Vor Beginn der Kämpfe in Wien

Die Kämpfe in Wien liefen, trotz Versuchen, eine Zentrale Kampfleitung einzurichten, völlig unkoordiniert ab. Die Versammlung der Schutzbündler und die Ausgabe von Waffen erfolgten chaotisch, die Kampfhandlungen waren weitgehend planlos. Es war von Beginn an **kein** Bürgerkrieg um die Macht im Staat, wie er sich etwa ab 1936 in Spanien abspielte.

Der ehemalige Stabsoffizier und Bundesrat, General Theodor Körner, warnte bereits in den Jahren 1929 und 1933 vor einem offenen Kampf gegen die Regierungstruppen von Polizei, Militär und den verschiedenen Schutzkorps. In Briefen an Karl Renner und Julius Deutsch beklagt er die Unzulänglichkeiten an dem „Eifler-Plan", welcher einen echten Straßenkampf (den er nicht gewinnen würde) anstrebe. Theodor Körner hat sich dann auch aus der Führung des Schutzbundes zurückgezogen.

Aus Solidarität mit den Schutzbündlern aus Linz griff man zu den Waffen, es ging um Selbstachtung und Stolz, und nicht um die politische Machtübernahme. Auch hatte die Regierung alle Kommunikationsmittel wie Radio und Printmedien in ihren Händen, gerade im Rundfunk und in den Zeitungen kamen laufend Meldungen über die Niederlagen des Schutzbundes, die Amnestieangebote und die Verhängung des Standrechts.

Wie bereits erwähnt, war es nach dem Verrat des Schutzbündlers Leopold Macher aus Schwechat (der diesen Verrat damit begründete, von der Heimwehr einen Arbeitsplatz zu bekommen) der Gendarmerie in der Stadt Schwechat bei Wien gelungen, größere Waffenvorräte der Arbeiter auszuheben.

Ab 24. Jänner 1934 wurde, auf Anweisung von Major Fey, der wie berichtet, die Doppelfunktion eines Vizekanzlers und Wiener Heimwehrführers innehatte, mit systematischen Hausdurchsuchungen in sozialdemokratischen Parteiheimen und in Privatwohnungen begonnen. Die reale Gegenmacht der Linken schrumpfte täglich, mit jeder Verhaftung und jeder Beschlagnahme von Waffen und Informationsmaterial. Bis zum 10. Februar waren bereits alle Bezirks- und Kreisführer des Wiener Schutzbundes in Haft, fast 200 Personen.

Der Schutzbund hatte keine Offiziere mehr. Durch Verhaftung erst der niederen, dann der höheren Schutzbundführer, in Abständen und etappenweise, sollte der Schutzbund seiner führenden Köpfe beraubt werden. Bei einer Sitzung am 5. Jänner 1934 der Wiener Schutzbundleitung, von Julius Deutsch einberufen, waren alle Wiener Kreis- und Bezirksführer sowie ihre Stellvertreter anwesend. Ebenso Otto Bauer und der Stab der Zentralleitung wie Deutsch, Eifler, Löw, Heinz, Nachrichtenreferent Freytag und der Leiter des Kreises Schwechat, Anton Laßnig, bevor dieser am 16. Jänner verhaftet wurde. Bauer und Eifler sprachen über die kritische Lage und Eifler empfahl ihnen Vorsichtsmaßnahmen, da Verhaftungen drohten. 57 Schutzbündler wurden bereitsMitte Jänner im Raum Schwechat verhaftet.

Am 3. Februar wurde Major Eifler und Hauptmann Löw in Haft genommen, wobei man im Parteihaus Wienzeile den Kataster der Kreis- und Bezirksführer von Wien in einem Versteck in der Redaktion der „Arbeiter- Zeitung" fand.

Danach wurden fast alle übrigen Kreis- und Bezirksführer verhaftet:

4. Februar 1934: Cechota Franz XII. Bezirk ersetzt durch Heinz Schindler, der sich am 15.2. der Polizei stellte und erklärte, er habe sich bei einem Arzt versteckt

7. Februar 1934: Kohn Wilhelm I. Bezirk

8. Februar 1934: Sispela Josef Kreisleiter Wien Süd (Bezirke III, IV, V, X, XI, XII)

10. Februar 1934: Kirchenberger Karl XI. Bezirk

Tambornino Karl   IV. Bezirk

Dechat Franz   VIII. Bezirk

Droz Rudolf   XIV. Bezirk

Stix Wilfried   XIII. Bezirk

Kern Heinrisch XVIII. Bezirk

Heinemann Ludwig XVI. Bezirk

Had Heinrich II. Bezirk

Korbel Eduard   XV. Bezirk

Swartosch Wilhelm XXI. Bezirk

12. Februar 1934 Dienstl Ludwig IX. Bezirk

14. Februar 1934 Pokorny Johann   XX. Bezirk, Kreisleiter Wien Nordost (II,XX)

19. Februar 1934 Vockt Rudolf   X. Bezirk, sich selbst der Polizei gestellt.

Der Bezirksführer Oskar Passauer von Döbling (Wien XIX) und Kreisleiter von Wien-Nordwest (die Bezirke I, VIII, IX, XVII, XVIII, XIX) war bereits seit 2. Dezember 1933 in Haft, da man bei einer Hausdurchsuchung in seiner Wohnung, 9 Kartons tschechischer Munition gefunden hatte.

Die Bezirksführer Wiedemann (V), Schiffner (VI), Adamek (III) und Leinmüller (XVII) wurden wahrscheinlich erst während der Kämpfe oder unmittelbar danach in Haft genommen.

2.8.1. Der Verrat des Schutzbundführers Kreis West Eduard Korbel

Die Schutzbundführung hatte das Kommando des Schutzbundes in fünf Kreise geteilt, wobei jeder Kreis einige Bezirke umfasste. Eduard Korbel war der Kreisleiter West, dem die Bezirke VI, VII, XIII, XIV, XV und XVI unterstanden. Ein Verdacht der Untreue mit Mitgliedsgeldern wurde gegen ihn schon früher erhoben. Ab Mitte des Jahres 1933 wurde er verdächtigt, den Betrag von 7.000,- Schilling veruntreut zu haben, da er die dafür zu kaufenden Sprengmittel nie geliefert hatte.

Korbel wurde, wie erwähnt, mit den anderen Kreisleitern am 10. Februar verhaftet, aber bereits am 11. Februar wieder freigelassen. Er setzte sich mit anderen Schutzbund - Funktionären in Verbindung, aber diese wurden ebenfalls kurz darauf verhaftet.

In den Abendstunden des 12. Februar erschien beim Staatssekretär für Sicherheitswesen Karwinsky der frühere Schutzbund- Kreisführer und gab folgende Erklärung ab:

„Ich, Endesgefertigter, bisheriger Kreisführer, erkläre, dass ich soeben meinen Austritt aus der Sozialdemokratischen Partei Österreichs vollzogen habe, da ich die Gewaltmethoden sowie die Anordnungen der sozialdemokratischen Partei, die uns im Stich gelassen hat, aufs schärfste verurteile. Ich erkläre die bedingungslose Übergabe meines Kreises, welcher die Gemeindebezirke VI, VII, XIII, XIV, XV, XVI umfasst, und werde an alle ehemaligen Schutzbundangehörigen dieses Kreises den Auftrag geben, jede Gewalttätigkeit und jede Stellungnahme gegen die staatlichen Organe zu unterlassen und die Waffen der Sicherheitsbehörde abzuliefern.

Ich bitte um Milde für meine Leute, die sich im blinden Vertrauen auf die Parteiführer zu den beklagenswerten Ausschreitungen der letzten Tage verleiten ließen."

Die Erklärung Korbels (A.V.A., Februar 1934, Ktn.I) wurde am Morgen des 15. Februar als Flugblatt auf dem Luftweg über Wien abgeworfen, in weiter präzisierter Fassung, von der Vaterländischen Front verlegt.

Eduard Korbel hat auch die wichtigsten Waren- und Waffenlager der Regierung verraten und viele seiner Genossen der Polizei ausgeliefert.

Die illegale „Arbeiter-Zeitung" aus Brünn schrieb in ihrer ersten nach dem 12. Februar 1934 erschienenen Nummer (25. 2. 1934) über diesen Verräter der österreichischen Arbeiterbewegung: „Es wird jetzt so manche Verräter geben…Die widerlichste und abscheulichste Gestalt ist die des Herrn Eduard Korbel, der nicht nur während des

Kampfes zum Feind übergelaufen ist, sondern jetzt auch der Polizei die schäbigsten Nadererdienste (Verräterdienste) leistet...Für alle solchen Verräter wird die Stunde schon kommen..." Korbel hat dann auch im April 1935 als Hauptbelastungszeuge im berüchtigten „Schutzbundprozeß" gegen die angeklagten 21 Schutzbundführer (für den angeblich geplanten sozialdemokratischen Putsch) ausgesagt.

Der Verrat ihres Kreisführes in höchster Gefahr war ein schwerer Schlag für die Schutzbündler. Aber nicht nur der moralische Schlag war furchtbar, sondern auch der ganze Kreis, der unter der Leitung Korbels stand, brach zusammen. Nur die Schutzbündler aus dem XVI. Bezirk, Ottakring, verteidigten das Arbeiterheim bis zuletzt.

Im XIII. Bezirk, Hietzing, gab es schwere Kämpfe am Goldmarkplatz, wo der später hingerichtete Karl Münichreiter, bei Hilfeleistung an einem anderen Kämpfer, durch zwei Gewehrschüsse schwer verwundet und verhaftet wurde.

Durch den Ausfall dieses Kreises waren die Ottakringer Schutzbündler isoliert, auch die Grenze zu Meidling konnte nicht geschlossen werden.

Bei verschiedenen Diskussionen in den 50er und 60er Jahren wurde öfters erklärt, dass die Kämpfe des Februars 1934 möglicherweise eine andere Wendung genommen hätten, wäre dieser Verrat nicht erfolgt.

2.9 Der „Eifler-Plan"

Im Juli 1927 wurde Alexander Eifler von der Sozialdemokratischen Partei nahegelegt, in den Dienst des Schutzbunds zu treten. Als beim Brand des Justizpalastes der Schutzbund versagte, hat Eifler den Auftrag von der Parteileitung erhalten, den Schutzbund zu organisieren und zur Disziplin anzuhalten. Er hat ein Organisationsprogramm erstellt, welches in Wien und in ganz Österreich eine bedeutende Rolle spielte. Es wurde ein Kampfplan entworfen und die Schutzbündler ausgebildet, 1931 wurde Eifler Stabschef des gesamten österreichischen Schutzbunds, ausgenommen Oberösterreich, dort war Richard Bernaschek Schutzbundführer.

„Begonnen sollte mit Demonstrationen, Teilstreiks und dem Generalstreik werden, dabei müsste aber auch die Bewaffnung der Menschen erfolgen. Die Masse sollte wissen, dass nur brutales Vorgehen und Todesverachtung zum Siege führen kann. Nicht Verteidigung, sondern Angriff ist die Lösung".

Eifler sah vor, die Offiziere des Bundesheeres und der Polizei sofort zu verhaften. Die Truppen in den Kasernen sollten in der Nacht überrumpelt oder abgeriegelt werden.

Neben der Ausschaltung der wichtigsten Dienstsysteme wie Radio, Telefon usw. sollten auch das Verkehrsnetz für Straßen- und Eisenbahnen, sowie Wasserleitungen und Beleuchtungssysteme, Brücken und Hauptstraßen beachtet werden.

Beim Aktionsplan für Wien sollte außer der bekannten Gürtelinie: Donaukanal – Schlachthausgasse – Gürtel – Donaukanal, welcher der Abschnürung der inneren Bezirke dient, auch ein äußerer Verteidigunsgürtel angelegt werden, der die Bezirke 10 (Favoriten) bis 19 (Döbling) umfasst.

Es werden auch allgemeine Bestimmungen für einen Straßenkampf genannt, sowie eine Hauptpostenstellung rund um Wien mit etwa 2 800 Mann Schutzbündlern.

Gegen diesen Plan hat der ehemalige Generalstabsoffizier, General Theodor Körner, wie bereits erwähnt, protestiert. Er wollte keine Straßenkämpfe, da er meinte, man könnte gegen ein gut ausgebildetes Bundesheer nicht standhalten oder siegen. Körner zog sich aus der Leitung des Schutzbunds zurück, nicht ohne vorher seine Bedenken Julius Deutsch und Karl Renner mitgeteilt zu haben.

Dieser „Eifler-Plan" konnte nicht annähernd eingehalten werden, da bereits, wie erwähnt, am 2. und 3. Februar die militärischen Schutzbundführer Eifler und Löw sowie die wichtigsten Kreis- und Bezirksführer verhaftetet wurden. Die Unterführer verfügten über keine Angriffspläne, auch hatten einige keine Kenntnis, wo die Waffenverstecke lagen.

Da auch nur einzelne Streiks stattfanden und der Generalstreik nicht annähernd durchgeführt wurde, konnnten mit der Bahn Regierungstruppen aus den Bundesländern nach Wien gebracht werden. Damit war der Aufstand von Beginn an zum Scheitern verurteilt. Viele wollten an den Erfolg des Aufstandes nicht glauben, was auch ein Grund dafür war, an den Sammelplätzen nicht zu erscheinen, bzw. zu kämpfen (siehe: Interview Karl Radda).

3. Die Kämpfe in Wien – Meidling

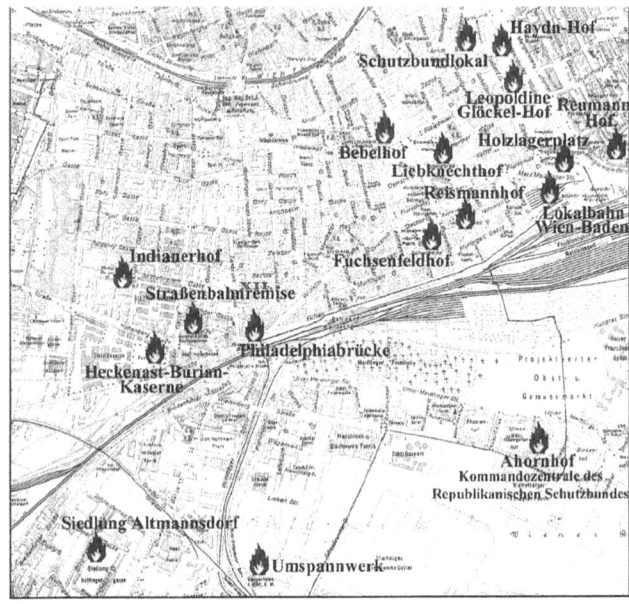

Plan der heftigsten Kämpfen Meidlings

3.1 Die Lage der Gemeindebauten in Meidling

Am 4. Mai 1919 wurden nach dem Ende der Monarchie erstmals Gemeinderatswahlen nach einem allgemeinen Wahlrecht durchgeführt, und Jakob Reumann (1853-1925), der erste sozialdemokratische Bürgermeister von Wien, konnte an die Durchsetzung eines sozialen Wohnbauprogramms denken. Überfüllte Wohnungen in den privaten Wohnhäusern und Notunterkünfte mit sehr geringen, unzumutbaren sanitären Einrichtungen, daraus entstandene Krankheiten wie Tuberkulose (genannt „Wiener Krankheit"), Typhus usw. sowie hohe Arbeitslosigkeit prägten das Bild der Stadt.

Die Stadtverwaltung von Wien wollte das Wohnungsproblem einer sofort wirksamen, großzügigen Lösung zuführen. Dabei musste den zahlreichen und örtlich verschiedenen Bedürfnissen sowie den beschränkten Mitteln Rechnung getragen werden.

Daher plante man große, für sich abgeschlossene Wohnhausblöcke an besonders günstig gelegenen Punkten der Stadt.

Ein weit über die Grenzen Österreichs beachtetes kommunales Wohnbauprogramm wurde in Angriff genommen. Als Finanzierung wurde eine zweckgebundene

Wohnbausteuer eingeführt (Beschluss am 20. Jänner 1923), welche am 1. Februar 1923 in Kraft trat. Finanzstadtrat Hugo Breitner setzte diese Steuer durch und förderte neben der Errichtung von Gemeindebauten auch Selbsthilfeorganisationen, wo durch Mitarbeit der späteren Mieter Siedlungen in Meidling entstanden. (Altmannsdorf, Siedlung Hoffingergasse, erbaut 1921-24, Hetzendorf, Siedlung Am Rosenhügel, Rosenhügelstraße – Atzgersdorferstraße – Defreggerstraße, erbaut 1921/26. Siedlung Elisabethallee, Am Fasangarten – Klimtgasse – Fasangartengasse – Edelsinnstraße, erbaut 1922, erweitert 1925). Sowie Wohnbauten im Geiste der aus England stammenden „Gartenstadt-Bewegung". Die Stadtväter und Architekten wollten möglichst ruhige Innenhöfe schaffen. Die früher verpönten Hofwohnungen mit ihrem trostlosen Ausblick auf elende Werkstätten und enge Lichthöfe wurden nunmehr wegen der Sicht ins Grüne allgemein bevorzugt.

Als erste große Wohnhausanlage in Meidling wurde 1923 auf den ehemaligen Gründen des Fuchsenfeldes der „Fuchsenfeld-Hof" mit 480 Wohnungen fertig gestellt, und danach entstand die Wohhausanlage „Am Fuchsenfeld", der spätere „Edmund Reismann-Hof", mit 600 Wohnungen.

Edmund Reismann *1881 geb., vom einfachen Straßenjungen bereits 1910*
Gemeinderat in Wien aus Meidling, zum gebildeten Arbeitervertreter und Funktionär.
1934 verhaftet und zu 5 Monaten Arrest verurteilt. Polizeigefängnis, Landesgericht und
Wöllersdorf. Tod 1942 im KZ Auschwitz.

Ihnen folgte der „Haydn-Hof" sowie der „Regenbogen-Hof"(später umbenannt in Leopoldine-Glöckel-Hof) mit 318 Wohnungen.

Leopoldine Glöckel, geb. Pfaffinger, Großvater Pfaffiger war Barrikadenkämpfer
1848, 1871 in Gaudenzdorf geboren, war Lehrerin, stieß zum Kreis der revolutionären
Junglehrer um Karl Seitz, war mit dem Lehrer Otto Glöckel verheiratet. Ab 1919 im
Gemeinderat aus Meidling, gründete den Meidlinger Bezirksfürsorgeverein „Soziale
Frauenhilfe". Wurde 1934 in ihrer Wohnung verhaftet und eingesperrt. Sie starb 1937.

Ab 1927 war der „Bebelhof" mit 301 Wohnungen beziehbar. Der ab 1930 fertig gestellte, an der Grenze zwischen Favoriten und Meidling errichtete „George-Washington-Hof" gehörte mit 1.085 Wohnungen zu den Großanlagen. Da nur ca. 20 Prozent der Fläche verbaut wurden, war es beinahe schon eine „Gartenstadt".

Zeitgleich entstand in der Nähe Schönbrunns eine Siedlungsanlage mit über 400 Wohnungen, welche nach dem Vergnügungspark Tivoli benannt wurde.

Die villenartig gestalteten Bauten verteilten sich locker über das parkartig ausgestaltete Gelände und gehörten zu dem Typ der englischen „Gartenstadt".

Alle Wohnungen in den Gemeindebauten hatten direkten Zugang vom Stiegenhaus, Wasser und Toilette in der Wohnung, sowie Gas- und elektrischen Stromanschluss. Die Wohnräume und Küchen wurden vom direkten Tageslicht erhellt, für die Zeit der 20er und 30er Jahre ein unglaublicher Luxus. Durch große Grünanlagen mit Kinderspielplätzen, Kindergärten und Horten, Arztpraxen, gemeinsame Waschküchen usw. hatten die neuen Bewohner ein neues, absolut glückliches Lebensgefühl.

In den privaten „Zinskasernen" gab es wenige Toiletten innerhalb der Wohnungen, die Küchen mit einem Fenster lagen direkt auf der Gangseite, Kochgerüche und Streit konnten von den Nachbarn „miterlebt" werden. Außerdem waren nur ein bis zwei Wasserausläufe am Gang vorhanden (Bassena – Wohnungen).

Namentlich benannte Wohnhausanlagen:

- **Fuchsenfeld-Hof**, erbaut 1922/25, Längenfeldgasse 68 – Karl Löwegasse 17-19 (ursprünglich Neuwallgasse), Aßmayergasse 63 – Murlingengasse, 481 Wohnungen, 24 Stiegen, benannt nach dem Gebiet des „Fuchsenfeldes" mit einem Gasthaus „Zum Fuchsen".
- **Edmund-Reismann-Hof** (ursprünglich „Am Fuchsenfeld", wurde am 11.9.1949 umbenannt), erbaut 1924/26, Längenfeldgasse 31-33 – Malfattigasse 16a – Murlingengasse 16 – Karl Löwegasse 15-18, Rizzygasse 3,5-6 – Rothkirchgasse 1, 604 Wohnungen, 36 Stiegen, benannt nach Eduard Reismann, Wiener Kommunalpolitiker.
- **Bebel-Hof**, erbaut 1925/26, Längenfeldgasse 20 – Steinbauergasse 36 – Aßmayergasse 13-21 – Klärgasse 1, 301 Wohnungen, 21 Stiegen, benannt nach August Bebel (1840-1913), dem Gründer und Führer der deutschen Sozialdemokraten.
- **Liebknecht-Hof,** erbaut 1926/27, Längenfeldgasse 19 – Böckhgasse 2-4 – Malfattigasse 12 – Herthergasse 37, 426 Wohnungen, 28 Stiegen, benannt nach Wilhelm Liebknecht (1826-1900) Vorkämpfer der deutschen Sozialdemokratie und seinen Sohn Karl Liebknecht (1871-1919 ermordet in Berlin) Führer der mit Rosa Luxemburg begründeten Spartakusbewegung, radikal sozialdemokratisch.

- **Lorens-Hof**, erbaut 1927/28, Längenfeldgasse 14-18 – Klärgasse 2-6, Arndtstraße 57, 146 Wohnungen, 10 Stiegen, benannt nach dem Volksdichter und Komponisten Carl Lorens (1851-1909). (Drei Häuser unterhalb des Lorens-Hofs befand sich in einem Privathaus die Mietwohnung der Eltern des Autors, Vater damals 37 Jahre, Mutter 33 Jahre alt, welche aber über die Februarkämpfe nie sprachen).
- **Gartenstadt „Am Tivoli"**, erbaut 1927/28, Hohenbergstraße 3-21 - Grünbergstraße, 388 Wohnungen in 65 Wohnhäuser; einzelne Häuser mit meist 4 Wohnungen, 92 Stiegen, benannt nach einem früheren Vergnügungslokal auf dem Grünen Berg.
- **Simony-Hof**, erbaut 1927/28, Koppreitergasse 8-10 - Erlgasse 47 – Rollingergasse 9, 167 Wohnungen, 14 Stiegen, benannt nach dem Architekten Leopold Simony (1859-1929) Schüler von Heinrich von Ferstel, Architekt und Professor an der Technischen Hochschule Wien, Schöpfer von Arbeiterwohnbauten schon in der Monarchie.
- **George-Washington-Hof**, (ursprünglich „Am Wienerberg- Spinnerin am Kreuz"), erbaut1927/30, Unter-Meidlinger Straße - Triester Straße - Wienerbergstraße, teilweise im 10. Bezirk (Favoriten), teilweise im 12. Bezirk (Meidling), 1085 Wohnungen, 114 Stiegen, benannt nach George Washington (1732-1799), dem 1. Präsidenten der Vereinigten Staaten von Amerika. Teil im 10. Bezirk: **Ahorn-Hof, Birken-Hof, Flieder-Hof.** Teil im 12. Bezirk: **Akazien-Hof, Ulmen-Hof.** Die Grenzen des 10. und 12. Bezirks gehen mitten durch diese sehr große Wohnhausanlage. In dem Gasthaus an der Seite der Triesterstraße fanden öfters Versammlungen der Parteiführung statt, in der großen Anlage des George- Washington-Hofes (Ahorn-Hof) war ab 12. Februar Nachmittag die Kampfleitung des Schutzbunds untergebracht.
- **Indianer-Hof** (eigentlich **Azaleen-Hof)**, erbaut 1927/30, Rotenmühlgasse 64 – Aichholzgasse 52-54 – Spittelbreitengasse 25-33, 735 Wohnungen, 17 Stiegen, benannt nach der über dem Eingangstor angebrachten Figur eines Indianers.

Nach den erbitterten Februar-Kämpfen wurde der Indianerhof kurzzeitig und inoffiziell „Feyhof", nach dem damaligen Vizekanzler und Heimwehrführer Emil Fey, genannt, welcher persönlich den Einsatz gegen die Schutzbündler leitete (siehe Buchumschlag).

- **Fröhlich-Hof,** erbaut 1928/29, Arndstraße 27-29 – Malfattigasse 1-5 – Fockygasse 2a – Oppelgasse 14, 149 Wohnungen, 11 Stiegen, benannt nach Katharina (Kathi) Fröhlich (1800- 1879) der „ewigen" Braut Franz Grillparzers.
- **Haydn-Hof,** erbaut 1928/29, Gaudenzdorfer Gürtel 15 – Arndtstraße 1 – Siebertgasse – Steinbauergasse 4-6, 304 Wohnungen, 20 Stiegen, benannt nach dem Komponisten Joseph Haydn bzw. nach dem Haydnpark (daneben).
- **Leopoldine- Glöckel-Hof** (ursprünglich Regenbogenhof, wurde am 11. 9. 1949 umbenannt, im Volksmund „Farbkastelhof"), erbaut 1931/32, Steinbauergasse 1-7, 318 Wohnungen, 18 Stiegen, benannt nach Leopoldine Glöckel (1871- 1937).
- **Theer-Hof,** erbaut 1929/30, Theergasse 3-5 - Spittelbreitengasse 31-33 - Egger-Lienz-Gasse 3, 146 Wohnungen, 11 Stiegen, unbekannte Namensgebung. In allen genannten Höfen (ausser Lorens-Hof) fanden Verteidigungskämpfe statt.

Unbenannte Wohnhausanlagen:
- Egger-Lienzgasse 2-6, erbaut 1928/30, 85 Wohnungen, 6 Stiegen.
- Fockygasse 40-44, erbaut 1933, 75 Wohnungen, 3 Stiegen.
- Fockygasse 53,erbaut 1930, 49 Wohnungen, 3 Stiegen.
- Hohenbergstraße 34, erbaut 1929/30, 25 Wohnungen, 6 Stiegen.
- Hohenbergstraße 36-38, erbaut 1927/28, 39 Wohnungen, 9 Stiegen.
- Hohenbergstraße 40, erbaut 1929/30, 36 Wohnungen, 8 Stiegen.
- Johann-Hoffmann-Platz 18, erbaut 1929/30, 163 Wohnungen, 9 Stiegen.
- Karl-Löwegasse 4, erbaut 1929/30, 18 Wohnungen, 1 Stiege.
- Karl-Löwegasse 12,erbaut 1929/30, 17 Wohnungen, 1 Stiege.
- Liebenstraße 48, erbaut 1929, 36 Wohnungen, 3 Stiegen.
- Malfattigasse 7, erbaut 1931/32, 50 Wohnungen, 2 Stiegen.
- Malfattigasse 13, erbaut 1930/31, 27 Wohnungen, 2 Stiegen.
- Malfattigasse 39, erbaut 1929/30, 45 Wohnungen, 3 Stiegen.
- Ratschkygasse 41-43,erbaut 1928/29, 97 Wohnungen, 7 Stiegen.
  Ruckergasse 69
- Koppreitergasse 24, erbaut 1929/30, 127 Wohnungen, 12 Stiegen.
- Spittelbreitengasse 46-48, erbaut 1929/30, 75 Wohnungen, 6 Stiegen.
- Wienerbergstraße 10,erbaut 1931, 172 Wohnungen, 12 Stiegen.

- Wienerbergstraße 16-20, erbaut 1925/27, 769 Wohnungen, 42 Stiegen.
- Zeleborgasse 7, erbaut 1930, 17 Wohnungen, 1 Stiege.

3.2. Die Leitung des Widerstands im Ahorn-Hof

Der Ahorn-Hof (Teil des „George Washington-Hofs" an der Grenze von Favoriten und Meidling) war schon lange vor Beginn der Kämpfe dazu ausersehen, im Fall offener Kampfhandlungen gegen die Diktatur der Dollfuß-Regierung als Leitung des Widerstands zu fungieren. Nach einer Sitzung des Parteivorstandes, am Vormittag des 12. Februars 1934 in der Wohnung von Helene Popper, der Schwester von Julius Deutsch, in der Gumpendorferstraße 144, bei welcher die Ausrufung des Generalstreiks und die Mobilisierung des Republikanischen Schutzbunds beschlossen wurde, begaben sich Otto Bauer (politischer Leiter) und Julius Deutsch (militärischer Leiter) in den Ahornhof.

„Unser Hauptquartier war das Wohnzimmer des Kaufmanns Grossauer, eines bewährten Parteigenossen. Das Zimmer schloss sich an den Geschäftsladen an, durch den wir, ungesehen von den Hausbewohnern, die Straße erreichen konnten. Durch einen kleinen Nebenraum gelangte man in den Hof des Gebäudes, sodass unser Versteck zwei Ausgänge hatte. In dem einzigen Zimmer, dass uns zur Verfügung stand, arbeitete ich in der einen Ecke mit dem Gemeinderat Hans Pokorny, der nach der Verhaftung der bisherigen militärischen Führer zum Leiter des Wiener Schutzbunds ernannt worden war, während in der anderen Ecke Otto Bauer und (Johann) Schorsch (Gewerkschafts-Leiter) saßen". (Aus: Julius Deutsch: Ein weiter Weg.)

Allerdings konnten sie ihre Aufgaben kaum wahrnehmen, da die Motorradfahrer, welche Nachrichten überbringen und Befehle weitergeben sollten, entweder abgefangen wurden, am Zielort niemanden antrafen oder gar nicht zum Einsatz kamen.

Otto Bauer flieht im Morgengrauen des 13. Februar in die Tschechoslowakei, Julius Deutsch folgt einige Stunden später …

„Auch die zentrale Leitung des Kampfes hat versagt. Wir hatten am ersten Kampftag eine zentrale Leitung improvisiert. Aber der Bezirk, in dem sie ihren Standort hatte, fiel bald in die Hände des Bundesheeres, und die Verbindung zwischen dem Standort der Kampfleitung und den kämpfenden Gruppen in den anderen Bezirken wurde schon am zweiten Tag infolge der militärischen Absperrungsmaßregeln unmöglich". (Aus: Otto Bauer: Der Aufstand der österreichischen Arbeiter. Seine Ursachen und Wirkungen).

Rosa Jochmann arbeitete während der Kämpfe in der Kampfleitung des Parteivorstands im Ahornhof.

Über die Flucht Otto Bauers berichtete sie: „Er hatte sich zu den Schutzbündlern im Ahornhof in der Siedlung bei der Spinnerin-am-Kreuz begeben. Er wirkte verzweifelt, ratlos und alleingelassen. Auch in dieser Situation blieb Otto Bauer ein wunderbarer Mensch – General war er keiner. Ich fragte ihn, ob wir irgendwelche Flugblätter hätten, da immer wieder junge Leute mit Fahrrädern kamen und von uns Instruktionen verlangten, sie wollten irgendwie aktiv werden. Wir hatten aber nichts zum Austeilen. Josef Pleyl von der Bildungszentrale der Partei und Wilhelmine Moik, die Frauenvorsitzende der Gewerkschaft, hatten sich mit der Frau des tschechoslowakischen Botschafters (Zdenek Fierlinger bekleidete dieses Amt von Juli 1932 bis September 1936) in Verbindung gesetzt und die hatte versprochen, den Botschaftswagen für die Flucht Otto Bauers zur Verfügung zu stellen. In der Nacht vom Montag auf Dienstag sind schon ringsherum Leuchtraketen aufgestiegen (Dunkelheit, da kein Strom), und uns wurde gemeldet, die Soldaten sind schon ganz nahe und finden heraus, wo sich der Parteivorstand aufhält.

Otto Bauer weigerte sich, Wien und Österreich zu verlassen, wies immer auf das Schicksal der Frauen und Kinder hin. Ich habe ihm gesagt, Genosse Bauer, das Schicksal der Frauen und Kinder nimmt seinen Lauf, ob Sie da sind oder nicht. Sie dürfen sich nicht länger weigern. Jetzt müssen sie unbedingt weg von hier. Otto Bauer antwortete: Es wäre Feigheit, jetzt wegzugehen. Ich darauf: Die Arbeiter würden sagen, Sie sollen weggehen, das ist jetzt Ihre Pflicht: Wenn die Heimwehr Sie hier findet, die stellen Sie nicht vor Gericht, die werden Sie auf der Stelle erschlagen.

Bauer wollte und wollte nicht aufbrechen, wir sprachen alle auf ihn ein. Endlich erhob er sich doch und ich konnte ihn zur Kellertür eines Siedlungshauses führen und den Weg aus der Siedlung zeigen. Bevor er ging, umarmte er mich. Wir haben uns verabschiedet und noch verschiedenes besprochen.

Im Ahornhof gab es einen Greißlerladen und da standen einige Frauen, die ihn erkannten. Mit ihren Schürzen haben sie sich die Tränen aus den Augen gewischt.

Vor den Laden wartete Josef Pleyl, der es übernommen hatte, ihn in die Tschechoslowakei zu bringen. Die Zeitungen schrieben damals, Otto Bauer sei mit den Milliarden der Partei ins Ausland geflüchtet, in Wirklichkeit hatte er nicht einmal einen Groschen in der Tasche" ärgerte sich Rosa Jochmann noch zuletzt über die Propaganda. (Aus: Franz Richard Reiter: Wer war Rosa Jochmann?)

Als ein Bataillon Soldaten mit einer Feldhaubitze, sowie unterstützt von 100 Wachebeamten und 40 Kriminalbeamten den Ahorn-Hof, angriff, gab es nur vereinzelt Widerstand, die Gebäude wurden rasch und ohne Verluste besetzt.

3.3. Die stärksten Widerstände und Berichte von verschiedenen Kämpfen

Diese waren: Entlang der **Längenfeldgasse, Flurschützstrasse, Eichenstrasse, Holzlagerplatz Matzleinsdorferplatz, Reumannhof am Gürtel, Arndtstrasse, Rotenmühlgasse, Remise Spittelbreitengasse, Philadelphiabrücke, die großen Höfe: Bebelhof, Liebknechthof, Reismannhof, Fuchsenfeldhof, Haydnhof, Glöckelhof, Indianerhof, Fröhlichhof, Wienerberg.**

In Wien erfuhr die sozialdemokratische Parteiführung bereits kurz vor 8: 00 Uhr durch mehrere Telefonate von den Linzer Kämpfen. Man konnte in Wien mit ca. 10 000 Mann des Schutzbundes rechnen, direkt beteiligt und zum Kampf bereit, (große Menge Waffen wurden verraten oder bereits beschlagnahmt) waren aber nur ca. 5 000 Mann.

Auf der Gegenseite standen das „Freiwillige Schutzkorps" mit 6 000 Mann, 1 600 vom „Wehrverband", 2 000 Mann von anderen Formationen wie „Heimatschutz", „Frontkämpfervereinigung" und Studentenverbindungen, 7 500 Mann Polizei und 4 200 Mann Bundesheer mit 16 Geschützen, gesamt ca. 22 000.

Wenig bekannt ist, dass auch Flugzeuge des „Österreichischen Heimatschutzfliegerkorps" und der „Flughafeninspektion Aspern" unter dem Kommando von Polizeirat Dr. August Raff-Marwill in die Kämpfe um Wien eingegriffen haben. Bereits am 12. Februar wurden während der Nachmittagstunden Aufklärungsflüge über den städtischen Elektrizitäts- und Gaswerken, über Simmering, Favoriten, Meidling, Ottakring, Döbling und Floridsdorf geflogen.

Am Abend wurde aus den sieben zur Verfügung stehenden Flugzeugen eine „Kombinierte Flugstaffel" unter dem Kommando des vorher erwähnten Polizeirates gebildet. Vom 12. bis 19. Februar hat diese Staffel 117 Einsatzflüge mit einer Gesamtflugzeit von über 60 Stunden durchgeführt.

Dabei handelte es sich meist um Aufklärungsflüge, wobei allerdings die Flugzeuge, die meist nur 50 m hoch flogen, des öfteren heftig beschossen und auch getroffen wurden, wobei aber kein Flugzeug verloren ging. Nur ein Flugzeug von Hauptmann Brumowsky hatte ein eingebautes Maschinengewehr und bekämpfte damit den „Goethehof".

3.3.1. Chronologischer Ablauf der Ereignisse

3.3.1.1. Montag, 12. Februar 1934

Um 9:45 Uhr streiken die Arbeiter des Gaswerkes Simmering, um 11:30 Uhr die Elektrizitätswerke. Als um 11: 47 Uhr in Wien alle Straßenbahnen stehen blieben, war dies das Zeichen für die Schutzbündler, sich zu ihren Alarmplätzen zu begeben. Kurz danach stand auch die gesamte Polizei Wiens unter Waffen.

Die Exekutive hatte zu diesem Zeitpunkt bereits den ganzen 1. Bezirk Wiens (Innere Stadt) abgeriegelt und konnte gegen die Arbeiterheime und Gemeindebauten in den Wiener Vororten vorgehen, welche von Schutzbündlern besetzt waren.

Nachstehend einige Berichte und Aussagen von Personen, welche die damalige Situation beschrieben:

Der langjährige Chefredakteur der „Arbeiter-Zeitung" in der von Ihm herausgegebenen Broschüre „Der Weg aus dem Dunkel": „Mittags kam es bereits in Wien zum ersten bewaffneten Zusammenstoß. Der Simmeringer Schutzbund, der von der Polizei ausgehoben werden sollte, schlug zurück (Rayonsinspektor Josef Schiel wurde in der Eisteichstraße in Simmering beim Versuch, den Arbeiter Franz Havlicek festzunehmen, von diesem erschossen), stieß auf die Landstraße vor und besetzte St. Marx.

Nach ein Uhr griff die Polizei die Wohnhausanlage Sandleiten in Ottakring an, gegen zwei Uhr den Reumann-Hof in Margareten. Von dort griffen die Kämpfe auf Meidling über. In den ersten Abendstunden stand Wien im Kampf....Polizei und Militär griffen den Quellen-Hof und Laaerberg in Favoriten an und wurden zurückgeschlagen.

Der Favoritner Schutzbund stieß zum Gürtel vor, um Simmering und Margareten Hilfe zu bringen. In Hietzing kam es auf den Goldmarkplatz (Rayonsinspektor Gärtner wurde erschossen), in der Penzinger Straße und auf dem Schönbrunner Vorplatz zu Zusammenstößen. In Ottakring tobte der Kampf um die Wohnhausanlage Sandleiten und das Arbeiterheim, in Döbling um den Karl-Marx-Hof.

Haubitzen und Granatwerfer nahmen das Ottakringer Arbeiterheim und den Karl-Marx-Hof unter Feuer....Mit dem Beginn des Kampfes in Wien wurde der Republikanische Schutzbund in ganz Österreich alarmiert...."

Schon am Nachmittag gab Bundeskanzler Dollfuß die Zustimmung zum Einsatz von Feldgeschützen des Bundesheeres. Die Militärs argumentierten, Infanterieangriffe gegen die stark verteidigten Wiener Gemeindebauten und Arbeiterheime wären ungleich blutiger.

Die Bundesregierung löste in einer Sondersitzung alle sozialdemokratischen Organisationen, von der Partei und den Gewrkschaften bis zu den Naturfreunden, den Arbeitersamaritern usw. auf. Der Ministerrat beschloss weiters, dass der Gemeinderat der Bundeshauptstadt Wien und damit auch der Wiener Landtag aufgelöst sei.
Zugleich wurden Bürgermeister, Landeshauptmann und Stadtsenat ihrer Funktion enthoben und Minister a.D. Richard Schmitz zum Bundeskommissär für Wien bestellt.

Zu Mittag des **12. Februar 1934** drangen Kriminalbeamte in das Arbeitszimmer des Bürgermeisters Karl Seitz ein, zogen sich jedoch zurück, als Seitz entschieden ablehnte, seinen Amtsitz zu verlassen und auf den Verfassungsbruch hinwies, dass er nicht nur Bürgermeister, sondern auch Landeshauptmann sei. Wenig später wurde das Rathaus von Abteilungen des 4. Feldjägerbataillons besetzt und die weiß-grüne Heimwehrfahne gehisst. Gegen 19: 00 Uhr drangen erneut Kriminalbeamte bei ihm ein.
Wieder weigerte sich Seitz und die Stadträte Weber, Breitner, Lindner, Speiser, Honay und Danneberg, den Beamten zu folgen. Nun aber wurden aber verhaftet.
In einem Gespräch mit dem Wiener Polizeipräsidenten Eugen Seydel erklärte Seitz: „Niemand hat das Recht, mich von hier zu entfernen! Ich beuge mich keinem Verfassungsbruch, ich werde nur der Gewalt weichen!" Die Kriminalbeamten ergriffen Seitz und trugen ihn aus seinem Arbeitszimmer.

__Dr. Eugen Seydel__ (1879-1958) Polizeipräsident vom 20. März 1933 bis 28. September 1934 (pensioniert), ab 18. Oktober 1932 Polizei-Vizepräsident, ab 10.Februar 1934 Sicherheitskommissär für das Gebiet der Bundeshauptstadt Wien.

Um 3:00 Uhr morgens am **13. Februar** überstellte man ihn ins Polizeigefangenenhaus. Wie berichtet, übernahm am Vormittag desselben Tages der schon zuvor bestellte Regierungskommissär Minister a.d. Richard Schmitz die Führung der Amtsgeschäfte.
Im Bezirk Meidling konnten zunächst die seit den Morgenstunden des **12. Februar** andauernden Durchsuchungen und Verhaftungen durch die Polizei durchgeführt werden. Am Nachmittag hatten sich im Schutzbundlokal Arndtstraße 36 etwa 250 -300 Schutzbündler eingefunden. Die Polizei wollte diese verhaften und konnte sie in Schach halten. Dabei kam es zu einzelnen Schusswechseln. Sie verfügte aber nur über 10 Mann und musste sich zurückziehen, als heftiges Feuer seitens einer heranrückenden Truppe von Schutzbündlern einsetzte. Im Laufe der Nacht kam es dann zu einer

weitgehenden Mobilisierung des Schutzbundes, sodass in den Morgenstunden die meisten Gemeindebauten des Bezirks von Schutzbündlern besetzt und die Zufahrtsstraßen verbarrikadiert waren. Hilfeleistung für den von der Polizei besetzten Reumann-Hof am Margaretengürtel wurde durchgeführt.

Außerdem war das Gelände der Lokalbahn Wien- Baden im Verlauf der Eichenstraße und der Wolfganggasse (gegenüber der Konsum-Verwaltung) bei einem großen Holzlagerplatz besetzt. Ein Vordringen in diese Räume ist der Polizei trotz mehrmaliger Versuche wegen des heftigen Widerstandes der Schutzbündler zunächst nicht gelungen.

Ein Bericht des Gruppenführers Lois Vallach über seine Schutzbundtruppe, niedergeschrieben am 18. Februar 1934, ist der illegalen Bewegung erhalten geblieben. Er wurde der Sozialdemokratin und Buchautorin Ilona Duczynska bei ihrer Emigration nach England 1936 zusammen mit anderen Kampfberichten zur Verwahrung übergeben und befindet sich im Dokumentationsarchiv des Österreichischen Widerstands.

Diese Gruppe, ca. 30 Mann stark, suchte sich Aufgaben, welche ihrer Stärke angemessen waren. Sie operierte freizügig in dem Dreieck, wo Meidling an die Bezirke Margareten und Favoriten grenzt.

12. Februar

Der Bericht wird Wort- und schriftgetreu wiedergegeben: *„ Wir zogen in der Richtung zur Philadelphiabrücke (vom Gürtel), eine schwerbewaffnete Gruppe von Polizisten, ca. 25 Mann mit Karabinern trat uns entgegen.*

In demselben Augenblick eröffneten wir das Feuer und schon explodierten auch einige Granaten, die im gleichen Augenblick geworfen wurden. Unsere Bewaffnung erwies sich gegen der starken Gruppe der Polizei als ungenügend und so mussten wir uns nach dem ersten Angriff zurückziehen....Mittlerweile erhielten wir Nachricht, dass in der Arndtstraße beim Gaudenzdorfer Gürtel im Gemeindehaus der Schutzbund des „Vorwärts" eingeschlossen ist und von einer Patrouille der Polizei bewacht wird. Sofort beschlossen wir, die Patrouille anzugreifen und die Schutzbündler zu befreien. Der Angriff wurde von zwei Seiten unternommen. Die Patrouille erwiderte das Feuer, musste aber vor unserem Angriff, der aus einem Hause und von der Straße her erfolgte, die Flucht ergreifen. 150-180 Schutzbündler wurden dadurch befreit. Wo sie sich hingeschlagen haben, entzieht sich meiner Kenntnis."

Diese Gruppe, welche bei der Philadelphiabrücke gegen die Polizei einen Schusswechsel geführt hatte, wurde von deren Kommandant Max Opravil geleitet. Am Abend bekam Opravils Trupp Verstärkung von den von Lois Vallach beschriebenen Gruppen.

Max Opravil *geb. 1896-1971, war Maschinenschlosser und Eisendreher. Bereits früh wurde er Funktionär der Jugendorganisation. Er widmete seine Freizeit den Arbeiterturnverein und den Naturfreunden. Als Angehöriger der Volkswehr nahm er an den Kämpfen um das Burgenland teil. Als Kommandant des Meidlinger Schutzbundes 1934 musste er danach in die CSR fliehen und wurde von Otto Bauer mit dem Aufbau der Flüchtlingshilfe betraut. Er war nach 1945 Gemeinderat und Parteivorsitzender von Meidling, 1975 wurde der Gemeindebau Wienerbergstraße 12 „Max-Opravil-Hof benannt, siehe auch Interview mit Franz Nekula.*

Auszug aus dem Polizeibericht:
„Im ehemaligen Schutzbundlokal XII., Arndstraße 36, waren schon 250 Personen anwesend...durch zehn Sicherheitswachebeamte in Schach gehalten. Mehr Kräfte standen nicht zur Verfügung. Diese Wache musste sich aber später zurückziehen, da sie von außen her kräftig beschossen wurde. Bald darauf wurde das Lokal...neuerlich besetzt. Es war von den früher anwesenden Schutzbündlern verlassen."
Weiter aus dem Kampfbericht von Lois Vallach:
„Unterdessen war es 20:00 abends. Im strömenden Regen suchten wir in den finstern Straßen unsere Kräfte. Es trat etwas wie Ruhe ein."
Noch hatten sie keinen einzigen Mann verloren. Sie berieten ob sie die nächstliegende Wachstube stürmen sollten. Die Mehrheit war dagegen, aufrund der schwachen Bewaffnung.*„Alle Kleider und Schuhe durchnässt, zum Teil auch schon ermüdet, entschlossen wir uns, uns auf einige Stunden zurückzuziehen und ein wenig auszuruhen. In kleinen Gruppen zogen wir uns durch den Südbahnviadukt nach dem Wienerberg zurück. Zu unserer 30 Mann starken Gruppe, mit der wir am späten Nachmittag den ersten Angriff unternommen hatten, schlugen sich im Lauf des Kampfes noch ca. 25 Mann dazu, so dass wir über 50 Mann waren. Am Wienerberg selbst trafen wir auch eine Gruppe von ca. 40 bis 50 Mann. Von dort schickten wir Patrouillen aus. Das Haus selbst wurde durch Posten gesichert. Es war bereits 23:00 Uhr und noch immer keine Nachrichten aus anderen Bezirken, ja selbst aus den Kampfabschnitten unseres*

Bezirkes konnten wir keine Nachricht oder Verbindung bekommen. Abgeschnitten oder vielmehr isoliert von allen anderen Kämpfenden, waren wir auf uns selbst angewiesen."

Ihr Weg entlang der Wienerbergstraße hatte sie am Ahornhof vorbeigeführt. Als einer kleinen Einheit war ihnen der Sitz der Kampfleitung unbekannt.
Für die Kampfmoral war es vielleicht besser so.
„Zwischen 23:00 und 24:00 Uhr trafen 60 bewaffnete Schutzbündler mit Karabinern vom Rosenhügel ein. Die Stimmung war beim Eintreffen dieser starken Gruppe unter allen (zusammen ca. 160 bis 180 Mann) eine ausgezeichnete, trotzdem sich der Hunger schon bei vielen meldete. Zwischen 24:00 und 1:00 Uhr früh schickten wir eine freiwillige Patrouille mit Kraftwagen aus, um Munition und Proviant zu holen. Man brachte ziemlich viel Munition, auch einige Gewehre, sowie etwas Brot und Wurst."
Die Patrouille brachte gleichzeitig auch die Nachricht, dass einige Bezirke und die Breitenseer Kaserne in den Händen der Aufständischen waren. Diese Meldung wurde mit großem Jubel aufgenommen, berichtete Vallach. Es kam aber auch die Nachricht, dass die Margaretner Arbeiter im Reumannhof eingeschlossen waren. Schutzbund-Zugsführer Sailer hatte den Tanzsaal besetzt gehalten, um die dort verborgenen Waffen zu sichern, aber musste sich nach 20:00 Uhr der Übermacht ergeben.
„Nach Mitternacht ruhten alle Kämpfenden bis auf die Posten, zum Teil auf bloßem Beton oder auf Holzbrettern, ein anderer Teil auf dem Maschinenboden der Wäscherei. Nach 4:00 Uhr (**13. Februar,** Anmerkung des Autors) *morgens brachen wir alle auf. So um 4:30 zogen wir uns in kleinen Gruppen durch die Wienerbergstraße, hinunter, neben den (Meidlinger) Friedhof. Zuerst war der Plan, dass wir die nächstliegenden Wachstuben stürmen. Patrouillen, die als Kundschafter zurückkamen, meldeten aber eine sehr starke Bewachung der Wachstuben. Inzwischen war es bereits 5:30Uhr früh geworden. Die Schutzbündler sind noch nass vom vorigen Tag."*
Einige versuchten, Pessimismus in die Reihen zu tragen, schimpften, fluchten und wollten sogar nach Hause gehen, weil nach ihrer Meinung der Kampf sowieso zweck-uns aussichtslos war.
*„Wir diskutierten, zitterten und froren in den kalten Straßen und dennoch bemühten wir uns, soweit es ging, die Genossen aufzuklären.
Gleichzeitig drängten wir energisch auf einige Funktionäre ein, dass man die zum Großteil noch kampfbereiten Genossen durch Schwanken und Zögern nicht zersetzen*

darf. Wir berieten schnell über einen Angriff, und zwar entschlossen wir uns, in der Richtung zum Reumannhof vorzustoßen und die Exekutive in die Flucht zu schlagen und die Arbeiter zu befreien. In zwei großen Zügen teilten wir uns auf und unternahmen den Angriff von zwei Fronten. Längs der Südbahnstrecke und in der Eichenstraße hielten wir um 6:00 Uhr früh die ersten Autos und Fuhrwerke auf...."

Aus dem Polizeibericht:
„Am Morgen des **13. Februar..**...war auch das Gelände der Lokalbahn Wien-Baden in der Eichenstraße bei der Wolfganggasse besetzt. Sie beschossen und hielten vorüber fahrende Autos auf." Um 6:45 Uhr früh setzte unerwartet ein äußerst heftiger Feuerüberfall von der gegnerischen Seite ein. Die Rebellen hatten sich hinter den Waggons des Matzleinsdorfer Frachtenbahnhofs entlang der Eichenstraße im und hinter dem Holz- und Materialplatz, entlang der Meidlingerstraße, sowie hinter der Notkirche der Fluschützstraße verschanzt und eröffneten aus ihren gedeckten Stellungen das Feuer…von der Alarmabteilung kamen zwei Maschinengewehrzüge, die auf dem Gürtel von der Brandmeyergasse gegen die Südbahnstrecke vorrückten: Stabshauptmann Kristen schob sich mit einem Maschinengewehr und mit zwei Zügen der Alarmabteilung gegen den Südbahndamm vor."

Aus dem Kampfbericht von Lois Vallach:
„ ...errichteten eine Barrikade mit Lastautos und anderen Wagen. Von dort eröffneten wir das Feuer auf die ersten Heimwehrler. Von einer anderen Seite, in der Richtung der Kirche (am Immaculataplatz) drängte die zweite Gruppe vor. Als wir das Feuer von beiden Seiten eröffneten, schien es so, als würden sich die Heimwehrler zurückziehen.
Als wir bereits eine halbe Stunde das Feuer wechselten, spürten wir eine starke Erwiderung von Seiten des Gegners....In derselben Zeit wurden wir bereits von der Kirche aus beschossen, ohne dass wir jemanden sehen konnten. Trotz diesen starken Feuers verließen wir auf einer Seite die Barrikade und stießen weiter nach vorn. Unterdessen hatten wir den ersten Schwerverwundeten mit Lungendurchschuss.
Wir schleppten ihn ca. 30 bis 40m zurück, wo er von Genossen übernommen wurde. Das Feuergefecht dauerte schon über eine Stunde. Einige kühne Genossen hatten sich bis nahe an den Gürtel vorgestoßen, unter Feuerschutz von rückwärts und guter Deckung schlugen sie einige Granaten in ein Heimwehrnest. Das Nest ging

auseinander und dann erst waren sie zugänglich für unser scharfes Auge, einige von ihnen blieben auf der Strecke."

Ermutigt durch diese Aktion, eröffneten Lois Vallach und seine Schutzbündler von neuem von beiden Seiten intensives Feuer. Trotzdem war ihnen klar, dass sie mit ihren Kräften keinen erfolgreichen Durchbruch führen können, und so zogen sie sich unter guter Deckung in den Fuchsenfeldhof zurück.

„In den Seiten- und Zufahrtsstraßen errichteten wir sofort einige Barrikaden. Beim Haupteingang des Fuchsenfeldhofs brachten wir sofort ein MG in Stellung. Alle anderen Tore wurden mit starken Gewehrposten besetzt.An der Südbahnstrecke sahen wir eine Lokomotive vorfahren. Wir wussten zunächst nicht, dass im Beiwagen ein MG in Stellung ist. Als die Maschine nach 5 Minuten zurückfuhr, bemerkten wir, dass sich auf der Maschine eine bewaffnete Mannschaft befand. (Meldung in der Parteizentrale am 10. Jänner 1934: Von einem Eisenbahner, der in der Nacht vom 9.-10. Jänner Dienst hatte, wurde beobachtet, wie in mehreren Lastenwagons, Panzerplatten angebaut und andere wieder mit Sandsäcken ausgelegt wurden (Die Bordwände). An dieser Arbeit haben auc Eisenbahner, die uns nahestehen, teilgenommen.)

Wir brachten sofort unser MG in Stellung und zwar Richtung Eisenbahnbrücke. Nach einigen Minuten fuhr die Maschine von neuem vor und wir setzten das MG in Aktion.

Sofort wurde unser Feuer von der Lokomotive her erwidert – die Maschine fuhr so in einem Intervall von 8 bis 10 Minuten immer wieder vor und eröffnete gegen uns das Feuer. Schon hatten wir drei neue Verwundete vor dem Haustor liegen. Kaum wurden die Verwundeten in Sicherheit gebracht, kam durch eine Seitengasse ein Sanitätsauto des Bundesheeres vorgefahren. Eine Barrikade war für das Auto das Verhängnis, obwohl vor der Barrikade selbst keine Schutzbündler standen, sondern an der Hausfront, „Am Fuchsenfeld", wo sie Deckung suchten. Einige unbewaffnete Arbeiter wollten dem Sanitätsauto den Weg zur Fahrt freigeben. Im gleichen Augenblick schossen bewaffnete Wehrmänner aus dem Sanitätsauto auf diese Arbeiter. Das Auto wurde von uns gestürmt und vier Wehrmänner blieben auf dem Kampfplatz."

Dieser Vorfall wurde auch in dem Bericht des Bundesheeres ausführlich beschrieben. Allerdings anders als es der Schutzbundführer Lois Vallach erzählte.

„Einer von den 5 Wehrmännern, welcher mit dem Leben davonkam, nahmen wir gefangen. Das Auto wurde umgestürzt und wir nahmen die 5 Gewehre an uns, die sofort verteilt wurden. Die Lokomotive mit dem MG fuhr immer noch vor und beschoss unsere Stellung beim Haus. Wir postierten gegenüber „Am Fuchsenfeld" einige Mann

auf dem Hausboden und beschossen so von oben aus die Lokomotive. Nach einem harten Feuerkampf, so um ca, 11:30 Uhr mittags fuhr die Maschine zurück und erschien nicht mehr.

*Ich besprach mich mit einigen Schutzbündlern und zog mich aus der Kampflinie zurück, um ev. Nachrichten zu erhalten. Nach einigen Stunden Umherirrens kehrte ich ohne Nachrichten zurück. Soweit wir die Lage am Dienstag gegen Abend erfassen konnten, war es uns bereits klar, dass ein weiteres verbleiben in jener Defensivstellung den sicheren Tod oder die Gefangenschaft bedeutete. Auf Grund dieser Situation mussten wir zum Entschluss kommen, wenn wir nicht in die Hände des Gegners fallen wollten, den bewaffneten Rückzug anzutreten. Dienstag Nachts (**13. Februar**) verließen wir den Bau „Am Fuchsenfeld" und zogen uns zurück auf den Wienerberg, von wo wir morgens auf den Rosenhügel weitergingen. Dort wurden die Waffen in Sicherheit gebracht."*

Lois Vallach wurde nach dem Februar 1934 Politischer Leiter des Autonomen Schutzbundes, eine Funktion, welche er bis zum faktischen Ende der Organisation im Jahr 1936 bekleidete.

Viele ehemalige Schutzbündler haben auch in der Zeit des Nationalsozialismus anderen geholfen, ihr Leben zu retten. Lois Vallach hat am Frontabschnitt vor Leningrad das Überlaufen deutscher Soldaten zur Roten Armee organisiert.

Weitere Berichte von den Kämpfen in Meidling:

Am **12. Februar** bereits mittags gelang es Schutzbundkämpfern, die **Philadelphiabrücke** (Eichenstraße- Edelsinnstraße- Meidlinger Hauptstraße- Breitenfurterstraße) zu besetzen und drei Wachzimmer zu stürmen, wo sie sich auch mit Waffen ausrüsten konnten.

Über die hier stattgefundenen Kämpfe berichtet Julius Deutsch (welcher in Meidling beheimatet war):

„Die Arbeiter zogen sich zur Philadelphiabrücke, einem Bahnübergang der Südbahn, zurück. Polizei und Militär folgten, wieder traten Maschinengewehre und Gewehre in Aktion...Die Kämpfe dauerten die ganze Nacht an, setzten sich am folgenden Abend fort und wurden erst am Mittwoch beendet. Die Schutzbündler verteidigten sich so lange, bis ihnen die Munition ausging und ihnen deswegen nichts anderes übrig blieb, als den aussichtslos gewordenen Kampf aufzugeben."

Das in der Meidlinger Train-Kaserne (Hohenbergstraße) stationierte Militär konnte nicht in die Kämpfe eingreifen, da es von der gegenüber liegenden Gemeindebau-Anlage **Tivolisiedlung** (Hohenbergstraße-Theergasse) mit Gewehrfeuer bedeckt wurde.

Aufgrund vertraulicher Mitteilung wurde gegen 14: 00 Uhr bekannt, dass die Polizei in den im **Reumann-Hof** (Margareten Gürtel) befindlichen Tanzsaal eindringen und die dort befindlichen, bewaffneten Schutzbund-Kämpfer ausheben wolle. Mit Salven aus Gewehren, Maschinengewehren und „Schmierbüchsen" oder „Schmiervasen" (selbstgebastelte Handgranaten) wurde die Aufforderung, sich zu ergeben, beantwortet.

Wie aus den Aufzeichnungen des Bundesheeres bekannt, ist Hauptmann Rudolf Gieb, bei diesem Sturmangriff im Reumannhof gefallen. Erst nach großem Handgranaten-Einsatz konnten die Schutzbündler zur Aufgabe gezwungen werden.

Gegenüber dem Reumannhof lagen die beiden großen Gemeindebauten **Haydn-Hof** und **Regenbogen-Hof-(Farbkasten-Hof)** am Gaudenzdorfer Gürtel. Von diesen beiden Wohnblöcken versuchten die Schutzbund-Kämpfer die gegen den Reumann-Hof vorgehende Polizei aufzuhalten. Sie beschossen von dort aus die gegen den Reumannhof vorgehende Exekutive. Doch das herbeigerufene Militär erstürmte mit schweren Waffen, Maschinengewehren und Minenwerfern, die Gemeindebauten.

Der Kampf verlegte sich nun auf die gegenüber liegenden Parkanlagen (Haydnpark), Straßen und auch noch kleinere Verstecke. Schutzbündler und andere bewaffnete Zivilisten hatten sich bei der Neumargaretner Kirche beim Haydnpark formiert und waren Richtung Marx-Mcidlingerstraße-Flurschutzstraße im Vormarsch. Das Bundesheer konnte aber durch starkes Schnellfeuer dieses Vorhaben stoppen.

Abteilungen des Republikanischen Schutzbundes hatten von dem Einstellungs- und Rangierbahnhof der Badner Lokalbahn, Ecke Eichenstraße und Wolfganggasse, (gegenüber Konsum-Bäckerei und Verwaltungsgebäude) sowie vom Matzleinsdorfer Frachtenbahnhof gegen Kompanien des Bundesheeres das Feuer eröffnet.

Erst als Reserveeinheiten des Militärs eintrafen, wurden die Schutzbundkämpfer durch die Feuerkraft von fast 300 Bundesheersoldaten bis nach der Neumagaretner Kirche zurück gedrängt. Auch aus dem Grätzel Siebertgasse-Herthergasse war starkes Gewehrfeuer vernehmbar. In der Eichenstraße, auf dem Holzlagerplatz entlang der Südbahntrasse und im Meidlinger Frachtenbahnhof waren Verteidigungsposten eingerichtet worden. Der Meidlinger Südbahnhof (Eichenstraße) war komplett besetzt.

Das Militär hatte einen starken Vorposten, welcher sich unter schwerem Kreuzfeuer befand, in Richtung Badner Bahn-Südbahndamm befohlen. Dieser Angriff breitete sich in der Folge bis zur Höhe Flurschützstraße-Neumargaretner Kirche aus. Die Schutzbund-Kämpfer mussten sich bei ständigem Gewehrfeuer im nahe gelegenen Holzlagerplatz verschanzen und verteidigten sich zäh und verbissen.

Sie bekamen jedoch Hilfe, da von den Dächern und Fenstern der nahe gelegenen Südbahnhäuser das Bundesheer mit einem wahren Kugelregen überschüttet wurde.

Erst als Scharfschützen des Militärs die Helfer von den Fenstern und Dächern vertrieben, und Maschinengewehre zum Einsatz kamen wurde die Flurschützstraße und die Remise der Lokal-Bahn Wien-Baden erreicht. Nach aufopfenden Kämpfen der „Revolutionäre" wurden diese nach mehreren Stunden auch von dem **Holzlagerplatz** vertrieben.

Bei der Siedlung Altmannsdorf (Hoffingergasse, Nähe Breitenfurterstraße) wurde am **12. Februar** (!) morgens unter der Führung des Polizeidirektors Steinhäusl eine Waffensuche durchgeführt. Es kam zu keinen Kämpfen, aber es wurden 2 Maschinengewehre, 70 Gewehre und Munition beschlagnahmt (siehe späteren Beitrag Anzeige gegen Johann Gyurjacs, Kanalbrigade).

3.3.1.2. Dienstag, 13. Februar 1934

In der Nacht zum **13. Februar** wurden im Bereich der Herthergasse Barrikaden zur Verteidigung des **Liebknecht-Hofs** (Längenfeldgasse 19) errichtet. Es kam danach zu längeren Kämpfen von Schutzbündlern und Regierungstruppen.

Diese kleinere Anlage wurde nach Beschuss von schwerem MG und Minenwerfer bereits am folgenden Tag besetzt. (Nach Aussage des Herrn Wilhelm Zambo, Klassenkamerad des Autors, welcher mit seinen Eltern nach 1945 in diesem Bau über einen Torbogen wohnte, musste die Wohnung erst umgebaut werden, da sie seit 1934 nicht richtig renoviert wurde. Die Wohnung hatte nur 39m2 für 4 Personen, dieamtliche Adresse war Böckhgasse 2-4/22/1/2.)

Etwas unterhalb und schräg gegenüber, aber ebenfalls in der Längenfeldgasse-Steinbauergasse liegt der **Bebel-Hof**. Es ist die vierte Wohnhausanlage der Gemeinde Wien in der Längenfeldgasse, in welcher der Autor (in einem Mietshaus) aufwuchs.

Dieser Hof wurde am **12. Februar** von Mitgliedern des Republikanischen Schutzbundes besetzt. Durch Barrikaden ist er in der Nacht zum **13. Februar** geschützt worden (siehe Interview Fr. Dr. Hertha Bren).

Nach heftigen Kämpfen konnte erst am **15. Februar** diese Wohnhausanlage durch Regierungstruppen mit „Aufklärungs- und Säuberungspatrouillen" eingenommen und danach nach Waffen durchsucht werden.

Als am **13. Februar** um 11:15 Uhr ein Wagen der Polizei mit einem MG am Gaudenzdorfer Gürtel eintraf, rückten die Polizei- Einheiten gegen die Wohnhausanlagen vor.

Mittags traf als Verstärkung ein Bataillon des Bundesheeres am Gürtel ein. Gemeinsam wurde der gesamte Bereich „**Metzleinstaler-Hof**" „**Reumann-Hof**" (Margareten Gürtel), „**Regenbogen-Hof-Farbenkasten-Hof**" (auch **Papageienhäuser** genannt), „**Haydn-Hof**" (Gaudenzdorfer Gürtel), Haydnpark und Bahndamm durch Maschinengewehrfeuer gesperrt. Erst mit schwerem MG und Minenwerfer konnte dieser große Bereich erstürmt werden.

Ein nachhaltiger Widerstand wurde von den Meidlinger Schutzbundkämpfern in den Wohnhausanlagen „**Fuchsenfeld-Hof**" (Längenfeldgasse 68) und „**Am Fuchsenfeld**" (gegenüber) geleistet.

Am Morgen des **13. Februar** wurde ein Vorstoß gegen den „**Reumann-Hof**" (Margareten Gürtel) geführt, welcher, wie berichtet, von der Polizei besetzt war. Der Einsatz von gepanzerten Eisenbahnen, welche, wie ebenso berichtet, von der Südbahnstrecke aus beide großen Anlagen unter MG-Feuer nahm, trug zum baldigen Ende der Kämpfe in diesem Gebiet bei.

In der Nähe der Philadelphiabrücke befindet sich auch eine **Straßenbahnremise** (Koppreitergasse 5). Einige Kämpfe fanden allerdings auch hier statt. Ebenso kam es in dem **Umspannwerk des Elektrizitätswerkes** (Pottendorferstraße 30) zu kleinen Zusammenstößen zwischen Schutzbündlern und der Exekutive in Meidling.

3.3.1.3. Mittwoch, 14. Februar 1934

Erst am **14. Februar** konnte der nördliche Teil der Wohnhausanlage **Am Fuchsenfeld** von der Exekutive erobert werden und am **15. Februar** mussten die Schutzbündler im Bereich der beider Anlagen kapitulieren. (siehe Interview von Herrn Rudolf E. Olsina).

Im westlichen Teil des Bezirks Meidling zwischen Rotenmühlgasse, Schwenkgasse und Ratschkygasse befindet sich eine große Wohnhausanlage, der „**Indianer-Hof**", welcher eigentlich **Azaleen-Hof** heißt. Dieser wurde nach einer Figur eines Indianers, welcher über den Eingang in der Rotenmühlgasse angebracht ist, benannt. Allerdings ist der Name „Indianer-Hof" allgemein gebräuchlich.

Am Morgen des **14. Februar** entbrannte dort ein schwerer Kampf zwischen den Schutzbundangehörigen und den Regierungstruppen.

Ein großes Polizeiaufgebot, verstärkt durch eine Kompanie der Alarmabteilung, traf auf den Widerstand von Schutzbündlern aus dem Indianer-Hof vor. Unterstützt wurde dieses Vorgehen der Exekutive von Maschinengewehrfeuer aus der Meidlinger Trainkaserne (südlich vom Indianer-Hof), einem Panzerauto und einem Regiment von Schutzkorps, ehe die Schutzbündler auf dem Gemeindebau die weiße Fahne hissten.

---

*Heute Heckenast- Buriankaserne, benannt nach Oberstleutnant **Franz Heckenast** und Hauptmann **Karl Burian**, welcher nach dem Einmarsch der Deutschen Wehrmacht 1938 den Diensteid für Adolf Hitler verweigerte und im KZ Flossenbürg ermordet wurde (Heckenast), bzw. im monarchischen Widerstand war und 1944 in Wien hingerichtet wurde (Burian).*

Am Beginn der Rotenmühlgasse (ca. 800 m nördlich), bei der Schönbrunnerstraße und Rechten Wienzeile, war ein SMG (Schweres Maschinengewehr) aufgestellt, welches den Indianerhof aus dieser Entfernung unter Feuer nahm.

Da der Vizekanzler und Heimwehrführer Major Emil Fey die Kämpfe persönlich geleitet hatte, wurde nach Beendigung der Kämpfe die Wohnhausanlage durch Aufschriften als „Fey-Hof" bemalt, was aber später im Jahr 1938 wieder verschwand.

In einem Werk in der Zeitschrift „Heimatschutz", erschienen 1934, findet das Ereignis ebenfalls Erwähnung: (Wort-und schriftgetreu wiedergegeben. Siehe Buch-Umschlag!)

„Auch den Sturm auf den Azaleenhof (im Volksmund Indianerhof) in der Singrienergasse (richtig: Rotenmühlgasse, Anm. d. Autors) *in Meidling führte Fey persönlich an. Der Indianerhof war das letzte rote Bollwerk in Meidling, nachdem alle Gemeindebauten bereits in die Hand der Exekutive gefallen waren. Zu seiner Einnahme wurden am Morgen des **14. Februar** vier Kompanien des ersten Schutzkorpsregimentes, unter Führung des Regimentskommandanten Korvettenkapitän Ziegler, sowie ein Panzerauto eingesetzt. Angefeuert durch die persönliche Führung und das Beispiel des Landesführers, nahmen sie das Gebäude im ersten Angriff.*

Nach der Eroberung gab es ein köstliches Genrebild: an den Eingang der roten Festung wurde eine Leiter gelegt, ein Heimatschützer kletterte hinauf und brachte mit grüner Farbe eine große Aufschrift „Fey- Hof 1934" an". (siehe Buchumschlag)

---

*Schräg gegenüber des Indianerhofs wohnte per Adresse Ratschkygasse 40 ein Onkel (Bruder der Mutter) mit Familie (damals einjährige Zwillingssöhne) des **Autors** in einer Hofwohnung eines Miethauses. Wie der heute 80jährige Sohn, Kustos der Kaisergruft in Wien **Pater Gottfried U.** erst kürzlich mitteilte, erzählte ihm der Vater oft, dass er während der Februarkämpfe zu seiner Wagner-Werkstatt Ecke*

Aichholzgasse und Tivoligasse immer nur mit einem weißen Tuch in der Hand winkend ging, um dadurch anzuzeigen, dass er keine Waffen hatte und nicht kämpfen wollte.

Nach der Besetzung der Gemeindebauten erfolgten Hausdurchsuchungen, reihenweise Verhaftungen, Verhöre und Einlieferungen in das Polizeigefängnis Roßauer Lände 7 (früher Kaiserin Elisabethpromenade - „Liesl"), 1090 Wien, und in die Anhaltelager Wöllersdorf und Kaisersteinbruch.

Ein besonders prominentes Opfer der Ereignisse in Meidling war der langjährige Bezirksvorsteher Alois Zanaschka.

Nach den Februarkämpfen wurde er verhaftet, kam zuerst in das Gefangenenhaus Elisabethpromenade, anschließend in das Anhaltelager Wöllersdorf. Nach einem halben Jahr wurde er, mittlerweile schwer herzkrank, entlassen. Anschließend wurde Zanaschka ständig von der Polizei überwacht und bis zu seinem Tod mit schikanösen Maßnahmen gequält. Wenn in Meidling die Revolutionären Sozialisten eine Streuzettelaktion durchführten, holte die Polizei den durch sein schweres Herzleiden bettlägerigen Mann und zwang ihn, mit Besen und Schiebetruhe auf der Straße die Zettel einzusammeln.

Alois Zanaschka starb am 16. Dezember 1936 an den Folgen der Gefangenschaft und der erlittenen Schikanen.

Alois Zanaschka *1870-1936, in Wien-Meidling geboren. Von 1918 bis 1934 war er Bezirksvorsteher in Meidling. Er schloss sich in jungen Jahren der sozialdemokratischen Bewegung an und war ein Gründungsmitglied der Sozialdemokratischen Partei. Nach dem Ersten Weltkrieg wollte er die Wohnungsverhältnisse im Bezirk verbessern und setzte sich als Bezirksvorsteher für die Realisierung des Kommunalprogramms von Wien ein. Es lagen ihm besonders hygienische Maßnahmen am Herzen. So setzte er sich für die Erbauung des Ratschkybades und den Umbau des Meidlinger Marktes ein. Mit seinen Freunden Otto Glöckel und Karl Hilscher widmete er der Bildungs- und Kulturarbeit im Bezirk viel Zeit. 1923 wurde in Meidling das erste Wiener Bezirksmuseum eröffnet, wofür er sich besonders einsetzte. Sein politisches und soziales Engagement ließ ihn im Bezirk zu einer angesehenen und geschätzten Persönlichkeit werden. Eine Gasse nächst der Philadelphiabrücke wurde nach ihm benannt.*

Aus einem **Verhandlungsprotokoll** 20Vr 1496/34-338 des Landesgerichts für Strafsachen Wien I als Schwurgericht vom 7. 7. 1934 gegen acht Meidlinger Schutzbund-Kämpfer wurde folgender Bericht über Kämpfe in Meidling erstellt:

Urteile gegen acht Meidlinger Sozialdemokraten, welche hohen Kerkerstrafen erhielten.

"Die Aufrührer setzten dem Einschreiten der Staatsexekutive heftigen Widerstand mit Gewehren, Maschinengewehren, Handfeuerwaffen und Sprengkörpern entgegen, sodass an mehreren Punkten (!) auch Artillerie gegen Gemeindebauten, aus denen heraus bewaffnete Schutzbündler Widerstand leisteten, eingesetzt werden musste. Erst nach mehrtägigen schweren Kämpfen gelang es, den Aufruhr niederzuringen und Ruhe und Ordnung wieder herzustellen.

Ein heiß umstrittener Stützpunkt der Aufrührer war der Gemeindebau „Fuchsenfeldhof" im 12. Bezirk von Wien. Der Fuchsenfeldhof wird von der Neuwallgasse (heute Karl-Löwegasse), Längenfeldgasse, Murlingengasse und Assmayergasse umgeben: Er hat zwei Haustore, von denen eins in die Längenfeldgasse, das andere in die Neuwallgasse mündet.

Von den vier Höfen dieses Gemeindehauses liegt Hof I beim Haustor Längenfeldgasse 68, Hof III beim Haustor Neuwallgasse 27; im Hof III befindet sich ein Planschbecken. Kommandant der Aufrührer, die im Fuchsenfeldhof bewaffneten Widerstand leisteten war Max Opravil. Er war Kommandant der 3. Kompanie der Gruppe 8 des Schutzbundes. An der Leitung des Widerstandes war auch Josef Tousek, der die Charge eines Zugsführers bekleidete, beteiligt.

*Zur Mittagsstunde des **12. Februar** sammelten sich zahlreiche Schutzbündler im Fuchsenfeldhof und wurden dort mit Helmen und Rucksäcken, die zur Aufnahme von Munition bestimmt waren, ausgerüstet.*

Um etwa ½ 3 Uhr nachmittags führte Zugsführer Tousek etwa 30 im Fuchsenfeldhof versammelte Schutzbündler durch die Längenfeldgasse und den Bahndurchlass zu den Schrebergärten, die zwischen der Südbahnstraße und der Kundratstraße gelegen sind. Bei einer Schrebergartenhütte verteilte Opravil Gewehre, Pistolen, Handgranaten und Munition. Jeder Mann, dem eine Pistole zugewiesen wurde, erhielt dazu 125 Stück Patronen.

Polizei Bez. Insp. Beyer des Pol Koates Meidling erhielt in den Nachmittagsstunden des **12. Februar** *den Befehl mit einer Polizeipatrouille von 30 Mann die im Fuchsenfeldhof versammelten Schutzbündler festzunehmen.*

Diese Pol. Patrouille erschien, gerüstet mit Gewehr und Bajonett auf, um etwa ½ 4 Uhr nachmittags im Fuchsenfeldhof, traf aber die Schutzbündler dort nicht mehr an und erfuhr, dass sich die Schutzbündler in die Richtung zu den Schrebergärten, in der Untermeidlingerstraße und der Pottendorferstraße gesammelt hatten, um etwa 5 Uhr nachmittags unter Gewehrfeuer in den Wienerberghof. Dort trafen auch jene Schutzbündler ein, die unter Führung des Opravil und Tousek bei den Schrebergärten Waffen gefasst hatten. Die Schutzbündler, die sich im Wienerberghof sammelten, verbarrikadierten die Hauseingänge dieses Gemeindehauses.
Die Patrouille des Bez. Insp. Beyer wurde dann bei der Philadelphiabrücke von Schutzbündlern beschossen.

Am **13. Feber** *um etwa 4 Uhr früh marschierten Schutzbündler, die im Wienerberghof versammelt waren, unter Mitnahme eines Maschinengewehres zum Fuchsenfeldhof. Sie verbarrikadierten dort die Tore in der Neuwallgasse und Längenfeldgasse mit Colonialkübeln* (Müllbehälter aus Weißblech, Inhalt 70 Liter, ursprünglich aus Köln) *und Bänken und brachten an geeigneten Punkten Maschinengewehre in Stellung.*
Am **13. Feber** *um etwa 9 Uhr vormittags ging eine Polizeipatrouille unter Führung des. Bez. Insp. Beyer durch die Niederhofstraße und Steinbauergasse gegen die Schallergasse vor, um eine dort eingeschlossenen Polizeipatrouille zu befreien. Die Patrouille des. Bez. Insp. Beyer wurde auf diesem Wege vom Bebelhof und Liebknechthof her beschossen. Diese Patrouille gelangte dann um etwa 10 Uhr vormittags in die Wolfganggasse in den Bereich des Fuchsenfeldhofes und des Gemeindebaues „Am Fuchsenfeld" und wurde vom Hofe „Am Fuchsenfeldhof" beschossen. Zwischen 9 und 10 Uhr vormittags fuhr ein Heeressanitätsauto durch die Wilhelmstraße und Flurschützstraße mit der Weisung, in der Gegend des Liebknechthofes einen Verwundeten abzuholen. Dieses Auto musste in der Gegend der Kreuzung Längenfeldgasse und Flurschützstraße wegen einer Barrikade anhalten. In demselben Augenblicke wurde es von Schutzbündlern aus verschiedenen Richtungen beschossen."*

Dieser Vorfall wurde sowohl von dem Schutzbundführer Lois Vallach als auch in einem Bundesheerbericht beschrieben.

„Die Soldaten sprangen vom Auto und erwiderten das Feuer. Mehrere Soldaten wurden hiebei leicht und schwer verletzt. Stabsfeuerwerker Stitz, der schwer verwundet auf der Erde lag, wurde von einem Mann in Straßenbahneruniform mit einer Spitzhacke erschlagen.
Zu dieser Zeit ist auch ein Angehöriger des Schutzbundes an der Ecke Marx-Meidlinger- Straße und Flurschützstraße getötet worden.

Dieser Vorfall wurde auch anders erklärt, nämlich dass man ein Sanitätsauto passieren ließ, wobei sofort beim öffnen der Türen die Soldaten auf unbewaffnete Männer, welche die Barrikaden wegräumten, schoss. Siehe auch Interview Stadtrat Franz Nekula.

Um etwa 7 Uhr abends gaben die Schutzbündlerden Widerstand im Fuchsenfeldhof auf. Sie marschierten, etwa 100 Mann – zu den Kinderfreunde Baracken am Rosenhügel und entledigten sich dort der Waffen. Erst am **14. Feber** *vormittags konnten die Gemeindebauten „Fuchsenfeldhof" und „Am Fuchsenfeld" von Polizei und Militär besetzt werden. Die Polizei hatte bei den Kämpfen in Meidling am* **12. und 13. Feber** *12 bis 14 Verletzte."*
Auch auf den Panzerzug, welcher auf der Südbahnstrecke zwischen Meidling und dem Matzleinsdorferplatz hin und her fuhr, wurde bereits hingewiesen.
„Am **13. Feber** *fuhr im Laufe des vormittags und nachmittags ein mit Wehrmacht besetzter Panzerzug auf der Südbahnstrecke hin und her. Aus dem Panzerzug wurde gegen den Fuchsenfeldhof geschossen. Vom Fuchsenfeldhof her schossen Schutzbündler mit Gewehren und Maschinengewehren gegen diesen Panzerzug.*
Der geschilderte Sachverhalt ist zum Teil gerichtsbekannt; zum Teil nahm ihn das Schwurgericht auf Grund der Zeugenaussagen als erwiesen an."

3.3.1.4. Donnerstag, 15. Februar 1934

Einzelne Gruppen von Schutzbündlern aus den Bezirken Simmering, Favoriten, Meidling und Landstraße – etwa 2000 Mann – sammelten sich am Laaer Berg und verschanzten sich. Große Truppenteile von Bundesheerinfanterie, Polizei und Heimwehr zwangen sie dort zur Aufgabe. Ein Großteil der Schutzbündler konnte jedoch entkommen. Letzte Kämpfe gab es in Simmering beim Gaswerk, das am Nachmittag durch Polizei besetzt wurde.

3.3.1.5. Die Kämpfe in anderen Bezirken Wiens:

1. Bezirk Innere Stadt: Absperrungen durch Stacheldrahtverhaue und „Spanische Reiter". An exponierten Stellen wurden von der Exekutive Maschinengewehre in Stellung gebracht.

3. Bezirk Landstraße: Besetzung der Gleise der Ostbahn, Kämpfe beim Gemeindebau Rabenhof und dem Zentralviehmarkt St. Marx.

5. Bezirk Margareten: Im Gemeindebau Reumann-Hof brachen um 14:00 Uhr Kämpfe aus, welche am 13. Februar nochmals begannen.

10. Bezirk Favoriten: Kämpfe bei vielen Gemeindebauten, der Siedlungen Johann-Mithlinger und Laaerberg, beim Arbeiterheim, an der Ostbahn-Linie und beim Wasserturm.

11. Bezirk Simmering: Kämpfe bei vielen Gemeindebauten, dem Arbeiterheim, der Aspangbahn, der Ostbahn, dem Gas- und E-Werk und der Straßenbahnremise.

13. Bezirk Hietzing: Kämpfe am Goldmarktplatz, wo der Schutzbündler Karl Münichreiter schwer verwundet, vom Standgericht zum Tode verurteilt und am 14. Februar gehängt wurde.

14. Bezirk Penzing: Kämpfe bei Gemeindebauten und beim Wachzimmer Baumgartner Höhe.

15. Bezirk Rudolfsheim-Fünfhaus: Bei einer Hausdurchsuchung in der Selzergasse gab es zwei Todesopfer.

16. Bezirk Ottakring: Kämpfe bei Polizeikommissariaten, kleineren Gemeindebauten und bei der Wohnhausanlage Sandleiten, besonders aber beim Arbeiterheim Ottakring, wobei die Frau des früheren Nationalratsabgeordneten Albert Sever, Ida Sever von Granatsplittern schwer verletzt wurde. Sie starb im Spital, eine Wohnungsnachbarin war bereits tot.

17. Bezirk Hernals: Bei einer Hausdurchsuchung in der Wohnung der Witwe des Stadtrats Franz Siegl wurde ein Schutzbündler, welcher anwesend war, getötet.

19. Bezirk Döbling: Kämpfe beim Bahnhof Heiligenstadt, einigen kleineren Gemeindebauten und besonders heftige Kämpfe beim Karl-Marx-Hof in der Heiligenstädterstraße, wo der Schutzbündler Emil Swoboda später verhaftet, vom Standgericht zum Tod verurteilt und am 16. Februar gehängt wurde.

*Kommandant des Schutzkorps, welcher die Kämpfe im Karl-Marx-Hof geleitet hat, war Hauptmann **Karl Biedermann**. Dieser wurde als Major der Wehrmacht und österreichischer Widerstandskämpfer der Gruppe OE5 um Major Szokoll, in den letzten Apriltagen 1945 wegen der Kontaktaufnahme zur Roten Armee verraten. Man wollte Wien aus den Kämpfen heraushalten. Er wurde von einem Militärgericht zum Tod verurteilt und zusammen mit Oberleutnant Rudolf Raschke und Leutnant Alfred Huth am 8.April von einer SS-Einheit am Floridsdorfer Spitz an Laternen aufgehängt. In Wien hatte die Rote Armee bereits den Großteil der Stadt erobert.*

21. Bezirk Floridsdorf: Hier fanden die längsten Kämpfe statt. Sowohl beim Bahnhof Floridsdorf, dem Bezirksgericht, Polizeikommissariat, Gaswerk, Hauptwerkstätte der Bundesbahnen, Straßenbahnremise, Gemeindehäuser und die Hauptfeuerwache.
Der Kommandant war Brandoberkommissär Ing. Georg Weissel, welcher verhaftet, zum Tod durch den Strang verurteilt und am 15. Februar hingerichtet wurde.

22. Bezirk Donaustadt: Kämpfe bei der Kagranerbrücke, der Ostbahnbrücke und der Reichsbrücke sowie besonders anhaltend bei der Wohnhausanlage Goethe-Hof in der Schüttaustraße.

3.3.1.6. Kampffreie Bezirke

2. Bezirk Leopoldstadt
4. Bezirk Wieden
6. Bezirk Mariahilf
7. Bezirk Neubau
8. Bezirk Josefstadt
9. Bezirk Alsergrund
18. Bezirk Währing
20. Bezirk Brigittenau

In diesen Bezirken wussten nur die Schutzbundkommandanten von den Treffpunkten, Waffenverstecken und Einsatzplänen, welche, wie berichtet, bereits seit den ersten Februartagen verhaftet waren, oder durch Verrat (Eduard Korbel) bereits der Polizei bekannt, daher wurden keine Kampfhandlungen durchgeführt.

3.3.1.7. Bericht von Dr. Emanuel Edel, Arzt im Fuchsenfeld-Hof

Dr. Emanuel Edel, geb. 26.6.1910, Wien, ging 1937 von Österreich nach Spanien, danach in der französische Widerstandsbewegung, Nach 1945 Polizeiarzt, Stellvertr. Chefarzt der Polizeidirektion Wien. Verstorben 1991.

Mein erster Einsatz war im Fuchsenfeld-Hof

„Ich musste arbeiten, um das Studium zu bezahlen und bekam ein kleines Stipendium vom Professor Tandler, das waren sehr schwierige Verhältnisse. Ich hatte damals schon meine Frau kennengelernt, wir waren beide bei den Naturfreunden, und zum Wochenende sowie auf Urlaub sind wir meistens mit der akademischen Gruppe gegangen.

Auf Sonntagsausflügen wurde diskutiert: Faschismus, was ist Faschismus? Dann kam das Jahr 1934. Ich war nicht beim Schutzbund, auch nicht bei der Akademischen Legion, ich war bei keiner Organisation, aber ich wurde von den Genossen der Sozialdemokratischen Partei aufgefordert, mich als junger Mediziner zur Verfügung zu stellen und mein erster Einsatz war im Fuchsenfeld-Hof in Meidling, wo ich mitten im Kampfgeschehen den anderen geholfen habe, Verwundete zu versorgen. Das war mein Einsatz, auf der Hochschule war nichts los.

Ich stand gerade vor der gerichtsmedizinischen Prüfung. Ich kann mich noch erinnern, ich habe einen Termin für die Prüfung gehabt, das Institut für gerichtliche Medizin war gesperrt, und dort sind die Leichen von den Februarkämpfern angeliefert worden. Ein, zwei Tage war ich bei den Verwundeten im Einsatz, aber die Schüsse höre ich heute noch. Von meiner Freundin, meiner späteren Frau, war ich getrennt, ich weiß nicht mehr, ob wir telefonieren konnten. Sie hat natürlich Angst gehabt, was mit mir ist. Zum Teil war ich – wenn ich heute ehrlich bin – nicht erfreut, sondern aufgeregt oder, ich möchte fast sagen entsetzt, vor allem als ich die Opfer gesehen hatte. Das war der Bürgerkrieg – ohne Einschätzung damals, wer da gewinnt oder wie das werden wird. Ich war eher von vornherein pessimistisch eingestellt. Schon – ich war zufrieden, dass wir Widerstand leisteten, aber im Vordergrund stand die Angst vor dem Faschismus in Österreich in irgendeiner Form und davor, dass die Nazis kommen. Das war meine persönliche Einstellung. Na ja, der Februar ist vorbeigegangen. Wir trafen uns in einer Gruppe, und praktisch traten wir dann der illegalen Kommunistischen Partei bei, gleich nach dem Februar. Für mich war die Politik der Sozialdemokratie inklusive Otto Bauer und der ganzen Bewegung – wir haben nichts Genaues gewusst, das Einzige, worauf wir gehofft haben, war der Koloman Wallisch -, also für mich war diese Politik zu Ende. Auf den Barrikaden vom Februar 1934 bin ich Kommunist geworden, ein bisschen intellektuell motiviert, aber es gab für mich keine andere Lösung.

Wir waren eine Gruppe, da war der Hans Winterberg dabei, der war dann sozusagen der Leiter der späteren kommunistischen Organisation. Wir hatten eine Zelle gegründet und zum ersten Mal erfahren, wie die Kommunisten sich organisieren. Es waren meistens Leute, die von der Jungfront zur KP gekommen waren. Zu alten Kommunisten habe ich keinen Kontakt gehabt, ich habe überhaupt nicht gewusst, wer der Obmann ist, von Koplenig und anderen Genossen keine Ahnung gehabt, war mir überhaupt kein Begriff. Ich habe dann erfahren, dass eine große Bewegung da ist, die in die KP geht, das habe ich erfahren und ich bin mit Begeisterung hingegangen.
Für mich war das die Lösung und wir haben gehofft, dass wir da aktiv zumindest etwas verhindern können. Eine Illusion vielleicht – heute zurückblickend – aber für mich war das der Weg (wortgetreu wiedergegeben).

3.4. Bericht aus: Der Februar =Aufruhr 1934 [1]

„Das Eingreifen des österreichischen Bundesheeres zu seiner Niederwerfung"
Im Auftrag des Bundesministerium für Landesverteidigung als Manuskript gedruckt 1935
N u r f ü r d e n D i e n s t g e b r a u c h

4. Kämpfe im Raume Reumannhof,

a, Feldjägerbataillon zu Rad Nr. 4

Dem Polizeikommissariat Margareten war am **12. Februar** in den ersten Nachmittagstunden bekanntgeworden, dass im städtischen Wohnbau Reumannhof, V, Margaretengürtel, in dem dort im Kellergeschoß errichteten Tanzsaal eine Versammlung von Schutzbündlern stattfand. Beim Versuch, vom Stiegenhaus einzudringen, wurden sie aus den Fenstern des Saales beschossen. Als polizeiliche Verstärkung erschien, fielen die ersten Handgranaten. Die Sicherheitswache erlitt die ersten Verluste und bat um militärische Verstärkung.

---

[1] Wort- und schriftgetreu wiedergegeben.

Nach 19:00 Uhr traf das Bataillon beim Reumannhof ein und säuberte den Gürtel und die Parkanlagen, da aus den Gebüschen wiederholt geschossen wurde, wobei die Zgsf. Gerhard Bihlo und Assistenzmann Rudolf Hühmer schwer verletzt wurden.

Es gelang, einen der Gewalttäter festzunehmen, die übrigen Aufständischen waren in Richtung Meidling-Fuchsenfeldhof geflohen. Das Bataillonskommando beschloss, die Eingänge zu den Kellergeschossen des Gebäudes im Handstreich mit Handgranaten unter der Führung der Hauptleute Rudolf Gieb und Adolf Lux zu nehmen.

Hauptmann Gieb fiel jedoch einem heftigen Gewehrfeuer der Aufrührer zum Opfer.

Hauptmann Karl Rischawy legte eine geballte Handgranatenladung an die Eingangstüre des Tanzsaales, deren Wirkung sehr groß war. Die Aufrührer flüchteten sich in den darunter befindlichen Keller und ergaben sich danach den nachdrängenden Sturmabteilungen. Sie wurden aufgefordert, einzeln mit erhobenen Händen aus dem Versteck hervor zukommen. Im Hofe wurden 63 Mann verhaftet gezählt, 7 waren verletzt. Nach gründlicher Durchsuchung des Reumannhofes wurden noch weitere Waffen in vermauerten Verstecken gefunden (zwei Kraftwagen voll mit Waffen, Gewehrmunition und Handgranaten), sowie Verhaftungen einzelner Wohnparteien durchgeführt.

Die Verluste des Bataillons bei der Besitznahme des Reumannhofes betrugen einen Toten, zwei Schwerverletzte, einen Leichtverletzten, das Bataillon verblieb bis 6 20 Uhr des 13. Februar beim Reumannhof.

b, III. Bataillon des Infanterieregiments Nr. 3

Am **13. Februar**, etwa eine halbe Stunde nach Abmarsch des Bataillons, setzte unerwartet ein äußerst heftiger Feuerüberfall von aufrührerischer Seite gegen die den Reumannhof besetzt haltenden Abteilungen der Sicherheitswache und des Schutzkorps ein. Die Rebellen hatten sich hinter Waggons des Matzleinsdorfer Frachtenbahnhofs im Zuge der Eichenstraße, hinter dem Holzlagerplatz nächst der Meidlingerstraße sowie hinter der Notkirche entlang der Flurschützstraße verschanzt und eröffneten aus gedeckten Stellungen das Feuer. Aber auch aus den dem Reumannhof gegenüber liegenden Häusern entlang des Gaudenzdorfergürtels wurden die Sicherheitswachebeamten und die Schutzkorpsleute stark beschossen und erlitten schwere Verluste.

Da Meldungen über größere Ansammlungen von Schutzbündlern beim Polizeikommissariat einliefen und auch die in Meidling in der Flurschützstraße, Kofler-, Herther-, und Steinbauergasse zur Nachtzeit und in den ersten Vormittagstunden des **13. Februar** durch umgeworfene Fahrzeuge, Koloniakübel und ähnliches Gerät erbauten Barrikaden ohne größere Verluste nicht zu nehmen waren, ersuchte die Polizei um die neuerliche Entsendung einer militärischen Assistenz. Der Auftrag war, die den Reumannhof belagernden Aufrührer zu vertreiben, über die Schönbrunnerstraße zur Stadtbahnhaltestelle Margaretengürtel vorzugehen und den Matteottihof, der als stark besetzt gemeldet worden war, unter Einsatz aller Waffen zu nehmen.

Das Bataillon erreichte am **13. Februar** um 10:05 Uhr den Margaretengürtel, stand unter dem Kommando des Majors Rudolf Seliger und hatte einen Stand von 6 Offizieren und 248 Mann. Der Major faste den Entschluss, zunächst die am Gaudenzdorfergürtel, also dem Reumannhof gegenüber liegenden Gemeindebauten Haydnhof und den südlich anschließenden Regenbogenhof (Farbkastelhof) in Besitz zu nehmen, da aus diesen Wohnbauanlagen die Polizei im Reumannhof ständig unter Feuer gehalten wurde. Die erwähnten Gebäude wurden mittags angegriffen und handstreichartig genommen. Zahlreiches Kriegsgerät wurde beschlagnahmt, die Polizei nahm Verhaftungen vor.

Ein Maschinengewehrzug und der Minenwerferzug verblieben im Reumannhof, sowie blieb die Verbindung zum Matteottihof, welche sich in den Händen der Polizei und des Schutzkorps befand, aufrecht. Bei der Räumung der Straßen der nächsten Umgebung von den zahlreich dort errichteten Barrikaden, kam es an verschiedenen Stellen zu lebhaften Kampfhandlungen, wobei auf beiden Seiten Maschinengewehre und Handgranaten eingesetzt wurden.

Hier möge ein Vorfall Erwähnung finden, der sich in der Flurschützstraße um etwa 10:30 Uhr abspielte und von der beispiellosen Rohheit der Aufrührer beredtes Zeugnis gibt. Über Anforderung der Polizei war unter Bedeckung des Stabsfeuerwerkers Josef Stitz und dreier Soldaten ein Krankenwagen in die Flurschützstraße gefahren, um den Korporal Ernst Tempus abzuholen, der hier bei einem Überfall der Aufständischen auf einzelne Troßwagen des Bundesheeres verwundet worden war.

Unweit des Hauses Flurschützstraße Nr. 29 stößt der Sanitätskraftwagen auf Barrikaden und wird im gleichen Augenblick von vier Seiten unter Feuer genommen. Stabsfeuerwerker Stitz wird in grausamster Weise mit einer Spitzhacke erschlagen, der Lenker, Zugsführer Friedrich Kallinger, erhält mehrere schwere Schüsse, die beiden

Begleiter werden leichter verletzt. Der Kraftwagen wird von den Aufrührern umgeworfen, das Benzin entleert, die Sanitätsausrüstung gestohlen. Ein in der Nähe wohnender Arzt nahm sich des Verletzten an und veranlasste deren spätere Überführung in das Sophienspital.

Am **14. Februar** wurde unter der neuen Leitung des Bataillonskommandanten Obstlt. Ludwig Friedl die Säuberungsunternehmung des Vortages fortgesetzt, nach Vertreibung der Aufrührer von den Straßensperren und kurzem Kampf der Liebknechthof sowie der nordöstliche Teil des Gemeindebaues Am Fuchsenfeld, besetzt.

Der getötete Stabsfeuerwerker Stitz, der in einer Verkaufshütte in der Flurschützstraße lag, konnte endlich geborgen werden. Der Gegner hatte sich im westlichen Teil des genannten Gemeindebaues und in dem westlich gelegenen Fuchsenfeldhofes festgesetzt, von wo er einen heftigen Feuerkampf gegen das Bataillon führte.

Am **15. Februar** wurden Aufklärungs- und Säuberungspatrouillen gegen den restlichen Teil der Wohnstätte Am Fuchsenfeld und den Fuchsenfeldhof sowie in den Bebelhof vorgetrieben, die Gebäude besetzt und nach Waffen durchsucht. Dank der zielbewussten Tätigkeit des Bataillons und der ihm von der Sicherheitswache und einzelnen Wehrverbänden geleisteten Unterstützung war bis zu den Mittagstunden des 16. Februar in dem mit Gemeindebauten sehr stark belegten Bezirksteile beiderseits des Margaretengürtels die Ruhe und Ordnung wieder hergestellt.

Bei den Waffensuchen beschlagnahmte man insgesamt 110 Gewehre und Handfeuerwaffen verschiedener Arten, 1 schweres Maschinengewehr, 6 große Kisten Telefongerät, 2 vollständige Sendeanlagen in Koffern, dann eine große Menge von Handgranaten, Infanteriemunition, Sprengkörpern, Pionierwerkzeugen u. dgl. mehr.

8. Ostbahnsicherung

13. Februar

Am 13. Februar um 3:00 Uhr war das Bataillon unter Mjr. Franz Wanka in der Franz Ferdinand Kaserne versammelt und wurde nun als Besatzung in sechs Panzerzüge gegliedert. Um 7:30 Uhr waren sämtliche Panzerzüge ausfahrt- und gefechtsbereit.

Bezüglich der Panzerzüge sei angeführt, dass sie das Bundesministerium für Landesverteidigung bereits in den letzten Wochen vor Ausbruch der Revolte einrichten und die notwendige Ausrüstung bereitstellen ließ. Jeder Zug bestand in der Hauptsache aus einer Lokomotive und zwei offenen Güterwagen. Letztere waren durch Einziehen einer Holzwand im Abstand von 30cm von der Bordwand und Ausfüllung des Zwischenraums mit Schotter gewehrschusssicher gemacht. Sandsäcke und Infanterieschutzschilde vervollständigten die Sicherheitsvorkehrungen. Die Lokomotive, anfangs ungepanzert, befand sich zwischen den beiden geschützten Wagen, in denen die Besatzung untergebracht war. Bewaffnet war jeder Panzerzug mit zwei schweren Maschinengewehren, zu den später noch zwei leichte kamen. Handgranaten und Munition vervollständigten die Ausrüstung.

Die Bemannung bestand aus einem Offizier und 17 Mann.

Um 7:50 Uhr befahl das Bataillonskommando den Panzerzug Lt. Rudolf Zenkl auf den Meidlinger Bahnhof, um diesen von eingedrungenen Schutzbündlern zu „säubern" und zu sichern. Während der Fahrt entlang des Margaretengürtels stand der Zug ständig unter lebhaftem Feuer aus den dortigen Gemeindehäusern. Auf der Rückfahrt erhielt er vom Fuchsenfeldhof gut sitzendes Maschinengewehrfeuer, dass von Schutzbündlern stammte, die sich hinter Koloniakübeln verschanzt hatten. Eigene Maschinengewehre erwiderten. Der Zug fand auch wiederholt Gelegenheit, Abteilungen der Sicherheitswache, die mit Aufrührern im Feuerkampf standen, erfolgreich zu unterstützen. Dabei erlitt der Schaffner Schmid auf seinen Führerstand einen Durchschuss beider Wangen.

Mittags rückte der Panzerzug wieder auf den Ostbahnhof ein.

Vormittags vertrieb der Panzerzug von Mjr. Cejnek die in den Matzleinsdorfer Frachtenbahnhof eingedrungenen Aufrührer. Er wurde dabei aus den entlang der Strecke befindlichen Gemeindebauten beschossen, erwiderte das Feuer „wirksamst" und rückte dann wieder auf den Ostbahnhof ein.

14. Februar

Das Stadtkommando gab dem Ostbahn-Sicherungskommando nachstehende Richtlinien:

Ein Panzerzug zum Süd- und Meidlinger Bahnhof. Die nächst dem Meidlinger Friedhof gemeldeten Ansammlungen sind zu zerstreuen, ein Festsetzen der Aufrührer an der Südbahn ist zu verwehren. Vormittags unternahmen die Panzerzüge Mjr Karl Wieninger und Mjr Gustav Höppel wiederholt Pendelfahrten zwischen Simmering und dem Ostbahnhof, ferner zwischen dem Meidlinger Südbahnhof und dem Margaretengürtel.

15. Februar

Im Lauf des Tages unternahmen Panzerzüge wiederholt Erkundungs- und Befriedungsfahrten in die Bereiche Floridsdorf, Jedlesee, Deutsch-Wagram, Meidling, Inzersdorf, Simmering und Kledering.

Um 20:45 Uhr befahl das Stadtkommando: „Die sechs Lokomotiven der Panzerzüge werden ausgelöscht; die Panzerzüge bleiben auf dem Parkplatz, die Besatzung kann bei entsprechender Bereitschaft ruhen".

3.4.1. Die Kämpfe aus dem Blickwinkel der Regierung

Die Regierung Dollfuß, welche bereits seit dem 4. März 1933 nach Auflösung des Parlaments diktatorisch herrschte, sah diese Kämpfe natürlich völlig anders. Ein autoritär regierter Staat, in dem die Stände das Sagen haben, werde den „Beschützer Österreichs", Benito Mussolini zufriedenstellen, hoffte Dollfuß. Gleichzeitig fühlte sich die Regierung von links und rechts durch zwei „unsichtbare" Gegner bedroht und beschloss im November 1933, die Todesstrafe wieder als höchste Strafe zu verhängen.

Als am 18. Januar 1934 der italienische Unterstaatssekretär Fulvio Suvich in Wien zu einem Staatsbesuch eintraf, stellte sich bald heraus, dass seine Forderung nach einer Ausschaltung der Sozialdemokratie sowie die rasche Umgestaltung Österreichs in antiparlamentarischem Sinn mit autoritärer Führung das Hauptanliegen dieser Reise bedeutete.

In einem Brief an Suvich vom 30. Jänner 1934 legte sich Dollfuß Italien gegenüber scheinbar fest, indem er auf das beschleunigte Tempo der „positiven Aktivität" der Regierung hinwies. Gestärkt durch den italienischen Staatsbesuch, war die Regierung, besonders die Vertreter der Heimwehr, zu keinerlei Kompromissen bereit. Fey und Starhemberg überboten sich gegenseitig darin, zu einer weiteren Verschärfung der Situation beizutragen. In seiner Eigenschaft als Sicherheitsminister und Vizekanzler besaß Fey genügend Macht zu einschneidenden Sanktionen gegen die Linke. Es erwies sich für alle Verhandlungen mit den Sozialdemokraten als Unglück, dass Fey zur gleichen Zeit Maßnahmen traf, die auf eine Vereitelung der Verständigungsversuche hinzielten. Der geradezu krankhafte Haß Feys gegen das marxistische Lager ließ eine Einigung im letzten Augenblick als illusorisch erscheinen.

Nicht weniger kampfbereit erwies sich Starhemberg. Bei einer Heimwehrkundgebung am 28. Januar 1934 in Wien rief er zum „Endkampf gegen den Marxismus" auf und sagte im Namen des Heimatschutzes jeder demokratischen Bestrebung den „rücksichtslosesten Kampf" an. Nachdem Anfang Februar die Heimwehr in den

Bundesländern mit einigen Aktionen begann, welche eine Umbildung der Landesregierungen in ständisch-autoritären Regierungen vorsah, schien Dollfuß von der Heimwehr überspielt zu werden, wenngleich auch eine Zerschlagung der bewaffneten Kampfkraft der Sozialdemokraten durchaus in seinem Sinne lag.

Am 9. Februar 1934 hielt Leopld Kunschak, der Fraktionsführer der Christlichsozialen Partei im Wiener Gemeinderat, während einer Gemeinderatssitzung eine ergreifende Rede, in der er vor einem Bürgerkrieg warnte und darauf hinwies, dass nichts die Bürger eines Landes mehr zu entzweien vermöge als offene Gräber. Seine ehrliche Warnung wurde leider nicht verstanden und auch nicht ernst genommen.

3.5. Weitere Berichte von Vorfällen oder Anzeigen

3.5.1. Karl Schittra

Aufnahme eines Protokolls eines Vorfalls von dem Schutzbündler Karl Schittra, wahrscheinlich im SPÖ Parteivorstand, Linke Wienzeile:

Protokoll Aktennummer. 5 – 586   Wien **29. Jänner 1934**

Aufgenommen mit dem Genossen Schittra Karl, wohnhaft Wien XII, Am Fuchsenfeld 1/Stg. 2/Stk 3/11, geb. 1913. Beruf : Zimmermaler.

Gen. Schittra kommt um 23:30 Uhr zu uns und gibt folgendes zu Protokoll:

„Ich ging heute um 21:45 Uhr von einer Gewerkschaftssitzung über die Gumpendorferstraße nach Hause. Bei der Hofmühlgasse blieb ein Privatauto stehen, aus dem ein Heimwehrmann in Zivil ausstieg. Er trug das Dienstabzeichen der Hipo (Hilfspolizei, Anm. des Autors).

Dieser HW. Mann hielt drei Passanten, darunter auch den Gen. Schittra zur Ausweisleistung an. Die beiden anderen Passanten legitimierten sich mit einer Naturfreundelegimitation und konnten weitergehen. Als Gen. Schittra dieser Aufforderung nicht schnell genug nachkam, musste er in das Auto einsteigen und der HW Mann fuhr mit ihm in die Kopernikusgasse zum Polizei Koat VI.

Dort wurde Gen. Schittra durchsucht, ebenso seine Aktentasche. Aus der Tasche wurden ihm 2 Broschüren und zwar „Der Fascismus" und „Heimwehrfascismus-Hakenkreuzfascismus- Monarchismus" weggenommen und nicht mehr zurückgegeben. Es wurde mit ihm auch ein Protokoll aufgenommen, das er unterschreiben musste. Um 23:15 Uhr wurde er wieder entlassen und auf seine Frage warum man ihm denn hier solange zurück behalten habe, wurde ihm keine Antwort gegeben."

Unterschrift:

Karl Schittra

Karl Schittra wurde bei den Februarkämpfen ca. 14 Tage danach beim „Fuchsenfeldhof" erschossen.

Sein Name ist am Gedenkstein am Meidlinger Friedhof verewigt.

3.5.2. Komensky Schule

Bericht: Bez. Polizei Kommisariat Meidling Akten Zahl IV-2600/34 vom 16. 2. 34
Angebl. Schiessen aus der Komenskyschule, XII., Erlgasse 32 (Tschechische Schule, Anm. des Autors). Bericht:

Am **12. Februar** nachm. wurde dem Koate mitgeteilt, dass auf dem Turme der Komenskyschule, Erlgasse Nr. 32 sich Leute befinden und dass dies verdächtig erscheine. Es wurde sofort ein Kriminalbeamter zwecks Erhebung entsendet. Der Direktor namens Ladislaus Cervinka, am 18. Juli 1889 in Jizbitz, Csl geb, Wien z. kath. verh. dort selbst wohnhaft erklärte, dass hausfremde Personen auf dem Turme nicht gewesen seien und auch er den Auftrag gegeben habe, keine fremden Leute hinaufgehen zu lassen. Die Schule wird nur bewohnt vom Direktor, dem Schulpersonal und den Angehörigen. Von Kriminalbeamten, welche den Direktor schon längere Zeit kennen, wurde derselbe als vollkommen einwandfrei und vertrauenswürdig geschildert.

Am **13. Februar** nachmittags wurden auf dem Turme neuerlich Leute bemerkt. Polizeikommissär Dr. Prinz, welcher vom Kommissariat aus durch einen Feldstecher den Turm beobachtete, will gesehen haben, dass auch französische Stahlhelme getragen wurden.

Die sofort durchgeführte neuerliche Erhebung verlief wieder resultatlos ebenso eine durchgeführte Hausdurchsuchung. Am **14. Februar** vormittags, besonders während der Aktion gegen den sogenannten „Indianerhof", liefen von mehreren Seiten Anzeigen des Inhaltes ein, dass vom Turme der Komenskyschule aus, geschossen werde. Es wurden sofort Kriminalbeamte entsendet welche eine neuerliche Durchsuchung vornahmen und die Stelligmachung des Direktors verfügten.

Diese Durchsuchung verlief wieder vollkommen ergebnislos. Cervinka versicherte, dass keine hausfremden Personen anwesend gewesen seien, und beteuerte dass unter gar keinen Umständen von der Schule aus geschossen worden sei. Cervinka machte auf den Gefertigten einen vollkommen vertrauenswürdigen und glaubwürdigen Eindruck. Er wurde sehr scharf ins Verhör genommen. Mit Rücksicht auf die Ergebnislosigkeit der Hausdurchsuchungen, den guten Leumund und den Eindruck, welcher Cervinka auf den Gefertigten machte, wurde er wieder entlassen. Die Anzeigen sowie die behauptete Beobachtung des Kommissärs Dr. Prinz, können vom Gefertigten nur als Ausfluss der sogenannten Kriegspsychose gewertet werden. Am **15. Februar** Vormittag erschien Cervinka h.a. und ersuchte um eine schriftliche Bestätigung, dass ein Nachweis des Schiessens von der Komenskyschule aus nicht erbracht worden sei. Diese Bestätigung wurde ihm verweigert und es wurde ihm erklärt, dass er eine solche ev. von der Staatsanwaltschaft erhalten könne, wenn von h.a. eine Anzeige dorthin geleitet würde. Nach längeren Verhandlungen machte sich Gefertigter erbötig, den Generalkonsul telefonisch zu informieren, falls er anrufen sollte. Cervinka hatte nämlich erklärt, sich an die Gesandtschaft wenden zu müssen. Bald darauf ersuchte auch der Generalkonsul telefonisch um Aufklärung. Diese wurde ihm von Gefertigten gegeben. Er erklärte, den Gesandten zu informieren. Unterschrift (unleserlich)

ev. Dr. Berger

---

*Bei einem Interview des Autors mit Herrn **Josef Schmidberger**, Jahrgang 1925, welcher im Nebenhaus der Komenskyschule (Erlgasse) Spittelbreitengasse 16 wohnte, erklärte dieser, dass von der Train-Kaserne das Privathaus seiner Eltern mit MG beschossen wurde und nur knapp unter seinen Fenstern seines Kabinetts die Geschose im Mauerwerk einschlugen. Bei höheren Eindringen in die Fenster hätte es in seiner Familie Verletzte oder Tote gegeben. Ob aus dem Turm der Schule im Nebenhaus geschossen wurde, konnte er nicht beantworten.*

3.5.3. Anzeige von Rudolf Svanda

Bericht Bez. Polizei Kommissariat Meidling [2]

Rudolf Svanda, Adj.(Post u. Tegr.) am 18.VIII. 1883 in Mislitz Csr. beg., nach Wien zust., ev.H.B., verh. XII, Flurschützstr. Nr. 18/33 whft., gibt im Gegenstande befragt an, dass er am **13.II. d.J.** um ca. 7 Uhr früh, als er vom Fenster auf die Straße blickte, sah, wie ein Mann in Strassenbahnuniform vis-a.-vis (Ecke Malfattigasse Flurschützstraße) hinter einer dort befindlichen Barrikade, mit einem Gewehr auf die Exekutive geschossen hat. Den Mann beschreibt Svanda als ck, (soll heißen ca.) 45- 48 J. alt, ck 165 cm groß, dkl. gestutzter Bart, Strassenbahnuniform samt Diensttasche. Dieser hat ck 20 Schüsse abgegeben. Ob jemand getroffen wurde, wisse er nicht.

---

[2] Sämtliche Berichte wort- und schriftgetreu wiedergegeben.

Die Angabe, dass der Strassenbahnschaffner aus einem ihm vis- a- vis befindlichen Fenster geschossen hat, trifft nicht zu.

zwei Unterschriften leserlich

Dr. Heger Zika

3.5.4 Anzeige eines Herrn „Veritas"

Anzeige von anonymen „Veritas" an den Herrn Staatssekretär (Dr. Karwinsky?) Bundeskanzleramt eingehend am **26. Feb. 1934** Akt NR. 127185

(genaueAbschrift)**16.II.1934**

Herr Staatssekretär!

Beruflich gezwungen, namenlos zu melden, was ich vor Monaten schon bekannt gegeben habe. Sehen Sie in der Arbeitersiedlung Altmannsdorf- Hetzendorf, Siedlung am Rosenhügel nach. Genossenschaftshaus, Konsum, sowie alle Häuser, in der alten Siedlung zum Sender in alle Kellerräume. Es ist viel Kriegsmaterial verborgen.

Verbindungsleute:

Johann Gyujatsch, XI Siedlung Hasenleitengasse (Anm. des Autors: wurde im Zusammenhang mit ev. Kanalfluchtwege sowie Sprengungen erwähnt)

Martin Swoboda, Bezirksrat XI dessen Sohn

Josef Krokner, XII Bez.

Anton Wagner, Städt. Beamter, XII Am Fuchsenfeld

Nazi Zellen:

Viktor Brukbauer, 3 Bez. Wällischgasse

Dr. Blyer, VIII, Lerchenfelderstraße, Verein Reisender Kaufleute nur Dekmantel (sic!)

Eile tut not und größte Geheimhaltung.

Bei Erfolg melde ich mich wegen einer Prämie, unter den Deknamen (sic!) Veritas.

Ihr ergebener Veritas.

(Eine Wffensuche wurde durchgeführt. Anm. des Autors)

Über den oben genannten Johann Gyurjacs, und andere, gibt es bereits am **2. März 1934** eine Anzeige, welche vom Bundeskanzleramt (B.K.A.), Generaldirektion für die öffentliche Sicherheit (G. D. f. d. ö. S.) mit der Aktenzahl GD. 127.185-ST.B/34 an die Bundespolizeidirektion Wien, Herrn wirkl. Hofrat Dr. Johann Presser gerichtet ist:

„Nach einer dem Bundeskanzleramte (Generaldirektion für die öffentliche Sicherheit) zugekommende Mitteilung sollen in der Arbeitersiedlung Altmannsdorf- Hetzendorf und Siedlung am Rosenhügel in den Kellern der Häuser, insbesondere im Genossenschaftshaus und Konsumverein, Waffen verborgen sein."

Als sozialdemokratische Verbindungsleute werden folgende Personen genannt:

Johann Gyurjacs, Schlossergehilfe, geb. 19. 1. 1868 in Fönyö-Kosztolany, Ungarn.

(sonst alle genannten wie oben).

Von Angehörigen ehemaliger Schutzbündler in dieser Siedlung, die nicht genannt werden wollten, wurden diese Namen auch im Zusammenhang mit Vertrauensmännern der Kanalräumer (damaligen Kanalbrigade) erwähnt, welche sowohl unterirdische Sprengungen auslösen hätten können, als auch (nach der leider erfolgreichen Waffensuche der Polizei) nach den Februar- Kämpfen schwer verletzte Schutzbündler in den Kanälen versteckten.

3.5.5. Anzeige Waffenlager in der Rosenhügelstrasse

Anzeige über ein angebliches Waffenlager

Wien, am **23.Februar 1934**

Aktenvermerk Pr. Zl. IV- 136/60/34

XII., Rosenhügelstr. 109 angebl. soz. dem. Waffenlager.

Vertraulich wurde im Wege des Bundeskanzleramtes eine Anzeige weitergeleitet:

Am **12. Februar 1934** soll aus dem Hause XII., Rosenhügelstraße 109 ein Mann Gewehre weggetragen haben. Dieser Mann soll im Wirtschaftsweg neben dem Hause XII., Rosenhügelstraße Nr. 124 verschwunden sein.

Streng vertraulich Herrn Stadthauptmann Meidling

Zur gefl. Kenntnisnahme und weiteren Veranlassung.

Dazu folgender Bericht Bez. Polizei- Kommissariat Meidling

Wien, am **7. März 1934**

Wie vom Gefertigten erhoben wurde, wird das Siedlungshaus XII., Rosenhügelstraße 109 von dem Kriegsinvaliden Adolf Novotny, 12.VI. 86, C.S.R. geb. Wien zust., konfl. verh., mit seiner Gattin und seinem Schwiegersohn Franz Stütz, Mechanikergehilfe, 1.X. 1909 Wien geb. und zust., konfl., verh., bewohnt. Novotny und Stütz stellen entschieden in Abrede, am kritischen Tage Pakete mit Waffen oder Munition vom Hause weggetragen zu haben und behaupten beide, den ganzen Tag und die Nacht zu Hause gewesen zu sein.

Zeugen dieser Angaben konnten nicht in Erfahrung gebracht werden. Im Hause wurde eine Revision mit negativem Erfolg vorgenommen.

Im h.a. Index liegt gegen die Genannten nichts Nachteiliges vor.
Handschriftlich: Nochm. Laden!   26. März 1934
Bericht Wien, am **4.5.1934**

Adolf Novotny, Nat. i. Akte, gibt an:
Ich bestreite entschieden, dass aus meinem Hause jemand Gewehre wegtrug. Ich war ab 12 Uhr mittags am **12.2.34** zu Hause, was mein Nachbar Adalbert Obega bezeugen kann. Mein Schwiegersohn Stütz kam erst am **12.2.34** gegen 7 Uhr abends nach Hause und zwar mit seiner Frau, die er vom Konsumverein Speising, wo sie angestellt ist, abgeholt hat. Abends spielten wir mit einem Nachbar, namens Redl, Schach. In meinem Hause waren keine Waffen verwahrt.
Unterschrift:

Novotny Adolf

Franz Stütz, Nat. i. Akte, gibt an:
Ich war am **12.2.34** erst ab 7 Uhr abends zu Hause, bis ¾ 2 Uhr war ich bei meiner Betriebsstelle Kapsch und Söhne, Johann Hofmannpl. 9 sodann bei meiner Mutter XII., Liebenstr., 50 und holte dann meine Gattin vom Konsumverein Speisingerstr., ab. Ich habe in der Wohnung meines Schwiegervaters, bei dem ich wohne, nie Waffen gesehen und weiß auch nicht, dass irgend jemand solche weggetragen hätte.
Unterschrift: Stütz Franz
Es konnten keine Zeugen ermittelt werden, welche gesehen haben, dass Gewehre herausgetragen wurden.
Unterschrift: unleserlich

3.5.6. Waffensuche im Konsumgebäude Wolfganggasse

Bericht über Waffensuche in den damaligen Konsumgebäuden.
Bundes-Polizeidirektion Wien   Wien, **am 9.2.1934**
Bericht

Dem Gefertigten wurde am 8.d.M. von einem nur vom Sehen her Bekannten vertraulich mitgeteilt, dass sich im betonierten Keller des sozialdem. Consumvereines XII., Neuwallgasse, Murlingengasse, Wolfganggasse, Fockygasse (Häuserkomplex) eine Menge von Waffen (Handgranaten, Gewehre, Maschinengewehre etc), von Schwechat stammend, befinden sollen.
Der ihm übergebene bezughabende Zettel liegt bei.

Seinen Namen wollte der Unbekannte nicht preisgeben.

Unleserliche Unterschrift

Vertraulich 9.2. 1934.

Mit Aktenzahl 931/34 wurde ebenfalls ein Bericht verfasst.

Bericht Wien, am **9. Feber 1934**

Auftragsgemäss wurde in der Niederlage der Arbeiterkonsumgenossenschaft Wien und Umgebung, Wien XII, Wolfganggasse 58- 60 eine Revision sämtlicher Räume (Verkaufsräume, Magazinsräume, Produktionsräume und Werkstätten), Garagen und Stallungen, sowie der Wohnungen des Direktors und Direktorstellvertreters vorgenommen. Die Untersuchung des weitläufigen in 2 Stockwerken unterkellerten Gebäudeblocks ergab ein negatives Resultat. Es wurden lediglich in einem dem Betriebsrat zugewiesenen Raume in einem dem Mitglied des Betriebsrates Johann Pokorny gehörigen Schreibtisch 3 sogenannte Stahlruten vorgefunden, und saisiert. Pokorny war zur Zeit der Untersuchung nicht anwesend.

Unterschrift unleserlich

Pol.Rat.

3.5.7. Waffensuche im Volksbad Ratschkygasse (bei Indianerhof)

Angebliche Waffenverstecke

Im städt. Volksbad XII, Ratschkygasse

Anonyme Anzeige Aktennummer: IV-136/7o/34

Aktenvermerk.Wien, am **9. Februar 1934**

Ein angeblicher Karl Horner, Kaufmann, XII., Ratschkygasse 17, teilt mit der Bitte um Geheimhaltung seines Namens um ½ 2 Uhr nachmittags folgendes vertraulich mit:

Soeben sei ein kleines Lastauto vor dem städtischen Volksbad im XII Bezirk, Ratschkygasse Nr. 26 vorgefahren. Von dem Lastauto wurden 8 lange Kisten, ähnlich Gewehrverschlägen, abgeladen und durch das Kellerfenster des Hauses in den Keller geschafft. Der Lastwagen hat Plachenwände, welche mit den Buchstaben K.G.W. bezeichnet sind.

Stadthauptmann Hofrat Dr. Berner wurde verständigt. Er teilt hiezu gleich mit, dass die Abkürzung K.G.W. Konsumgenossenschaft Wien bedeutet.

Stadthauptmann Hofrat Dr. Berner teilt abends mit, dass die Erhebungen vollkommen ergebnislos verliefen. Die Anzeige ist zweifellos fingiert.

Unterschrift unleserlich

Stadthauptmann Meidling teilt mit, dass die Erhebungen vollständig ergebnislos verliefen.

ad actaWien, am **19. Feber 1934**

3.5.8. Anweisung von Beschlagnahmungen

Eine Anweisung des Wiener Polizeipräsidenten Dr. Seydel über Beschlagnahme von Realitäten der Sozialdemokratischen Partei bereits am **16. Februar 1934.**

Bundespolizeidirektion in Wien

Pr. Zl.IV- 2606/3   Wien, am **16. Februar 1934**

Verfügung über ehemals der sozialdemokratischen Partei oder ihr angeschlossenen Organisationen und Vereinen gehörige Gebäude und Lokalitäten.

D i e n s t z e t t e l.

Im Sinne der vom Bundeskanzleramte, Generaldirektion für die öffentliche Sicherheit, ergangenen Weisung, werden die ehemals der sozialdemokratischen Arbeiterpartei Österreichs, beziehungsweise ihr angeschlossenen Organisationen sowie sozialdemokratischen Vereinen gehörigen Gebäude, Realitäten, Lokale, Sportplätze u. dgl., für die Zwecke der öffentlichen Sicherheit verwendet werden.

Die Verfügungen hierüber trifft das Bundeskanzleramt, Generaldirektion für die öffentliche Sicherheit. In besonders dringenden Ausnahmefällen kann der Sicherheitsdirektor eine provisorische Verfügung gegen nachträgliche Genehmigung treffen. Diesfällige Anträge sind ehestens dem Präsidium, staatspolizeiliche Abteilung, vorzulegen. Die bisher von Vereinen und sonstigen Selbstschutzformationen eigenmächtig besetzten Lokale der oben erwähnten Organisationen und Vereine sind nach Aufnahme eines Inventars behördlich zu besetzen.

Ergeht an alle Herren Approbanten, den Herrn wirkl. Hofrat Dr. Dressler, an den Herrn Zentralinspektor, an die Herren Vorstände der Polizeidirektionsabteilungen, alle Herren Stadthauptmänner und Leiter der Bahnhofinspektionen sowie an die Flughafeninspektion in Aspern.

Dr. Seydel

Beispiel dazu:

Laut Aktenzahl IV- 2606/24, 1- 100.A.B. 875/28.

Schließung und Beschlagnahme einer Schießstätte in Meidling: Schützen- und Jagdfreunde „D`Flurschützen" 12., Arndtstraße 36 mit dem Sozialdemokratischen Bildungsheim, Eislauf und Tennisplätze, Freie Schule-Kinderfreunde, Siedlung Rosenhügel mit Eislaufplatz.

Beispiel dazu:

Wien, am **15. Feber 1934** (20 Uhr 25`)

Dr. Nigl, Koat Meidling, teilt mit:

Der Kommandant des Schutzkorps des Wiener Heimatschutzes Otto L e h n e r hat dem Koate Meidling telefonisch mitgeteilt, dass über Auftrag des Herrn Vizekanzlers das ehemalige Heim der Kinderfreunde XII., Tivoligasse Ecke Ruckergasse, dem Heimatschutz zugewiesen sei und noch heute besetzt werden solle.

Polizeirat Dr. Nigl gibt bekannt, dass eine Durchsuchung und Sperre des Heimes, das vorläufig nur überwacht wird, nicht vorgenommen wurde.

Um Weisung wird ersucht.Dr. Berger m.p.

3.6. Meldungen in der bürgerlichen Presse Meidlings

Die Ereignisse des Februar 1934 sollen in einigen Zeitungsausschnitten aus dem bürgerlichen Blatt „Meidlinger Nachrichten" wiedergegeben werden, welche die offizielle Staatsmeinung vertreten.

Der 12. Februar 1934

Die traurigen Faschingstage dieses Jahres sind vorüber. Traurig in jeder Hinsicht waren sie. Wo liegt eigentlich die innerste Ursache dieser Ereignisse?

In dem religionslosen Zeitgeist unserer Zeit ist die wahre Ursache gelegen. Wer eben das 5. Gebot nicht kennen und nicht befolgen gelernt hat, der kennt in seinen Wahn keine Rücksichtnahme auf das Leben anderer, der kennt kein Unterwerfen unter die staatliche Gewalt. Was seit 1918 am Kampf gegen die Religion geleistet wurde, das ist jetzt zum Ausbruche gekommen.

Aufgabe des autoritären Regimes wird es sein, diese geistige Ursache zu beseitigen. Aufgabe der vaterländisch eingestellten Bevölkerung wird es sein, mitzuhelfen die Not der Zeit, die eine Mitursache war, zu lindern, damit wieder mehr Zufriedenheit und mehr Ruhe eintrete. ("Meidlinger Nachrichten", März 1934 Folge 3*)*

Die Revolutionstage im 12. Bezirk

*Blauer Himmel wölbte sich über Wien, als am Montag, den **12. Februar** im Radio das Standrecht verkündet wurde. Alle Wehrmachtsmitglieder liefen in ihre*

Versammlungsräumlichkeiten, um den inneren, gut gerüsteten Feinde mit den Waffen in der Hand entgegentreten zu können. Auch in unserem Bezirke spielten sich arge Kampfszenen ab.

*Vom Bebelhof (Steinbauergasse-Längenfeldgasse) wurde am Dienstag, den **13. Februar** auf die Sicherheitswache geschossen. Obwohl die dort postierten zwei Wachleute das Feuer erwiderten, mussten sie sich aber, weil Pöbel aus der Aßmayergasse zuzog, zurück ziehen. Das war den Radaujungen willkommen. Jedes Auto, das durch die Steinbauergasse gefahren kam, wurde aufgehalten und umgeworfen. Auch vom Fuchsenfeldhof und von den Bahnhäusern in der Eichenstraße wurde auf Passanten geschossen. In der Ignazgasse wurde die Frau des Bindermeisters Holzmann erschossen. Der ärgste Kampf wütete am Dienstag und Mittwoch den **14. Februar** um den Wohnhausbau Schwenkgasse- Rotenmühlgasse- Theergasse- Hohenbergstraße. Gegenüber der Rotenmühlgasse wurde aus einem Fenster mit einem Maschinengewehr geschossen. Zugleich wurden in der Singrienergasse mit Schulbänken und Colonialkübeln Barrikaden errichtet und von der Schule Singrienergasse 19 ebenfalls auf Passanten und herbeieilende Wache gefeuert.*

Am Mittwoch wurde Militär in unseren Bezirk beordert. Als dieses in Postautos beim Polizeikommisariate Meidling in der Hufelandgasse vorfuhr, empfing man es mit Maschinengewehrfeuer, das aus einem Gebüsch beim Theresienbad kam. Das Militär säuberte dieses Nest ebenfalls mit Maschinengewehrfeuer.

Auch die beiden Hauptschulen in der Pohlgasse wurden auf diese Weise von den Revolutionären gesäubert. Nun schritt man zur Aushebung des Nestes in den obgenannten Wohnhausbau in der Rotenmühlgasse, der im Volk „Indianerhof" hieß.

Von dort schossen die Aufständischen bis hinunter zur Schönbrunner Straße (Anm. des Autors: siehe Interview mit Hr. Fritz Pruckner).

Wohlgezieltes Maschinengewehrfeuer des Militärs machte jenes der Revolutionäre verstummen. Die Front des Wohnhauses ist arg zerschossen. Wie verheerend das Maschinengewehrfeuer dieser Aufständischen auf Menschen gewirkt hätte, beweisen drei Einschusslöcher an dem roten Postkasten an der Ecke Rotenühlgasse- Tivoligasse. Eine in der Schönbrunner Straße über die Rotenmühlgasse gehende Frau erhielt einen Schuss in den Fuß. In der unteren Aichholzgasse erhielt der Sohn des Kohlenhändlers Rothauer einen Lungenschuss.

Auf Grund des Aufrufes unseres verehrten Bundeskanzlers, der Milde gegen die Verführten walten lässt, wenn sie die Waffen abliefern, wurden bis 16. Februar beim

Polizeikommissariate Meidling 12 Maschinengewehre, über hundert Gewehre, 300 Revolver, 7.000 Schüsse Maschinengewehrmunition und 19.000 Schüsse Gewehrmunition abgegeben. Schon aus diesen Daten kann ersehen werden, welcher Gefahr die österreichisch denkende Bevölkerung entronnen ist. Wären die Staatsgewalt und die ihr zu Hilfe geeilten militanten Formationen diesem Kommunistischen Ansturm nicht gewachsen gewesen, hätten wir heute ein Sowjetregime mit seinen Auswirkungen.

Vizekanzler Dr. Fey (sic!) und Minister Fürst Schönburg- Hartenstein haben den Kämpfen in Meidling angewohnt. Ersterem wurde durch die vaterländisch gesinnte Bevölkerung des 12. Bezirkes eine Ehrung zuteil.

Nach der Eroberung des obgenannten hart umkämpften „Indianerhofes" in der Rotenmühlgasse, wurde dieser von den zahlreich herbeiströmenden Neugierigen als „Feyhof" bezeichnet und sein nunmehriger Name mit großen Lettern in grüner Farbe dort angebracht. In den Bezirksteilen Neumargareten, Hetzendorf und Altmannsdorf herrschte, von kleineren Scharmützeln (!) abgesehen, Ruhe. Am 17. Februar fand man in der Meidlinger Pfarrkirche St. Johannes von Nepomuk 16 Schmierbüchsen und ein altes Rohr eines Maschinengewehres. Am 18. Februar fand die Polizei im Hause Niederhofstraße 22 im Keller vergraben ein ganzes Arsenal von Maschinengewehren, Gewehren und hiezu passende Munition in großer Menge.

---

*In der **Meidlinger Pfarrkirche, St. Johannes von Nepomuck** wurde am 24. April 1845 von Kaiser Ferdinand der Schlussstein gelegt. Architekt war Prof. Karl Roesner, ein Lehrer des Architekten Heinrich Ferstels. Eine kleine Kirche wurde bereits am 16. Mai 1733 geweiht, der erste Chorherr des Stiftes Klosterneuburg war Sebastian Koppreiter. Quellennachweis: „Blätter des Bezirksmuseums" Heft 15/1985. Unterlagen erhalten von Herrn Wilhelm Blaha, ehemals Pfarrgemeinderat der Pfarre Meidling.*

3.7. Die Listen der verletzten und toten Zivilisten in Meidling [3]

3.7.1. Montag, 12. Februar 1934
Verletzte:

Bayer Elfriede, geb. 5.8.1908 in St.Pölten. Am Gürtel bei Reumannhof, Durchschuss Schulterblatt, Sophienspital.

Panek Katharina, geb. 1.5.1885 in Wien. Ecke Schönbrunnerstrasse- Längenfeldgasse, Durchschuss rechter Oberschenkel, Knochenzertrümmerung, Sophienspital, Sohn ist bei den Ostmärkischen Sturmscharen.

Pohr Franz, geb. 1910 in Wien. Bei Reumannhof, Platzwunde am Kopf nach Kolbenhieb, Sophienspital, dann verlassen, keine Adresse.

Russwurm Franz, geb. 5.5.1985 in Wien. Bei Wilhelmstrasse 66/ wohnhaft Breitenfurterstrasse 29 Nähe seinem Wohnhaus, Durchschuss rechter Oberschenkel, Sophienspital.

Traibl Michael, geb. 13.5.1915 in Wien. Beim Reumannhof „Jugend in Not", bei Erstürmung des Bundesheeres Nasenbeinbruch, Sophienspital dann Inquisitenspital, Standrecht Aufruhr und Mord, soz. radikal, RS.

Traibl Oskar, geb. 20.5.1917 in Wien. Beim Reumannhof „Jugend in Not", bei Erstürmung des Bundesheeres 3 Bajonettstiche in Rücken und Gesäß, Sophienspital dann Inquisitenspital, Standrecht Aufruhr und Mord, soz. radikal, RS.

Keine Todesopfer.

3.7.2. Dienstag, 13. Februar 1934
Verletzte:

Bartak Karl, geb. 18.6.1897 in Wien. Im Bereich Steinbauergasse- Bebelhof- Aßmayergasse wurde von allen Seiten geschossen, Oberschenkelschuss, ½ Stunde wegen heftigem Feuer am Boden gelegen, Sophienspital.

Bossler Johann, geb. 13.6.1904 in Wien. In der Eichenstraße bei der Straßenbahn-Remise Spittelbreitengasse, Durchschuss linker Oberarm, Franz-Josef-Spital.

Exner Franz, geb. 11.7.1913 in Wien, Arndtstraße 1/18/2/9. Bei 11.,Lorystraße Schuss ins Knie, Freiwilliger Schutzkorps (Heimatschutz), Meldung der Eltern am 9.10.1934: Selbstmord durch Kopfschuss.

---

[3] Alle Angaben (wenn nicht anders angegeben) aus dem Staatsarchiv: BKA allgemein: Revolte der soz. dem. Partei am 12., 13., 14., 15., Feber 1934. Pr.Z. IV- 2606 v. 34. Überschrift Tote und Verletzte. Buch Signatur 22/Seite 208, 215/216. Karton 5084, 5085, 5086 Feb. 1934. 1-131205.

Cruda Andreas, geb. 10.9. 1866 in Wien. In der Flurschützstraße um 10:00 Halsdurchschuss, Franz-Josef-Spital.

Dräger Max, geb. 29.1.1906 in Wien. In der Eichenstraße gegenüber Meidlinger Bahnhof, Durchschuss Gesäß, Franz-Josef-Spital.

Damian Rosa, geb. 27.7.1894 in Wien. Schussverletzung rechtes Knie in ihrer Wohnung, untere Meidlingerstraße 12/3 Stiege/1 Erdgeschoß, auch Gatte in der Wohnung, beide bei der Sozialdemokratischen Partei.

Fidler Franz, geb. 3.6.1899 in Wien. 10:00 im Fuchsenfeldhof, Durchschuss linker Oberschenkel. Sozialdemokratische Partei und Schutzbund. Franz-Josef-Spital.

Fischer Adolf, geb. 25.12.1897 in Wien. Ecke Schallergasse-Koflergasse, Durchschuss rechtes Knie, von Militär angeschossen, Sophienspital.

Furtner Therese, geb. 9.4.1914 in Wien. Bei Wilhelmstraße 12, als sie vom Haus auf die Straße trat, Bauchschuss, schwer verletzt, Spital der Stadt Wien.

Gaschler Marie, geb.16.1.1893 in Wien. Bei Siedlung Dorfmeistergasse, Schussverletzung linkes Knie rückwärts, Franz-Josef-Spital.

Gaunersdorfer Magdalena, geb. 18.9.1881 in Nikolsburg. Bei Flurschützstraße (nächst Wohnung Koflergasse), Schussverletzung Unterschenkel, seit 1933 bei der Vaterländischen Front, Franz-Josef-Spital.

Hacker Ernst, geb. 27.4.1903 in Rottenmann. Bei Murlingengasse, Schussverletzung und Bruch linker Fußknöchel, Sophienspital.

Hrdlicka Gisella, geb. 16.10.1878 in Wien. Ecke Arndstraße-Längenfeldgasse (2 Häuser neben Wohnung der Eltern des Autors), Durchschüsse beider Oberschenkel, Kaiserin-Elisabeth-Spital.

Janda Rosa, geb. 18.5.1914 in Wien. Bei Johann Hoffmannplatz 9 (Arbeit bei Fa. Kapsch und Söhne) Durchschuss linke Hand, Spital der Stadt Wien.

Janda Karl, geb. 29.1.1912 in Wien. Bei Erstürmung des Heimes „Jugend in Not" im Reumannhof Platzwunde am Kopf durch Kolbenhieb, Schutzbund, Sophienspital, danach Inquisitenspital, Standgericht wegen Aufruhr und Mord.

Janeba Franz, geb. 16.5. 1911 in Wien. Bei Erstürmung des Heimes „Jugend in Not" im Reumannhof Rissquetschwunde am Kopf durch Kolbenhieb, Sophienspital, danach Inquisitenspital, Standgericht wegen Aufruhr und Mord.

Kohl Josef, geb. 9.8.1892 in C.S.R. 7:30 Uhr, Ecke Eichenstraße-Wolfganggasse (Holzlagerplatz) Durchschuss rechte Brustseite, Franz-Josef-Spital.

Kopstein Rudolf, geb. 22.1.1904 in Wien. 11:30 Uhr Ecke Sechshauserstraße-Mariahilfergürtel von einem Wachebeamten mit Gewehr rechter Zeigefinger weggeschossen, Sophienspital (Bruder wurde am 15.Juli 1927 beim Wiener Rathaus erschossen, Unruhen beim Justizpalastbrand).

Lambauer Josef, geb. 3.10.1906 in Wien. Bei Erstürmung des Heimes „Jugend in Not" im Räumannhof Platzwunde am Kopf, Sophienspital.

Laube Friedrich, geb. 26.1.1905 in Wien. Bei Eichenstraße- Margaretengürtel Schuss in Brustkorb und Lunge, Sophienspital.

Lausch Anton, geb.13.3.1893 in Horn. Bei Eichenstraße von Personen niedergetreten, die durch die Exekutive abgedrängt wurden, Gehirnerschütterungen und Rissquetschwunde, Franz-Josef-Spital.

Lindenthal Anton, Alter und Herkunft unbekannt. Hodenstreifschuss, Sophienspital.

Luch Katherina, geb. 30.5.1914 in Wien. Ecke Steinbauergasse-Schallergasse am Heimweg beim Überqueren der Straße Bauchdurchschuss, Magen, Bruch Lendenwirbel, rechtsseitige Lähmung, Sozialdemokratisches Mitglied, Sophienspital.

Lustig Wilhelm, geb. 22.12.1877 in Wien. Ecke Ruckergasse-Spittelbreitengasse Schussfraktur linker Lumerus, E-Werk Ableser, SP-Mitglied, Sophienspital.

Metlik Franz, geb. 23.9.1909 in Wien. Bei Wimmergasse Durchschuss linker Vorderarm, im Fuchsenfeldhof wohnhaft, Franz-Josef-Spital.

Pilar Amalie, geb. 4.5.1885 in Rechnitz. Nähe Apotheke Steinbauergasse 15, Schuss ins rechte Knie, Sophienspital.

Posch Ferdinand, geb. 25.4.1894 in Wien. Bei Aßmayergasse-Fuchsenfeldhof Steckschuss rechtes Knie, SP-Mitglied, kein RS-Mitglied, Sophienspital.

Prosinek Emma, geb. 14.3.1905 in Wien. 11:30 Uhr bei Eichenstraße-Wilhelmstraße Durchschuss linke Hand und Knöchelbruch, Krankenhaus Wieden.

Puchinger Alois, geb. 20.10.1877 in Wien. Bei Schönbrunnerstraße Durchschuss linker Unterschenkel, Sophienspital.

Riedinger Margarete, geb. 30.1.1912 in Pinkafeld. 11:30 Uhr Ecke Hohenbergstraße-Schwenkgasse (Indianerhof) in Schrebergartenhütte, Durchschuss linker Unterschenkel, Franz-Josef-Spital.

Roth Johann, geb. 22.8.1892 in Wien. Bei Aßmayergasse, Bauchschuss, Sophienspital.

Rozek Marie, geb. 6.1.1891 in Wien. Bei Eichenstraße, Streifschuss linker Oberschenkel, Kaiserin Elisabethspital.

Sablatnik Alois, geb. 8.11.1893 in Klagenfurt. In seinem Kaffeehaus durch das Fenster Wilhelmstraße 1, Kopfstreifschuss, Franz-Josef-Spital.

Schimek Alois, geb. 25.2.1910 in Wien. Vor Wohnort Schallergasse 43/2 mehrere Schüsse in rechten Fuß, wurde amputiert, Franz-Josef-Spital.

Straka Rosa, geb. 19.1.1906 in Wien. In ihrer Wohnung Reschgasse 5/3/22 Lungenschuss bei Räumung der Wachebeamten, Spital der Stadt Wien.

Summer Johann, geb. 26.1.1873 in Baumgarten/March. Bei Wohnhaus Eichenstraße 76/1/21 Durchschuss rechter Oberarm, Christlichsozialer, Spital der Stadt Wien.

Supper Anna, geb. 26.2.1897 in Oberpullendorf. 11:30 Uhr vor ihrem Wohnhaus Rauchgasse 25/3, Durchschuss rechter Oberschenkel, Franz-Josef-Spital.

Vostritz Alois, geb. 4.10.1910 in Wien. Wohnhaft im Kolpinghaus, kath. Gesellenhaus Bendlgasse 10, kath. Reichsbundführer von Brunn/Gebirge. Beim Meidlinger Markt, Rosaliagasse Schuss in rechten Ellenbogen, Spital der Stadt Wien.

Wohlmuth Wilhelm, geb. 1.8.1901 in Wien. Vor seinem Geschäft Reschgasse 21 Durchschuss rechte Halsseite, Sophienspital.

Todesopfer:

Benesch Josef, geb.16.2.1888 in Wien. Hotelkommissär, wohnhaft Flurschützstraße 16/3/18. 9:30 Uhr, Ecke Tichtelgasse-Wolfganggasse, tödlicher Schuss in den Hals, Sophienspital.

Göttlicher Franz, geb. 2.4.1886 in Wien. Schaffner bei Bahn Wien-Baden, wohnhaft Johann-Hoffmannplatz 10/2/10. 12:00 Uhr, Ecke Eichenstraße-Längenfeldgasse, Schutzbündler wollten Geleise zerstören, wollte sie davon abhalten, Mitglied der VF, Bauchschuss, Elisabethspital.

Holzmann Marie, geb. 2.2.1897 in Klein-Höflein. Bindermeistersgattin, wohnhaft Rauchgasse 26/1. 10:30 Uhr Vor dem Haus Ignatzgasse, Mitglied VF, Kopfschuss, Franz-Josef-Spital.

Schwarz Karl, geb. 16.7.1901 in Wien. Wohnhaft Malfattigasse 18/37. 8:30 Uhr bei Kampf um den Fuchsenfeldhof-Längenfeldgasse Lungenschuss, Mitglied RS, Franz-Josef-Spital. Am Meidlinger Friedhof im Gedenkstein verewigt.

Schittra Karl, geb. 1901 in Wien. Zimmermaler, wohnhaft Am Fuchsenfeld (jetzt Reismann-Hof), bei Kampf um den Fuchsenfeldhof-Längenfeldgasse Brustschuss, Gewerkschaftsfunktionär. [4] Am Meidlinger Friedhof im Gedenkstein verewigt.

---

[4] Nach anderen Angaben verübte er schwer verletzt Selbstmord

Lindtner Irma, geb. 1920 (!), keine weiteren Angaben.

Scheck Alexander, geb. 1887, keine weiteren Angaben.

Ondracek Hermann, geb. 15.12.1898 in Wien. Wohnhaft 14., Oereiagasse 14/11. In der Reschgasse Besuch bei Bruder Brustschuss und Schuss von Rückwärts, Christlichsozialer, Sophienspital.

Pelikan Julius, geb. 4.8.1893 in Steyr. Spengler, bei Fockygasse-Flurschützstraße Brustschuss (Haydnhof). Christlichsozialer Gemeinderat in Steyr, Sophienspital.

Potucek Rudolf, geb.7.4.1900 in Wien. Wohnhaft 3., Löwengasse 7/2/18. 10:00 Uhr bei Besuch in der Siebertgasse 52, Brustdurchschuss durch Fenster, Nachbar verletzt, Mitglied der VF, Sophienspital.

Sitter Franz, geb. 9.1.1900 in Wien. Wohnhaft 10., Muhrengasse 15/1/10. Wollte vom Konsumverein Wolfganggasse Geld abholen, wurde vom Margaretengürtel beschossen. Mitglied Sozialdemokratische Partei, Bauch- und Nierenschuss. Franz-Josef-Spital.

Sitter Franz, geb. 12.4.1886 in Wien. Mechanikergehilfe, wohnhaft Johann-Hoffmannplatz 10, Bauchschuss.

Seidler Heinrich, Kunststicker, Wohnhaft 13., Feldkellergasse 13, Bei Eichenstraße Brustschuss. (sonst keine Angaben).

3.7.3. Mittwoch, 14. Februar 1934

Verletzte:

Mollik Karoline, geb. 4.3.1858 in C.S.R. IN Ratschkygasse 36/17 bei Indianerhof, beim Schlafzimmerfenster stehend Durchschuss linke Schulter, Franz-Josef-Spital.

Purkenstein Hermine, geb. 20.7.1916 in Wien. In Wohnung Bonygasse 36/3 durch Küchenfenster Schüsse von Ruckerschule zum RS Durchschuss rechter Unterarm, Krankenhaus Wieden.

Rituper Leopoldine, geb. 30.1.1912 in N.Ö. In Wohnung durch Fenster Erlgasse 38/3/29 Steckschuss rechter Unterarm, Beschuß durch Wachebeamte, Gatte ist Bezirksführer Vaterländischen Front, Krankenhaus Wieden.

Rothauer Otto, geb. 21.8.1911 in Wien. 10:00 Uhr in Aichholzgasse 3 vor Kohlenhandlung des Vaters, Schüsse aus der (Train) Kaserne, Brust- und Lungendurchschuss, Christlichsoziale Partei, Krankenhaus Wieden.

Schmied Otto, geb. 31.8.1907 in Wien. Wohnhaft Seumegasse 3/8 Ecke Aichholzgasse-Egger-Lienz-Gasse (Indianerhof) beim Schlachthaus, Schüsse aus der (Train) Kaserne, Durchschuss rechter Fuß, Krankenhaus Wieden.

Schmid Ottilie, geb. 26.5.1928 (!) in Wien. 12:00 Ecke Aichholzgasse-Spittelbreitengasse Knöcheldurchschuss, Kinderspital Kolschitzkygasse.

Wiesinger Johann, geb. 8.12.1857 in Wien. 14:00 vor Wohnhaus Tanbruckgasse 14 Durchschuss rechte Achsel, Franz-Josef-Spital.

Todesopfer:

Chitil Heinrich, geb. 1916 (!), keine weiteren Angaben.

Holas Josef, geb. 1882, keine weiteren Angaben.

Konwicka Katherina, geb. 26.10.1884 in Wien. Seidenwebersgattin, wohnhaft Bonygasse 65/3/21. 10:00 Uhr in der Küche ihrer Wohnung durch Fenster, Kopfschuss.

Lakomy Franz, geb. 24.6.1906 in Wien. Tischlergehilfe, wohnhaft Aichholzgasse 49/45. In seiner Wohnung, Brustschuß.

Schimann Arthur, geb. 29.7.1911 in Wien. Wohnhaft 15., Herklotzgasse 24/2/17. 12:00 Uhr vor Geschäft Dienstgeber Molkerei Wolf Malfattigasse 22, von einem Zugsführer Bundesheer Kopfschuss.

Stocker Gustav, geb. 27.2.1915 in Wien. Modelltischler, wohnhaft Breitenfurterstraße 127/1. 10:30 Uhr bei Demonstration Philadelphiabrücke Kopfschuss, angeblich von Schuko Johann Wunder, Siebertgasse 32.

Ullsperger Edith, geb. 19.1.1912 in Wien. Beamtin. Wohnhaft 13., Fasangartengasse 103. 11:30 Uhr bei Bahnhof Unter Hetzendorf (Altmannsdorfer Allee) Nähe Fa. Alfa-Semperator, Kopfschuss von einem Projektil eines Maschinengewehrs, Begräbnis von Firma Alfa bezahlt, dann wurde Schwester Stefanie eingestellt (musste für Mutter und Geschwister sorgen).

Schmidt Rosa, geb. 16.3.1890 in Wien. Private, wohnhaft Spittelbreitengasse 42/5.Sti/3/13, Wirbelsäulenschuss von Heimwehr durch Fenster ihrer Wohnung(!) Allgemeines Krankenhaus.

3.8. Die Listen der verletzten und toten Exekutivbeamten in Meidling

3.8.1. Polizei:

Montag, der 12. bis Mittwoch der 14. Februar 1934 (kann nicht tageweise unterschieden werden): [5]
Verletzte:
Rayon-Inspektor Dodek Josef, Schusswunde in Oberschenkel.
Ober-Wachmann Postl Anton, Streifschuss am Kinn, Schuss in den Oberarm bei Tanbruckgasse.
Rayon-Inspektor Gann Heinrich, Durchschuss des Handtellers bei Arndtstraße.
Rayon-Inspektor Suchentrunk Matthias, Geller am rechten Oberschenkel bei Schallergasse.
Rayon-Inspektor Berthold Franz, Riss im Trommelfell.
Rayon-Inspektor Pribitzer Leopold, Geller am rechten Unterschenkel bei Arndtstraße.
Revier-Inspektor Schmid Eduard, Steckschuss im Oberschenkel bei 10., Wasserturm.

Todesopfer:
Bei den Polizeibeamten gab es bei den Kämpfen vom 12. bis 15. Februar 1934 keine Todesopfer. [6]

3.8.2. Bundesheer
Montag, der 12. Februar 1934
Verletzte:
Hauptmann Rischawy Karl, Zerreißung beider Trommelfelle bei Reumannhof.
Zugsführer Bihlo Gerhard, Durchschuss des linken Oberschenkels bei Reumannhof.
Feldjäger Hühmer Rudolf, Lungenschuss und Schussbruch des rechten Oberschenkels bei Reumannhof.
Feldjäger Steinkellner Karl, Verletzung des rechten Trommelfelles bei Reumannhof.
Korporal Tempus Ernst, Schussverletzung bei Flurschützstraße.

---

[5] Alle Angaben (wenn nicht anders angegeben) aus: Bundespolizeidirektion Wien: Akten Februar 1934, ZL. Pr. IV – 2606 /1934, 1 – 300 (ohne ZL 136) Karton 5 .
[6] Laut der Monats-Zeitschrift „Öffentliche Sicherheit"–Polizei-Rundschau der österreichischen Bundes- und Gemeindepolizei sowie Gendarmerie; 14. Jahrgang Wien-Graz gab es in der Abteilung XII (ist identisch mit dem XII Bezirk Meidling) keine Todesopfer.

Todesopfer:

Hauptmann Gieb Rudolf, Kopfschuss bei Reumannhof.

Feldjäger Gabriel Josef, Kopfdurchschuss bei Reumannhof.

Major Schindler Wilhelm, unbekannte schwere Verletzung, daran am 3.8. 1934 verstorben.

Dienstag, der 13. Februar 1934.

Verletzte:

Kanonier Doppler Karl, Durchschuss rechter Ober- und Unterarm.

Infanterist Dichler Julius, Schusszertrümmerung des Unterkiefers.

Zugsführer Kallinger Friedrich, Schusszertrümmerung des linken Sprunggelenks, Bruststeckschuss, Schussverletzung am rechten Oberschenkel.

Zugsführer Lampeitel Franz, Schussverletzung am Rücken, an der Hüfte und am linken Oberarm.

Todesopfer:

Stabsfeuerwerker Stitz Josef, Kopfschuss und Hiebverletzungen.

Stabsfeuerwerker Hilg Josef, Brustschuss.

3.8.3. Heimwehr (inkl. Heimatschutz, Ostmärkische Sturmscharen)

Montag, 12. bis Mittwoch, 14. Februar 1934 [7]

Verletzte:

Bataillonskommandant Linter Hans, unbekannte Verletzung.

Ofner Johann, Mittelfingerbruch offen bei Wienerbergstraße - Fahrbachgasse.

Runa Friedrich, Kopfhieb mit Holzknüppel bei Wienerbergstraße.

Dorfmeister Friedrich, unbekannte Verletzung.

Todesopfer:

Kmetty Friedrich, Bauchschuss bei Philadelphiabrücke.

Cernicky Klement, Bauch- und Leberschuss bei Liebknechthof, bei Bergung eines Verletzten.

Ortner Heinrich, Brustschuss bei Flurschützstraße.

Ortner Franz, Bauchschuss bei Fuchsenfeldhof.

---

[7] Alle Angaben (wenn nicht anders bezeichnet) aus dem Staatsarchiv: BKA allgemein: Revolte der soz. dem. Partei am 12., 13., 14., 15., Feber 1934. Pr.Z. IV- 2606 v. 34. Überschrift Tote und Verletzte. Buch Signatur 22/Seite 208, 215/216. Karton 5084, 5085, 5086 Feb. 1934. 1-131205.

Schweitzer Josef, Bauchschuss bei Reumannhof.

Hobler Bernhard, Lokomotivführer eines Panzerzugs in Meidling, Halsschuss

3.9. Gesamte Opferzahlen

Wie bereits erwähnt, können die Listen der Verletzten und Toten nicht als vollständig betrachtet werden. Viele Verletzte hatten keine ärztliche Betreuung und lehnten eine Behandlung in Krankenhäusern ab, wo sie nach Angabe ihrer Personalien registriert wurden, was eine sofortige polizeiliche Verfolgung und eine Anzeige bei Gericht zur Folge hatte.

Der englische Journalist Hugh Gaitskell war Augenzeuge eines Kampfes und berichtete:

„Bei einer Verhaftung durch Polizei und Heimwehr begannen die Polizisten, sie mit Gewehrkolben zu schlagen. Am ärgsten waren die jungen Polizeimannschaften und die Heimwehrmänner. Leute in den Häusern auf beiden Seiten der Straße liefen an die Fenster und schrien in Entsetzen und Abscheu.

Daraufhin nahmen die Polizisten die Fenster aufs Korn und riefen, sie werden schießen, wenn es einem Lärm gebe.

Und so wurden sie auf die Wachstube gebracht; meistens mit dem Revolverlauf an den Schläfen; der Mann X. erhielt auf diese Weise eine Verletzung am Auge, einem von ihnen wurden Haut und Muskulatur am Auge so verletzt, dass ihm der Augapfel auf die Wange fiel. Ein Mann, der nachweislich geschossen hat, wurde so geschlagen, dass sie ihn zu viert herein trugen und in eine Zelle stießen. Am Fußboden wurde ein Laken über ihn geworfen und dann schlugen die Polizisten auf ihn ein mit ihren Gewehrkolben, mal trafen sie ihn, mal den Boden oder die Wand, so dass ihre Gewehrkolben zersplittert waren, als sie herauskamen. Auch Frauen mit ihren Kindern waren zusammen mit den anderen Gefangenen untergebracht, sie hatten seit zwei Tagen nichts mehr gegessen.

Mehr Menschen sind beim Prügeln durch die Polizei und Heimwehr verwundet worden als jemals während der Kämpfe durch Schrapnellschüsse oder Gewehrfeuer. Unumgänglich wurden die Männer an den Geschlechtsteilen geschlagen.

Die schwersten Fälle wurden in die Spitäler eingeliefert oder von einem Gefängnis ins andere überführt, damit sie nicht herauskämen, bevor die wunden Stellen mehr oder weniger verheilt waren." (Von Hugh Gaitskell, den späteren Führer der britischen Sozialdemokraten, welche eine große Spendenaktion mit den Quäkern durchführten).

Daher wurden, wie schon berichtet, viele verletzte Angehörige des Schutzbunds, aber auch Mitglieder der verbotenen Kommunistischen Partei, von ihren Verwandten in ihren Häusern versteckt, in Kellern, Abwasserkanälen usw. untergebracht, wo sie oft später, nach Tagen oder Wochen verstorben sind.

Auch diese wurden in vielen Fällen „bei Nacht und Nebel" auch außerhalb der Friedhöfe verscharrt.

Als offizielle Zahlen der Todesopfer werden bei der Exekutive in der Zeitschrift „Öffentliche Sicherheit" vom März 1934 folgende Zahlen, welche stimmen dürften, da ja kein Grund für Übertreibung besteht, angegeben:

Bundespolizei 34

Bundesgendarmerie 14

Bundesheer 29

Freiwilliges Schutzkorps 41

Todesopfer Exekutive gesamt 118 Verletzte 486.

Todesopfer Zivilbevölkerung 196 Verletzte 319.

Nur für den Bezirk Meidling:

Todesopfer Exekutive gesamt 11 Verletzte 20

Todesopfer Zivilbevölkerung 21 Verletzte 52

Österreichweit sprechen verschiedene Historiker von weit mehr Opfern.

Der über die Wiener Verhältnisse ausgezeichnet unterrichtete britische Journalist George Eric Rowe Gedeye, welcher am 12. und 13. Februar als Zeitungskorrespondent in Wien war, führt an, dass die Sozialdemokraten die Zahl ihrer Toten auf 1 500 bis 2 000 geschätzt haben, darunter ein hoher Prozentsatz an Frauen und Kindern. Die Zahl der Verletzten, von denen sich viele noch wochenlang im Wiener Kanalnetz versteckt gehalten haben, wurde mit 5 000 angenommen.

In Budapest wurden in den Februar- und Märztagen die Leichen von 39 Schutzbündlern aus der Donau gefischt. In keinem Falle konnte die Identität der Toten festgestellt werden. (Meldungen aus :"Daily Express" London, "Nèpszava" Budapest.) Es handelt sich um Arbeiter, die sich nach den Februarkämpfen in den Kanälen Wiens versteckt hatten. Major Fey hatte, nachdem es nicht gelungen war, die zahlreichen in Kanälen versteckten Arbeiter zu fangen, Wasser in die Kanäle einlaufen lassen. Der starke Strom riss die Männer mit. Viele ertranken, einige konnten sich schwimmend retten.

Eine Schätzung von Ernst K. Herlitzka spricht von 250 bis 270 Todesopfern. Dazu kommen allerdings die 9 standgerichtlichen Hinrichtungen, wobei man den am 24. Juli 1934 hingerichteten Josef Gerl dazurechnen sollte.

Der Historiker Manfred Jochum nennt über 1 000 Tote und Verletzte, 109 ZivilistInnen wurden beim Artilleriebeschuss der Wohnhäuser und bei Kämpfen getötet, 233 verletzt. Es ist anzunehmen, dass ca. 500 Schutzbündler und andere Zivilisten den Tod fanden (auch jene, welche an den Spätfolgen starben) und ca.1 000 verwundet wurden.

Für die Todesopfer der Exekutive wurden Staatsbegräbnisse ausgerichtet.

Zeitungsausschnitt Februar 1972 AZ: Verscharrt bei Nacht und Nebel

4. Die Anwendung der Oral History Methode bei Zeitzeugen bzw. deren Nachkommen

Wie unter „Methoden" bereits angeführt, ist die „Oral History" eine Quelle, welche man mit einiger Vorsicht und Zurückhaltung betrachten sollte. Sie geben natürlich subjektive Sichtweisen weiter, was die allgemeinen Ansichten und tatsächlichen Gegebenheiten verzerrt. In diesem Buch finden sich sieben Berichte von Personen die 1934 noch Kinder waren, die diese Ereignisse später immer wieder von den Angehörigen erzählt bekamen, aber diese nicht so verstanden, wie die davon Betroffenen selbst. Die anderen sechs Erzählungen stammen von den Kindern bzw. Enkelkindern der damals involvierten Personen, welche diese Ereignisse ebenso mehrmals im Familienkreis weitergaben. Es wurde jedoch festgestellt, dass bei allen Interviews bewegende Situationen erkennbar waren.

Es wird darauf hingewiesen, dass die Gespräche in „Umgangssprache" geführt und dementsprechend transkribiert wurden. Darüber hinaus wurden alle Interviews in ihrem gesamten Umfang wiedergegeben, es wurde auch kein vorbereiteter Fragenkatalog verwendet, alle Gesprächspartner wurden gebeten, ihre Erlebnisse (oder die ihrer Vorfahren) frei zu erzählen (Ausnahme: Frau Dr. Bren hat bei ihren Ausführungen auch Erlebnisse von anderen Personen hinzugefügt, dies wurde aber vermerkt).

Alle besprochenen Minicasetten wurden vom Verfasser archiviert.
Bei allen Interviews wurden folgende technischen Geräte verwendet:
- Aufnahmegerät Philips Pocket Memo Typ 393 mit Minikasette LFH 0005.
- Richtmikrophon Philips SBC ME 570 mit Batterie Typ 1,5VAA.

4.1. Interview mit Herrn Amtsführenden Stadtrat a.D. Franz Nekula

Jahrgang 1924, mit den Eltern damals wohnhaft im Fuchsenfeldhof-Längenfeldgasse, aufgezeichnet am: 3. und 19. 08. 2010
(verstorben am 26. 4. 2011)

Am 12. Februar 1934 hat mir meine Mutter mitgeteilt, dass ich keine Schule besuchen muss, da heute ein Februar-Aufstand ist und die Schulen geschlossen sind, ich habe mich natürlich sehr gefreut. Vom Fenster unserer Küche vom Gemeindebau Am Fuchsenfeld hat man hinuntergesehen auf die Längenfeldgasse und gegenüber zur

Schule Neuwallgasse (heute Karl Löwegasse, Anm.) Ich habe dann gesehen, dass zwischen den Wohnungseckpfeilern Am Fuchsenfeld, wo damals links ein Gasthaus und recht ein Konsum war, Männer Coloniakübeln (Mistkübel) gebracht haben, welche später als Barrikaden verwendet wurden. Nicht so stark wie hier Am Fuchsenfeld ist gegenüber im Fuchsenfeld-Hof so etwas Ähnliches aufgebaut worden.

Im Fuchsenfeld-Hof haben sich bereits die ersten Männer versammelt, welche dem Republikanischen Schutzbund angehörten und dort Stellung bezogen haben. Auf unserer Seite sind erst später Männer gekommen, die ich fast alle gekannt habe, weil sie etwas älter als ich waren, ich war damals 10 Jahre alt, sie waren 18, 20 Jahre und haben dort, wie gesagt, Stellung bezogen. Einige haben Waffen gehabt, welche weiß ich nicht mehr, aber sie hatten Gewehre.

Es gab später eine Schießerei und einer dieser Kämpfer, wie sich herausstellte, war er vom Republikanischen Schutzbund, ist von der einen Straßenseite „Am Fuchsenfeld" zum „Fuchsenfeld-Hof" über die Längenfeldgasse gelaufen, dabei wurde geschossen und er erhielt einen Bauchschuss. Er ist auf der Straße gelegen und ein Arzt namens Dr. Fisch, welcher bereit war, ihm zu helfen, befand sich wieder auf der anderen Seite, wo auch seine Wohnung und Ordination gelegen ist. Trotzdem nahm er seine Arzttasche und lief im Laufschritt hinüber um den Angeschossenen zu helfen. Ich glaube er hieß Karl Schwarz, wurde noch verarztet, es war aber zu spät und er ist dann danach gestorben.

Ein besonderer Beitrag zu dem Arzt Dr. Fisch:

Kurz vor Ende des 2. Weltkriegs 1945 wurde im besetzten Jugoslawien bekannt, dass dort die gesamte Wehrmacht, der ich angehörte, dem SS-General Sepp Dietrich unterstellt wird. Das hätte bedeutet, dass wir alle SS-Angehörige werden sollten und das wollten einige Kameraden und ich nicht. Ein österreichischer Eisenbahner hat uns dann zur Flucht verholfen und wir konnten uns bei dem Tender der Lokomotive unter den Kohlen, mit einer Plane zugedeckt, verstecken und kamen so durch den Karawanken-Tunnel nach Kärnten. Wir haben uns bis Oberösterreich durchgeschlagen und konnten uns bis Kriegsende, bis die Amerikaner kamen, verstecken.

Nach ein paar Tagen kam ein Aufruf, dass sich alle wehrfähigen Männer, welche bei der Wehrmacht gedient hatten, bei den amerikanischen Behörden melden müssten. Diese wurden in ein Kriegsgefangenenlager nach Hörsching gebracht. Im Lager waren schon hunderte Deutschsprachige und Österreicher, ehemalige Soldaten und solche, die geflüchtet sind. Wir wurden dann einem Verhör unterzogen. Als ich bald danach an der Reihe war wurde mir von Kameraden gesagt, sei vorsichtig, beim Tisch sitzt ein Offizier und ein Sergeant und vor denen liegt auf dem Erdboden eine Hakenkreuzfahne und sie begrüßen dich mit „Heil Hitler". Reagier darauf, steig auf die Hakenkreuzfahne und sage „Guten Tag" oder sonst etwas, sonst wirst du gleich als Nazi eingestuft. Das ist also geschehen, ich bin auf der Fahne gestanden und habe gesagt „Guten Tag". Dann hat sich im Gespräch ergeben, dass der Offizier, den Rang weiß ich nicht, wissen wollte, woher ich komme. Ich habe den dolmetschenden Sergeanten gesagt aus Wien, die Antwort war, Wien ist groß, ich sagte, ich komme vom zwölften Bezirk.

Wie viele Bezirke hat Wien, wurde ich gefragt, damals hatten wir noch einundzwanzig Bezirke, was ich aus meiner Schulzeit wusste (Anm. des Autors: Wien hatte von 1938-1955 26 Bezirke*). Bei der Anzahl der Bezirke hat der Offizier genickt und fragte mich, wo im zwölften Bezirk.*

Ich sagte, das wird der Herr Offizier nicht wissen, wo das ist, Am Fuchsenfeld, das war der Gemeindebau. Dann sagte der plötzlich, kennen sie den Arzt dort? Darauf sagte ich, ja natürlich, das ist unserer Hausarzt, Dr. Fisch. Er fragte, was ist mit Ihm? Ich antwortete, er ist 1938, weil er Jude war, geflüchtet und lebt jetzt in Südamerika. Er fragt, wieso wissen sie das? Weil er mit Bekannten von uns Kontakt und geschrieben hat und das sind alles Leute, die ihn kennen, weil er der Hausarzt war. Dann hat er mit mir deutsch gesprochen, fast wienerisch, ich habe ihm auch gesagt, dass ich selbst von Dr. Fisch behandelt worden war (Dr. Fisch wird im Urteil gegen Rudolf Olsina genannt).

Das war dann das Ende der Aufnahme und ich habe zum Unterschied von den anderen Soldaten zwei Zigaretten bekommen. Damals ein Vermögen.

Aus meiner Erinnerung war damals die beherrschende Organisation in dieser Kampfsituation der RS (Republikanischer Schutzbund). Der Meidlinger Kommandant des RS war Max Opravil, der spätere Bezirksobmann der SPÖ, dessen Nachfolger ich später einmal wurde.

Ihm gehörten sehr viele junge Männer an, die damals, nachdem in diesen Gemeindebauten sehr viele Sozialdemokraten lebten, die Söhne dieser Bewohner waren. Weiters gab es schwere Kämpfe im Indianer-Hof (Rotenmühlgasse), im Bebel-Hof (Längenfeldgasse- Steinbauergasse), im Liebknecht-Hof (Längenfeldgasse), wobei aus der Erzählung heraus beim Liebknecht-Hof eines interessant und zu verurteilen ist, dort soll nämlich ein Rettungswagen Einfahrt verlangt haben, um Verletzte abzuholen.

Als der Wagen im Hof hielt, wurde er von innen geöffnet und war voll von bewaffneten Heimwehrleuten, welche die ahnungslosen Schutzbündler entwaffnet und sofort verhaftet haben. Es gab im Bebel-Hof eine Gruppe die gekämpft hat und soweit mir bekannt ist auch am Gürtel (Glöckel-Hof und Haydn-Hof). Einer der Kampfstätten im zwölften Bezirk war, wie bereits erwähnt, der Indianer-Hof, benannt nach einer Indianerfigur, welche an diesem Gemeindebau angebracht war. In diesem Bau hat der Major Alexander Eifler mit seiner Frau gewohnt. Dieser war der Schutzbund-Kommandant von Wien.

Soweit mir bekannt ist, hat Major Fey, der Kommandant der Heimwehr, persönlich den Kampf um den Indianer-Hof geleitet, weil er meinte, er könnte seinen Widerpart, Major Eifler verhaften. Fest steht, dass dieser bereits wegen der bevorstehenden Kämpfe gar nicht mehr in seiner Wohnung war, es nur seine Frau anwesend und der Aufwand der Kämpfe also sinnlos. Es war eine der Enttäuschungen des Herrn Major Fey, welcher dann allerdings von seiner Partei gefeiert wurde, da der ganze Gemeindebau seinen Namen erhalten hat, „Major Fey-Hof", allerdings nur bis zum Jahr 1938 (Anm. des Autors: Eifler wurde bereits eine Woche vor den Kämpfen verhaftet*).*

Meiner Erinnerung nach und hauptsächlich aus Erzählungen von Herren hat sich der Schutzbund aus 18- 20, 25 Jährigen Männern zusammengesetzt. Es waren auch sehr viele junge Burschen dabei, welche damals zum großen Heer der Arbeitslosen gehört haben.

Der Schutzbundkommandant war, wie schon erwähnt, Max Opravil, weiters Viktor Bradac, der ein persönlicher Freund Opravils war, zum Schutzbund haben auch gehört Hans Buchsbaum, Alfred Erblich, Robert Haas, der einer der jüngeren war und im Weltkrieg gefallen ist. Sonst sind mir andere Namen nicht bekannt, weil es sich ja um ältere Männer und reifere Burschen gehandelt hat, die mit uns Buben eigentlich nichts zu tun haben wollten. Max Opravil hat, nachdem der Aufstand zusammengebrochen ist, mit seiner Frau in die Tschechoslowakei fliehen können und wurde in einem von mehreren Lagern in Brünn aufgenommen. Das war ein Auffanggebiet der österreichischen Sozialdemokraten. (Anm.: Ein Schreiber in einem dieser Lager war der spätere Bürgermeister und Bundespräsident Franz Jonas.*) Es wurde durch eine Amnestie später Max Opravil ermöglicht, nach Wien zurück zukehren, hat hier gearbeitet und ist nach 1945 Wiener Gemeinderatrat geworden. Für seine Tätigkeit als Schutzbundkommandant und Gemeinderat ist der Gemeindebau Ecke Eibesbrunnergasse und Wienerbergstrasse nach ihn benannt –Max Opravil-Hof.*

Erwähnenswert ist auch eine Information aus Brünn, dort hat Franz Ferk, der spätere Chef-Administrator der Arbeiterzeitung mit seiner Beiwagenmaschine die Zeitung nach Wien geschmuggelt. Diese sind dann in einer Tischlerwerkstätte in der Schwenkgasse untergebracht und danach verteilt worden. Zum Beispiel von den Hradil-Brüdern, die späteren Bezirksvorsteher und Bezirkssekretär waren, sie zählten zu den Verteilern; wenn diese Lieferung gekommen ist, haben sie mit ihren Frauen und anderen Leuten die Verteilung im Bezirk durchgeführt.

Das Ende der Februarkämpfe am 12., 13., 14., Februar, hauptsächlich hier in Wien war gekennzeichnet vom Versagen der Führung. Es hat damals eine mangelnde Organisation gegeben, kampfbereite Schutzbündler konnten nicht mit Uniformen, Gewehren und Munition ausgerüstet werden und sind kampflos von der Heimwehr überrollt worden, weil ein Teil der Führung (besonders Julius Deutsch) nach Brünn geflohen ist, er hat dort wohl einen illegalen Widerstand aufgezogen, welcher aber wirkungslos geblieben ist. Damit war der Februar-Aufstand ein geschichtliches Ereignis, aber ohne spätere Folgen für die Bevölkerung.

4.2. Interview mit Herrn Dipl.-Ing. Ernst Minychthaler

Jahrgang 1930, mit den Eltern damals wohnhaft im Leopoldine-Glöckelhof – Gürtel- Steinbauergasse, aufgezeichnet am: 22.06.2010

Wenn ich mich zurückerinnere, ich war damals erst 4 Jahre alt, wir haben in dem Gemeindebau „Farbkastelhof" (gemeint ist der Leopoldine Glöckelhof, Margaretengürtel-Steinbauergasse) gewohnt, welche als „Hochburg" der Sozialdemokraten galt, habe ich dort einiges erlebt. Der Gemeindebau war sehr angefeindet und galt als sehr kontrollbedürftig. Ich erinnere mich, dass nach den Kämpfen beim Eingang aus Sandsäcken Barrieren errichtet wurden und sich alle Erwachsenen ausweisen mussten. Mein Vater war Eisenbahner, zuerst Heizer und dann Lokführer, diese hatten eine Spezialerlaubnis und konnten jederzeit aus- und eingehen. Schwieriger war es für meine Mutter, welche durch diese Passage musste, aber Kinder wurden frei durchgelassen. Und so war es meine Aufgabe, für meinen Vater Zigaretten oder Milch für uns alle zuholen. Ich bin also ohne Schwierigkeiten durch diese Kontrolle durchmarschiert.

An die Kämpfe kann ich mich nicht so erinnern, allerdings wurden mir später, wir haben ja danach noch zwei Jahre dort gewohnt, die Einschusslöcher gezeigt, welche ja noch vorhanden waren, besonders auch bei den Fenstern, die schräg gegenüber unserer Stiege lagen.

Ich erinnere mich, dass sowohl beim Ein- und Ausgang Steinbauergasse als auch in der Herthergasse bei den Sandsackbarrieren Soldaten in Militär- oder Polizei- Uniformen mit Gewehr und Bajonett auf, Tag und Nacht Wache hielten.

Es gab noch ein besonders Ereignis, eine Hausdurchsuchung bei uns in der Wohnung. Mein Vater war als Sozialdemokrat bekannt, drei Personen kamen in Uniform, ich war zwar damals wie gesagt, erst vier Jahre alt, aber daran erinnere ich mich noch gut, Details habe ich erst nachher erzählt bekommen: mein Vater war im Ersten Weltkrieg an der italienischen Front und hat sich seine alte Pistole mitgenommen und behalten. Dies war streng verboten, er hat sie aber in den Abzugschacht der Toilette verborgen, welche damals alle Gemeindebauten hatten. In diesen Abzugschacht, der mehrere Meter lang war und 50 mal 50 cm Durchmesser hatte, wurden einige Gegenstände wie Schier, Winterschuhe usw. abgestellt. Dort hatte mein Vater in einer Schachtel die alte Pistole versteckt. Meine Eltern waren sehr besorgt, dass diese gefunden wird, es wurden ja radikal alle Kästen durchsucht und die ganze Wäsche und sonstiger Inhalt auf den Boden geworfen, aber nichts gefunden.

Es hat dies längere Zeit gedauert und dann sind zwei von diesen drei Männern schon hinaus auf den Gang gegangen und meine Schwester, welche damals schon neun Jahre alt war und von dieser Pistole wusste (ich nicht), sagte zum Vater: sie haben sie nicht gefunden

Mein Vater hielt ihr schnell den Mund zu, damit sie nichts von der Pistole sagen könne, denn der dritte Mann befand sich noch in einem anderen Zimmer. Er hat jedoch diesen Ausruf nicht gehört und verließ auch die Wohnung.

Es ist jedoch nichts weiter geschehen, es hätte für meinen Vater allerdings sehr unangenehm werden können, wenn man bei ihm eine Pistole gefunden hätte.

Ungewollt hätte meine Schwester den Vater verraten und dieser wäre wahrscheinlich festgenommen worden. Später wurde mir von meinem Vater erzählt, dass er, wenn er bei der Bahn bleiben wolle, die Mitgliedschaft in der Sozialdemokratischen Partei zurücklegen müsse. Ich erinnere mich, dass ich vor einiger Zeit diesen Ausweis in Händen hielt, wo durch einen Stempel die Mitgliedschaft beendet war und der Ausweis entwertet wurde. Dieses war die einzige Möglichkeit, bei der Bahn zu bleiben.

4.3. Interview mit Herrn Karl Radda

über seinen Vater Karl Radda, Sohn eines Republikanischen Schutzbündlers, die Eltern damals wohnhaft Ecke Längenfeldgasse – Eichenstraße, aufgezeichnet am: 10. August 2010

Bezüglich der Februarkämpfe 1934 in Wien Meidling kann ich folgendes berichten.
Nach Erzählung meiner Eltern, besonders meines Vaters, der kurz beim Schutzbund war, sich dann zurückgezogen hat, als er sah, dass gewisse logistische Probleme auftauchten, der damals meinte „so kann man den Krieg nicht gewinnen". Das ist das eine Statement, welches ich abgeben kann, denn er erzählte, dass es Schwierigkeiten gegeben hat mit der Munition, der richtigen Munition zur richtigen Waffe, es hat Schwierigkeiten gegeben mit Telefonvernetzungen damaliger Möglichkeiten, das alles hat meinen Vater dazu bewogen, sich vom Schutzbund zurück zu ziehen.
*Er war vorab zum Teil auch illegales Mitglied der sozialistischen Partei Österreichs. Mein Großvater, Herr Pammer war Drucker in der **Arbeiterzeitung**, hat dann auch illegal die Arbeiterzeitung weiter vertrieben, es hat damals offensichtlich auch die Möglichkeit gegeben in Österreich die Zeitung zu drucken, was er auch getan hat, ist dann allerdings in den 40er Jahren verstorben. Ich konnte mit ihm persönlich darüber nicht sprechen, ich weiß das alles nur aus Erzählungen meiner Großmutter und meiner Eltern.*
Ebenfalls aus diesen Erzählungen kenne ich die Geschichte, dass in dem Kloster in der Murlingengasse (Barmherzige Schwestern vom heiligen Kreuz - Kreuzschwestern), verwundete Schutzbundkämpfer aufgenommen wurden und sich die Schwestern danach standhaft weigerten, die verwundeten Kämpfer der Heimwehr aus zuliefern. Dies wurde mir sehr glaubhaft, vor allem von meiner Mutter seinerzeit erzählt. Weiters wurde mir ein Gerücht erzählt, dass im Fröhlichhof in dem Tröpferlbad, dass es dort für die Bewohner gegeben hat, hinter einer verfliesten Wand versteckt, Waffen oder auch Dokumente über die Heimwehr und deren Angehörigen verborgen wurden. Die Schutzbündler waren auch sehr interessiert, Heimwehrmitglieder, welche auch in den Gemeindebauten wohnten, allerdings so sie sich nicht deklarierten, zu erkennen, bzw. zu wissen, wer auf welcher Seite steht.
Weiters möchte ich dazu sagen, dass mein Vater die Herrn Schittra Karl und Krawinek Karl gekannt hat und erzählte, dass beide Kämpfer waren, wobei ich nicht mehr so genau weiß, ob der Karl Krawinek ein Schutzbundkämpfer oder ein

Widerstandskämpfer gegen Hitler war. Sicher weis ich, dass der Herr Schittra Karl ein Schutzbundkämpfer war, welcher erschossen wurde, wie das passiert ist, weis ich nicht, aber dessen Name auf dem Ehrenmal auf dem Meidlinger Friedhof steht.

Nachdem sich mein Vater aus schon erwähnten Problemen vom Schutzbund zurück gezogen hat, meinte er immer, er hätte sich damals in bester Gesellschaft befunden, da sich ja auch Theodor Körner, der vormalige Befehlshaber des Schutzbundes, ebenfalls aus diesen speziellen Gründen zurück gezogen hat und seine Befehlsgewalt zurück legte. Er tat dies auch, da es große Differenzen mit Major Alexander Eifler gegeben hat (was auch schriftlich von General Körner an Dr. Otto Bauer belegt ist, siehe Beilagen).

Meine Eltern lebten damals in Meidling, Ecke Eichenstrasse - Längenfeldgasse, das Haus wurde in den Kriegszeiten zerbombt und sie sind dann in die Arndstrasse - Malfattigasse (Fröhlichhof) gezogen.

Die Verbindung mit Theodor Körner blieb losest aufrecht, da der Bürgermeister von Wien und spätere Bundespräsident bei Mitarbeiterehrungen der Stafa, des Konsums oder der GÖC (Genossenschaft Österreichischer Consumvereine) bei Ehrungen immer wieder als Ehrengast aufgetreten ist und die zu Ehrenden beglückwünschte. Natürlich war bei diesen Veranstaltungen auch die Familie der zu Ehrenden eingeladen, meine Mutter und ich als Kind haben den Herrn Bundespräsidenten Körner persönlich gesehen und er hat mir, wie es so schön heißt, „die Hand gereicht".

Mein Vater hat also vieles gewusst und einiges gesehen, aber aus bereits genannten Gründen als aktiver Kämpfer des Schutzbundes an den Februarkämpfen nicht teilgenommen.

4.4. Interview mit Herrn Prof. Dr. Gerhard Johann Fürnsinn

über seine Großmutter Theresia Fürnsinn und ihrem Bruder Josef „Pepi" Graf, Eltern und Großeltern damals wohnhaft im Indianerhof – Rotenmühlgasse, aufgezeichnet am: 23. 05.2011

Mein Name ist Gerhard Fürnsinn, ich bin 1950 geboren, hatte eine Großmutter, welche mir als Bub etwas Bewegendes aus dem Jahr 1934 erzählte, aus einer Zeit, die ich nicht erlebt habe. Meine Großmutter hieß Theresia Fürnsinn, ist im Jahr 1887 geboren und hatte einen Bruder Josef, genannt „Pepi", geboren 1891, welcher dabei eine große Rolle spielte. Meine Großmutter ist die Mutter meines Vaters, also die „Fürnsinn-Oma". Sie wohnte in Meidling, in der Spittelbreitengasse 44, allgemein bekannt als

„Indianerhof". Ihr Bruder hatte die Gewohnheit, sie jeden ersten Sonntag eines Monats zu besuchen. So auch im Februar 1934, meine Großmutter war sehr erstaunt, dass er am 11. Februar wieder gekommen ist. Auf ihre Frage hatte er etwas ausweichend geantwortet, er hätte eine Besprechung, wobei es um Arbeiterfragen geht und damit hat er es dabei bewenden lassen. Erstaunlich war es für meine Großmutter, dass er bei ihr übernachten wollte. Am nächsten Tag ist er zu seiner Besprechung gegangen und sie war in Sorge, da er nicht zurück gekommen ist. Noch dazu, da man durch Gerüchte und Gespräche von Nachbarn und Bekannten hörte, dass es in Wien „brodelte", es Massendemonstrationen gab und dass geschossen wurde, sie machte sich Sorgen um ihren Bruder. Die Großmutter hat verständlicherweise das Haus nicht verlassen, hat aber bemerkt, dass Polizei und Militär den Indianerhof umstellten, beobachteten und bewachten, dass zeitweise geschossen wurde, Menschen verhaftet wurden und der Polizeieinsatz seinen Abschluss gefunden hat. Aber die Hauptsorge galt ihrem Bruder.

Diese Ungewissheit sollte noch zwei bis drei Tage dauern, bis sie am Freitag dieser Woche (16. Februar) erfuhr, dass ihr Bruder verhaftet und in die Rossauer-Kaserne gebracht wurde, was nichts Gutes hat ahnen lassen. Denn ebenso hat man gerüchteweise gehört, dass es Prozesse gab und die Inhaftierten in akuter Lebensgefahr waren. Sofort beschloss sie, ihren Bruder zu suchen und ihm zu helfen. In der Rossauer- Kaserne wurde ihr nicht ermöglicht, auch nur einen Schritt weiter zu kommen und den Bruder zu finden.

Es wurde allerdings angedeutet, der damaligen schlechten Zeit entsprechend, dass „Menschen, welche sich satt gegessen haben, nicht so genau schauen, das gilt auch für Gefängniswärter." Meine Großmutter hat das sofort verstanden und sich ins Burgenland aufgemacht, wo auch damals in den 1930er Jahren, noch genügend Lebensmittel vorhanden waren, noch dazu, wo ihre Familie aus einem bäuerlichen Betrieb stammte.

Am Dienstag, den 20. Februar 1934 ist sie mit zwei (!) Rucksäcken voll Lebensmittel in die Rossauer- Kaserne marschiert. Aber man sollte sich den Fußmarsch heute vorstellen, und für mich war das als kleiner Bub auch unvorstellbar, dass eine Person mit zwei Rucksäcken von Meidling in die Rossauer- Kaserne gehen kann, denn dieser Weg ist mir schon vom Indianerhof zum Meidlinger Bahnhof als ordentlicher Fußmarsch vorgekommen. Sie ist in der Kaserne eingetroffen und hat eine sonderbare Wandlung beobachtet, denn zwei Rucksäcke mit Essen haben ihr plötzlich die Türen *geöffnet und man hat ihr in Aussicht gestellt, ihren Bruder zu besuchen, sie möge die Rucksäcke hier abstellen und den Beamten folgen. Leider wurde ihr Bruder „Pepi" nicht gefunden, sodass sie doch wieder besorgt unverrichteter Dinge den Rückweg antrat, allerdings erleichtert um die Rucksäcke, welche inzwischen hungrige Abnehmer gefunden hatten, aber die Sorge um das Leben ihres Bruders war wichtiger. Aber es wendete sich zum Guten, denn am Freitag dieser Woche, war der „Pepi" plötzlich wieder bei ihr im Indianerhof. Er hatte nur einen Trainingsanzug an, meine Großmutter hat immer wieder darauf hingewiesen, dass es damals minus 14 Grad hatte, aber sie war froh, dass er lebte, dass ihm nicht passiert war und schimpfte ihn wegen seiner Aktivitäten, aber er lebte.*

Ich erinnere mich, dass meine Großmutter diese Begebenheit jahrzehntelang immer wieder erzählte, offenbar konnte sie das nicht verarbeiten. Ich wurde sicher auch geprägt durch die unvorstellbare Situation, dass Wiener mit Wienern spinnefeind waren, Gewalt gegeneinander anwendeten und dass österreichische Polizei und Militär gegen die eigenen Mitbürger und Nachbarn eingesetzt wurde, eine Prägung, welche bis heute anhält.

Der „Pepi- Onkel" hat dann alle öffentlichen Aktivitäten aufgegeben und im Burgenland in der Landwirtschaft gearbeitet. Ich erinnere mich als Bub und junger Jugendlicher gut an ihn, meine Eltern, meine Schwester und ich waren oft im Burgenland, aber er war auch öfters in Wien bei meiner Großmutter auf Besuch. Er blieb mir deshalb so gut in Erinnerung, da er mir, weil ich so brav gelernt habe, öfters zwei Schilling gegeben hat.

Verstärkt wurde meine Bewegung dieser Geschehnisse noch dadurch, da ich von 1951-1964 mit meinen Eltern im Indianerhof gelebt habe. Die ersten Jahre natürlich unbewußt, aber beim Spielen im Hof, beim Durchschreiten des Tores wurde mir immer die Erzählung meiner Großmutter bewusst und ich konnte es nicht fassen, dass dort bürgerkriegsähnliche Zustände herrschten, mit Lebensgefahr und teilweise Tod von Mitbürgern aus der Nachbarschaft.

1. Foto Porträt von Josef „Pepi" Graf im I. Weltkrieg
2. Foto Schutzbundtruppe im Indianerhof, Graf 5. von links stehend

4.5. Interview mit Herrn Dr. Hubert Mykšanek

über seinen Vater Karl Mykšanek, Sohn eines Republikanischen Schutzbündlers, mit den Eltern damals wohnhaft Am Rosenhügel, Beilage Ansichtskarte von Moskau 1. Mai 1934, aufgezeichnet am: 24.03.2011

Mein Vater, Jahrgang 1909, war Schneidergeselle und der jüngste von drei Brüdern, hat viele Jahre in Untermiete in der Siedlung Rosenhügel bei einer Familie Bergauer, welche ich noch kennengelernt habe, am unteren, nördlichen Rand der Siedlung, gewohnt. Sein Bruder, ein Anstreichergeselle, später Anstreichermeister, Jahrgang 1907, hat ebenfalls dort gewohnt.

Bei den Unterlagen meines Vaters fand sich eine Karte, mit einem markantem Moskauer Sujet und Grüßen von mir nicht bekannten Männern. Mein Vater bezeichnete sie mir als nach dem Februar 1934 in die Sowjetunion geflohene und dort gut aufgenommene, aber das könnte schon eine allgemeine Reflexion sein, Schutzbündler, ebenfalls aus der Gegend der Siedlung Rosenhügel. Sicher ist, dass der auf der Karte erwähnte ausführliche Brief sich in den Unterlagen meines Vaters nicht gefunden hat. Ich habe diese Karte schon länger gekannt, mich aber eigentlich um diese Sache nicht weiter gekümmert, also weder gefragt: „was war mit dem Brief" und meinen Vater später auch nicht gefragt, ob er von den Unterfertigten später nochmals zu Gesicht bekommen hat.

Der älteste Bruder war zu dieser Zeit schon verheiratet und hat nicht mehr am Rosenhügel gewohnt. Ich möchte noch ergänzen, dass dieser Bruder Josef (Jahrgang 1904) und mein Vater Karl soweit das unter Dollfuß – Schuschnigg, als auch in der NS-Zeit denkbar war, der Sozialdemokratie verbunden geblieben sind, während der dritte Bruder, mein Onkel Hans, wie viele Schutzbündler zu dieser Zeit, Februar 1934, in der Rosenhügel Siedlung, sich der illegalen Kommunistischen Partei zugewandt hat und in der KP verblieben ist. Ich weiß nicht genau, ob er in der KP bis zum Ungarn – Aufstand 1956, oder bis zur Niederschlagung des Prager Frühlings 1968 verblieben ist. Jedenfalls ist aber gesichert, dass er in der NS- Zeit als Dienstverpflichteter in Langenlebarn (Fliegerkaserne bei Tulln, Anm. d. Autors) als Anstreicher gearbeitet hat, (normalerweise ein schöner Posten, um nicht zum Militär eingezogen zu werden), es aber durch allerhand lose Äußerungen dazu gebracht hat, nach dem „Heimtückegesetz" verurteilt zu werden, dann in eine Strafkompanie kam und sich während der Invasion absetzen konnte.

Mein Vater hat mir auch gelegentlich erzählt, dass Onkel Hans ihm und dem Onkel Pepi (Josef) vorgehalten hat: „Ihr seid beide blöd, wenn ich heute „draussen" bin, bin ich morgen „drüben."

Das war sicher leichter gesagt, als getan, weil der Onkel Pepi schon einige Jahre verheiratet, wenn auch kinderlos war, mein Vater war ebenfalls verheiratet und hatte einen Sohn, nämlich mich. Während mein Vater die Kriegszeit seit 1940 am Balkan und in Griechenland (bis Patras) verbrachte, mein Onkel Pepi auf einer „langweiligen und einsamen Insel" in Norwegen verbrachte, konnte sich der Onkel Hans, wie erwähnt, sich bei der Invasion absetzten.

Soweit ich informiert bin, zeigt diese SW- Ansichtskarte aus Moskau Szenen vom Maiaufmarsch 1934. Man kann davon ausgehen, dass die Schutzbündler vom Rosenhügel entweder in der Marschkolonne oder unter den Zuschauern sehr wohlgelitten waren.

Ansichtskarte vom Maiaufmarsch 1934 in Moskau

4.6. Interview mit Frau GR Inge Zankl

über ihren Vater Alfred Erblich, Tochter und Nichte von Republikanischen Schutzbündlern, aufgezeichnet am: 14.12.2010

Mein Name ist Inge Zankl, ich bin als Inge Erblich 1947 geboren, meine Eltern hießen Alfred und Maria Erblich und waren Sozialdemokraten, die mich auch in diesem Sinn erzogen haben. Leider ist mein Vater früh verstorben (1904-1956), unter großen Entbehrungen meiner Mutter konnte ich die Handelsakademie absolvieren und nach der Matura trat ich 1965 in die damalige „Zentralsparkasse der Gemeinde Wien" ein. Gleichzeitig habe ich mich natürlich politisch engagiert, ich war als Gymnasiastin im VSM, später begann ich als Subkassierin in der Sektion 22 in Meidling. Da bin ich bis heute tätig, jetzt bin ich die Sektionsvorsitzende, das werde ich wahrscheinlich bis an mein Lebensende bleiben. Unabhängig von der Sektionsarbeit habe ich mich bei den Frauen der SPÖ engagiert und wurde dann 1981 in die Meidlinger Bezirksvertretung berufen, dieser habe ich 10 Jahre angehört und von 1991 bis 25.November 2010 gehörte ich dem Wiener Gemeinderat an. .

Zuletzt war ich eine der Vorsitzenden des Wiener Gemeinderats und jetzt bleiben mir nur mehr die ehrenamtlichen Tätigkeiten sowie hobbymäßig die Mitarbeit im Meidlinger Bezirksmuseum.

Besonders freut mich, dass mein älterer Sohn sich ebenso für die Politik interessiert, er ist seit 4 Jahren Bezirksrat in Meidling und ich hoffe, er wird seinen politischen Weg machen.

Meine Eltern haben im Jahr 1934 in der Wienerbergstrasse gewohnt. Aus den Erzählungen meiner Eltern weiß ich, dass mein Vater Mitglied des Republikanischen Schutzbundes gewesen ist. Mir ist nicht bekannt, ob er gekämpft hat, (er gehörte der 3. Kompanie an, Anm. des Autors) ich weiß aber sicher, dass er nicht verhaftet wurde, sonst wäre er aktenkundig. Er war bekennender Sozialdemokrat, 7 Jahre arbeitslos (gelernter Klaviermacher) und deswegen zu begeistern, für die Sozialdemokratie zu kämpfen, da er dann endlich eine Beschäftigung hatte. Die meisten Erzählungen über diese Zeit habe ich von meiner Mutter, denn mein Vater ist (wie bereits erwähnt) im Jahr 1956 mit 52 Jahren verstorben. Da ich 1947 geboren wurde, haben wir über diese Zeit wenig gesprochen, erst als ich mich selbst für die Politik interessiert habe, hat sie mir einiges berichtet.

Aus ihren Erzählungen weiß ich, dass der Schutzbundführer von Meidling Max Opravil hieß, der nach 1945 Bezirksvorsitzender der SPÖ Meidling und auch im Wiener Gemeinderat tätig war.

Ebenso weiß ich, dass aus meiner Familie Onkeln auch für die Sozialdemokratie gekämpft haben und zwar der Schwager meines Vaters, Leopold Rohrer (1886-1971), dem sogenannten „Körner-Kreis" angehörte und beim „Militärverband" tätig war.
Alfred Erblich erzählte über seine politische Tätigkeit im Bundesheer: „Im Jahr 1927 wurde ich zum Abteilungsvertrauensmann gewählt. Der Kampf wurde immer gehässiger, Vaugoin als Heeresminister begann nun mit allen Mitteln, nach den Ereignissen des 15. Juli die roten Vertrauensmänner aus den Kasernen zu drängen. Alle Militärverbands- Vertrauensmänner wurden durch Wehrbund-Leute ersetzt…..In Schlosshof gab es nur die Kaserne und einen Gutshof, der der Gemeinde Wien gehörte. Einmal gab es eine Versammlung, an der nicht nur die gesamte Mannschaft, sondern ein Großteil des Offizierscorps teilnahm: Es sprach der Parlamentskommissär General a. D. Theodor Körner. Noch tagelang wurde davon gesprochen, vor allem davon, dass sich der rote General vor und nach der Versammlung nur mit der Mannschaft

unterhalten hatte und dass er, da es keine Möglichkeit gab, nach Wien zurückzufahren, in Schlosshof übernachtete – nicht im Offiziersheim, sondern in einem Mannschaftszimmer…." *Ich kann leider mit dem Begriff „Militärverband" als nachgeborene nichts anfangen, aber das war damals anscheinend eine wichtige Funktion. Sicher weiß ich, dass Leopold Rohrer nicht gekämpft hat, da er bereits im Jänner 1934 verhaftet und eingesperrt wurde (mit ca. 200 anderen Schutzbundführern, Anm. des Autors) warum, weiß ich nicht. Aus der Familie meiner Mutter wurde einer meiner Onkeln, Franz Pruckner (1911-1995) im Anhaltelager Wöllersdorf als Widerstandskämpfer inhaftiert* (siehe Interview mit Fritz Pruckner).

Er hat bis zu seinem Tod eine kleine monatliche Entschädigung erhalten. Meine Mutter hat mir einmal erzählt, dass sie mit ihrer Freundin, Hanni Maier, welche auch im selben Gemeindebau gewohnt hat, um ihre Männer sehr gebangt haben.

Ihr Mann, Franz Maier, der auch Schutzbündler war, befand sich anscheinend in Gefahr, verhaftet zu werden und so haben die beiden Frauen die Schutzbund-Uniformen verschwinden lassen. Leider ist meine Mutter auch schon vor 10 Jahren verstorben, sodass ich nicht genau darüber berichten kann.

Aber gefürchtet haben sich die beiden Frauen vor der Endeckung der Uniformen.

4.7. Interview mit Herrn Fritz Pruckner

Jahrgang 1925, Onkel der Frau Gemeinderätin Inge Zankl, Schwager von Alfred Erblich, mit den Eltern
damals wohnhaft Linke Wienzeile, aufgezeichnet am: 11. 1. 2011

Im Jahr 1934 war ich noch ein Kind. Wir wohnten damals in der Linken Wienzeile, zwischen der Lobkowitz-Brücke und Schönbrunn. Ein Bau, sehr kinderreich, meistens Großfamilien, 8 Personen in Zimmer, Küche, Kabinett, es ist zugegangen wie in einem Nomadenlager. Aber zur Zeit des beginnenden Bürgerkriegs kann ich mich noch gut erinnern, dass gegenüber, in der Rechten Wienzeile, die Rotenmühlgasse begann, welche bis hinauf zum Indianerhof führt. Und an dieser Stelle, in der Rechten Wienzeile, wurde ein S-MG (Schweres Maschinengewehr) positioniert. Es waren Polizisten, die hinter dem S-MG gesessen sind. Diese haben zum Indianerhof geschossen. Ich kann mich noch gut erinnern, dass wir Kinder unten beim Haustor standen und dem Lärm zuhörten, wir haben ja hinüber gesehen (über den Wien-Fluss). Zufällig kam unser Nachbar, Herr Dallinger, der Vater des späteren Sozialministers Dallinger, mit dem ich aufgewachsen bin, ganz aufgeregt in unser Haustor gestürzt und rief: „Die schießen ja, schießen sie auf mich?" Er hatte große Angst, es war ganz fürchterlich. Mein älterer Bruder war beim Schutzbund, es hat immer Konflikte mit der sogenannten Heimwehr gegeben, wobei einer dieser Heimwehrler um die Ecke in der Rauchfangkehrergasse gewohnt hat. Dieser hat den Spleen gehabt, immer beim offenen Fenster in voller Uniform mit der Trompete zu üben. Aber er hat sich nie getraut in Uniform allein aus dem Haus gehen, da er fürchtete, Hiebe zu kriegen.

Ich möchte erklären, was ein S-MG ist. Ich habe es später genau kennengelernt, als ich 1943 nach Mistelbach zu einer Infanterie-Division der Deutschen Wehrmacht einrücken musste und dem „Schweren Maschinengewehr-Zug", zugeteilt wurde. Nur war das damals, im Jahr 1934 ein älteres Modell, aber es war ein automatisches Gewehr mit Schutzschild und Wasserkühlung. Das wurde damals eingesetzt, damit wurden die Gemeindebauten beschossen.

Zu der angesprochenen Waffe möchte ich sagen, dass ich später beurteilen konnte, nachdem ich an dieser Waffe ausgebildet wurde, auf diese Distanz, beinahe einen Kilometer vom Wienfluss bis zu diesem Gemeindebau, war diese Waffe todbringend. Denn der Indianerhof hat ja ausgesehen wie Schweizer Käse, so zerschossen war dieser. Der Lärm war ja ganz arg.

Ich möchte auch sagen, dass mein Bruder in die Kämpfe einbezogen war, da er tagelang nicht zu Hause war, er hat aber zu uns jüngeren Geschwister darüber kein Wort verloren was er macht, wir hätten es auch nicht verstanden.

Für uns war das damals eine ungeheure Lärmentwicklung und Aufregung, warum passiert so etwas, dass dort ein Maschinengewehr steht oder überhaupt mit Waffen auf andere Leute geschossen wird? Wir wussten natürlich, dass die christlichsoziale Regierung gegen die Sozialdemokraten kämpft, dieser Eindruck wurde uns von den älteren vermittelt.

Wie bereits erwähnt, war mein Bruder Franz längere Zeit nicht zu Hause, aber wir Kinder wussten nicht, was mit ihm los ist und wo er aktiv bei Kämpfen in Teilen des Bezirkes involviert war. Ich weiß nur, dass er dann verhaftet wurde und in ein Gefängnis eingesessen ist. Wir waren eine große Familie, mein Vater war der einzige Ernährer, er war natürlich auch Sozialist, aber nicht aktiv beim Schutzbund. Er war als Fahrer bei der Rettung beschäftigt und hatte viele Einsätze, er hat aber nie über die genauen Tätigkeiten gesprochen, die er dann im Zuge dieser Auseinandersetzungen tun musste.

Zusätzlich möchte ich noch sagen, dass der „Ständestaat" damals die falschen Gegner bekämpft hat, weil die Sozialdemokraten bereit waren, sich mit den Christlichsozialen ins Einvernehmen zu setzen und eine Regierung zu bilden. Aber aus Gründen, welche mir nicht bekannt waren, etwa da sie nicht wollten, dass auch der Arbeiterstand mitregieren sollte, ist es nicht geschehen. Daher hatten sie die Sozialisten verfolgt, wo es nur gegangen ist. Dabei haben sie aber die aufkeimende Bewegung der Nationalsozialisten übersehen. Das heißt, sie haben den falschen Gegner bekämpft, aber das haben sie erst später erkannt.

Mein Bruder Franz, Jahrgang 1911, war einige Zeit als Gefangener in Wöllersdorf interniert, wurde später entlassen und bald nach dem Einmarsch Hitlers 1938, nach einer Hausdurchsuchung, von der Gestapo mitten in der Nacht abgeholt und im Landesgericht II am Gürtel inhaftiert. Danach wurde er nach Deutschland überstellt und als „Wehrunwürdiger" und Strafgefangener einer Strafkompanie zugeteilt, welche im Zuge der Kriegsereignisse nach Afrika transportiert und in Tunesien zum Minensuchen eingesetzt wurden. Bei dieser Gelegenheit, die ja in vorderster Front stattgefunden hat, wurde er bei einem Gegenangriff der Engländer aufgegriffen und in Gefangenschaft genommen. Er wurde zu den Amerikanern überstellt und kam als einer der ersten deutschen Kriegsgefangenen nach Amerika.

Wie erwähnt, wurde ich 1943 zur Wehrmacht einberufen, zu meinem Glück nach Italien und nicht nach Russland. Ich war Sanitäter und geriet bei einem Angriff ebenso in amerikanische Gefangenschaft, kam auch nach Amerika und konnte mit meinem Bruder Franz glücklicherweise in Briefwechsel treten. Wir wurden beide im Jahr 1946 entlassen und durch Zufall sahen wir einander am Meidlinger Bahnhof. Nach einigen Jahren feierten wir also im Juni 1946 ein glückliches Wiedersehen.

4.8. Interview mit Herrn Johann Kaltenbeck

Jahrgang 1928, mit den Eltern damals wohnhaft in der Wilhelmstraße, Vater war Polizeibeamter, aufgezeichnet am: 2.3.2011

Mein Name ist Kaltenbeck Johann, Jahrgang 1928. Ich habe meine Kindheitsjahre in Meidling, in der Wilhelmstraße 34-36 verbracht und ich kann mich noch genau an eine Begebenheit während der Februar-Unruhen 1934 erinnern. Es muss am zweiten Tag dieser Unruhen gewesen sein, wahrscheinlich eben am 13. Februar, mein Vater war Sicherheitswachebeamter und im Dienst, ich war mit meiner Mutter allein in der Wohnung. Da sind am Vormittag dieses Tages mehrere Frauen am Gang beisammen gestanden. Es war ja damals so, dass sich vieles am Gang bei der Bassena zugetragen hat, da haben die Frauen besprochen, was los war. Einige wussten schon aus dem Radio, es waren nicht viele, welche damals ein Radio besessen haben, was eben bis jetzt passiert ist. Plötzlich kam aus einer Wohnung eine Frau aufgeregt heraus gestürzt und sagte: „Stellt euch vor, da unten in jetzt ein Polizeiauto vorbei gefahren, da sind viele Polizisten gesessen und ich bin beim Fenster gestanden und habe hinunter geschaut, auf einmal hat einer herauf geschrien:

„Weg vom Fenster, verlassen sie das Fenster!" Gleich darauf habe ich einen Schuss gehört, da muss in die Luft geschossen worden sein, dann ist dieses Auto, es hat sich sicher um einen Mannschaftstransport gehandelt (offener, umgebauter LKW, Anmerkung des Autors), in die Zeleborgasse eingebogen."

Ich habe dann später, als ich hörte, was sich in Meidling zugetragen hat, die Angelegenheit rekonstruiert und gedacht, die sind vielleicht durch die Zeleborgasse gefahren, haben die Meidlinger Hauptstrasse überquert, sind in der Ratschkygasse weiter gefahren, da ich gehört habe, dass beim sogenannten „Indianerhof" gekämpft wurde. Diese Polizisten sind wahrscheinlich zur Verstärkung oder zum Entsatz von gefährdeten Kräften dorthin dirigiert worden.

Ich habe nach Ende der Februar-Unruhen mit meinem Vater gesprochen, welcher im Bezirk Hernals in Dornbach Dienst als Polizeibeamter machte, der hat natürlich gehört, das auch in dem Gemeindebau Sandleiten Kämpfe stattgefunden haben, aber er war niemals in den Kämpfen eingebunden.

Wir sind oft nach Schönbrunn spazieren gegangen, da ist mir aufgefallen, als wir durch die Hohenbergstrasse gingen, dass rechts bei den Gemeindebauten, das waren keine großen Höfe, sondern niedere, kleinere Bauten, Einschüsse in den Mauern zu sehen waren.

Da hat mein Vater gesagt, ja, da wurde von der gegenübergelegenen sogenannten „Train-Kaserne" hinüber geschossen, da auch aus den Häusern, (aus den Wohnungen) zu der Kaserne geschossen wurde. Da hat man die Einschussstellen genau gesehen, ich kann mich noch erinnern, dass diese verputzt wurden, aber die Spuren davon sah man noch lange. Erst als man diese Gebäude generalsaniert hatte, waren auch diese Spuren verschwunden.

Ich möchte noch ergänzend zu diesen Ausführungen bemerken, dass mein Vater seit 1923 Sicherheitswachebeamter, aber auch ein sehr engagierter Musiker war, spielte Flügelhorn und Violoncello. Dadurch ist er auch zur Sicherheitswache gekommen, seine musikalischen Ambitionen kannte man, er ist vom damaligen Kapellmeister der Polizeimusik, namens Glanzl, welcher in Hernals bei der Polizei Kanzleileiter war, angefordert worden. Er hat dann in Hernals, in Dornbach, Dienst gemacht und wurde bei Begräbnissen und einem Fest vom Unterstützungsinstitut der Sicherheitswache mit vielen Prominenten und Künstlern eingesetzt. Er hat stolz erzählt, dass er bei dieser Veranstaltung mehrere Soli spielen durfte und hatte für Politik wenig Ambitionen, soweit man das beurteilen kann. Er war natürlich vereidigter Beamter, hat seine Pflicht erfüllt und hat sich politisch nicht betätigt. Er hat auch 1938, wie viele seine anderen Kollegen, keinen Antrag auf Aufnahme in die NSDAP gestellt, hätte er es gemacht, wäre er auf Grund seiner Stellung als langjähriger Revierinspektor, sicher auch Revierführer geworden. Diese waren Offizierstitel mit dem Beisatz „Revieroberleutnant" oder „Revierhauptmann", er wurde es nicht, weil er sich nicht als eifriger Parteigänger deklariert hatte.
Er wurde bald nach Kriegsende krankheitshalber pensioniert.

4.9. Interview mit Herrn Otmar Fischperer

Jahrgang 1929, mit Mutter und Großmutter damals wohnhaft in der Aichholzgasse, nahe dem Indianerhof, aufgezeichnet am: 24.03.2011

Mein Name ist Otmar Fischperer, geboren im November 1929, im war Februar 1934 knapp über 4 Jahre alt. Viele Erinnerungen an die Februartage gibt es also nicht mehr, aufgrund der langen Zeitspanne verblasst einiges, was ich jetzt sagen werde. Vieles weiß ich natürlich nur mehr aus damaligen Erzählungen von Mutter, Tanten, Onkeln, also aus der Verwandtschaft.

An einen Vormittag, meine Mutter und meine Tante hatten Gott sei Dank Arbeit, waren meine Großmutter und ich (wir wohnten alle auf Zimmer, Küche) zu Hause. Vormittag war gerade Lüftungszeit und eines der alten Fenster, wie sie in den Gründungszeithäuser waren, mit Innen- und Außenscheiben, war nur angelehnt. Auf einmal hörten wir eine laute Stimme von einem Lautsprecherwagen: „Fenster schließen, weg von den Fenstern!" Nachdem wir nicht rasch genug waren, hörten wir Schüsse, konnten aber nicht verifizieren woher sie kamen, dürften von einem vorbeifahrendem KFZ erfolgt sein, wobei die Oberlichte des Fensters durchschossen wurde, die Kugel steckte dann im Holzkasten des Fensters. Später stellte meine Großmutter noch fest, dass in dem Brett, wo sonst die Pflanzen standen, noch zwei weitere Kugeln steckten.

Ein Bonmot: die durchschossene Oberlichte des Fensters hat meine Großmutter bis zu dem Zeitpunkt im Jahr 1944, als der Indianerhof von Bomben getroffen wurde und durch den Luftdruck diese zerschossene Fensterscheibe aus dem Fenster herausgefallen ist, nicht reparieren lassen, sie sagte immer: *„Der Dollfuss hat sie zerschossen, der soll sie auch reparieren."*

Wir sahen dann nur, dass von der Schönbrunnerstrasse herauf, Polizeieinheiten in die Richtung zu den Gemeindebauten, welche erst bei der Ratschkygasse beginnen, zusammengezogen wurden. Ich wohnte in der Aichholzgasse 32 (Parallelgasse zur Rotenmühlgasse*),* das Haus befindet sich zwischen Bonygasse und Pohlgasse, eine Gasse oberhalb war die genannte Ratschkygasse, wo sowohl der Indianerhof, als auch einige andere Gemeindehäuser stehen. Es war auch neben diesen Bauten ein Schlachthof, ob dort auch Polizei oder Militär stationiert war, kann ich nicht sagen.

Die Polizei kam und schoss von unten (Schönbrunnerstrasse), Militär von oben, dort befindet sich noch heute die Train- Kaserne (heute Polizei- Kaserne).

Dazwischen befanden sich die Schutzbündler. Auch aus einem Privathaus, Ecke Ratschkygasse und Aichholzgasse, wurde von einem Erkerfenster im ersten Stock gegen das Bundesheer geschossen.

Ein angeheirateter Onkel, Bernhard Weghofer, der Mann meiner Tante, war auch Schutzbündler und beteiligte sich an den Kämpfen (wo weiß ich leider nicht). Es muss aber in unmittelbarer Nähe unseres Wohnhauses gewesen sein, wahrscheinlich im Indianerhof oder in den an der Hohenbergstrasse gelegenen Gemeindebauten. Dieser Onkel war gelernter Steindrucker, aber wie viele andere in dieser Zeit, arbeitslos. Er war Mitglied der Sozialdemokratischen Partei, beim Schutzbund und sogar Funktionär. Später war er bei den Revolutionären Sozialisten und hat politisch illegal mitgearbeitet.

Über die Kämpfe selbst kann ich sonst nicht sehr viel sagen, ich weiß nur, dass viel geschossen wurde und der Schutzbund zwischen zwei Feuer, vom Tal Polizei, vom Berg Bundesheer, gelegen ist und daher nicht sehr lange Widerstand leisten konnte.

Wie bereits erwähnt, entstamme ich einer sozialdemokratisch geprägten Familie, sowohl meine Großmutter als auch meine Mutter, mein Vater (wegen der damaligen

Wohnverhältnissen wohnte er bei seiner Mutter und nicht bei uns) und meine Tante, welche ebenso bei uns in einer Zimmer/Küche- Wohnung gewohnt hat, wurde ich geprägt und es war für mich klar, welcher politischen Bewegung ich mich einmal anschließen werde.

Mein Onkel war nach den Februartagen sofort beschäftigt, sich mit anderen Genossen wieder zu treffen, um die Verbindung aufrecht zu erhalten, politische Arbeit zu leisten und vor allem auch die Brünner „Arbeiter-Zeitung" in Umlauf zu bringen.

Ich ging ab dem Jahr 1935 zur Schule und wenn ich dann nach Hause kam, die Wäsche auf den Boden lag, heraus aus den Kästen, habe ich sofort gewusst, es war wieder eine Hausdurchsuchung in unserer Wohnung. Mein schon erwähnter Onkel wohnte gegenüber mit seiner Schwester, seinem Bruder und seiner Tante in dem Haus Aichholzgasse 31, wo auch bekannt war, dass er bei den Revolutionären Sozialisten mitarbeitete, daher wurden auch bei dieser Wohnung regelmäßig Hausdurchsuchungen durchgeführt, um festzustellen, ob dort nicht Propagandamaterial versteckt sei. Man hat es aber, auch wenn etwas vorhanden war, Gott sei Dank nicht gefunden, daran erinnere ich mich noch sehr gut. Dazu ist noch zu sagen, dass es nicht nur bei den Hausdurchsuchungen geblieben ist. Ich kam oft von der Schule nach Hause, da sagte die Großmutter, dass wir eine Suppe in das Bezirkspolizeikommissariat tragen müssen, da Mutter, Tante und Onkel zum Verhör gebracht und inhaftiert wurden und man nicht weiß, wie lange sie da in Haft bleiben, wir bringen ihnen eine Suppe. Und so bin ich mit meiner Großmutter mit den Milchkander in die Hufelandgasse zum Polizeiarrest gegangen und wir haben unsere Familie mit Suppe versorgt.

Aus einem Bericht des Schutzbündlers K.: „ Nach der Erstürmung des „Fey-Hofs" drangen die Schutzkorps wie wilde Horden in die Wohnungen ein, zerwühlten, zerstampften und vernichteten, was ihnen unter die Finger kamen. Sie beschimpften Frauen und misshandelten die Männer. Einem Hauswart, einem alten Mann, schlugen sie mit dem Gewehr ins Genick. Die Verhafteten wurden auf den Polizeiwachstuben fürchterlich geschlagen, besonders in der Wachstube **Hufelandgasse**. *Dem Schutzbündler Pf. wurde das Nasenbein eingeschlagen. Zwei Tage bekamen die Gefangenen nichts zu essen, auch kein Wasser zu trinken. Eine Frau Schmid sah aus dem Fenster, ein Heimwehrmann ruft: „Fenster zu!" Die Frau will das Fenster schließen und wird durch einen Halsschuss tödlich getroffen (siehe Todesopfer Zivilpersonen). Den Schwerverletzten wurde die letzte Hilfe verweigert.*
Die Gefangenen wurden zu Krüppel geschlagen."
Aus: Richard Bernaschek: Österreich, Brandherd Europas. Die Tragödie der österreichischen Sozialdemokratie

---

Es ist mir auch noch in Erinnerung, dass mein Onkel oft lange nicht zu Hause war. Man sagte mir, der Onkel ist in Wöllersdorf. Es sagte mir nichts, erst später habe ich begriffen, Wöllersdorf war ein Anhaltelager, wo neben den Sozialdemokraten, den Revolutionären Sozialisten und den Kommunisten auch die Nationalsozialisten inhaftiert und „angehalten" wurden.

Dasselbe gilt auch für das Polizeigefangenenhaus im siebenten Bezirk in der Herrmanngasse, wo ich oft mit Mutter und Tante den Onkel besucht habe. Immer wieder wurde er inhaftiert, wochenlang festgehalten, dann wieder freigelassen, wieder nach Wöllersdorf gebracht, wieder zurück, es war immer ein hin und her.

Das waren kurz zusammengefasst meine Erinnerungen an die ersten Februartage und an die Zeit zwischen 1934 und 1938, welche mir besser wegen Hausdurchsuchungen, Haft und Anhaltelager in Erinnerungen blieben. Es gab dann auch Treffen der Schutzbündler im Maurer Wald, wir sind dann über den Rosenhügel nach Mauer zu Jägerwiese, entlang der Tiergartenmauer gegangen und haben uns dort auf einer Wiese getroffen. Der für dieses Gebiet zuständige Bezirkshauptmann hat es mit den Kontrollen nicht so genau genommen und schickte nur selten Patrouillen aus, so dass sich dort unter dem Deckmantel eines Turnvereins und der Sportausübung, Schutzbündler mit ihren Familien treffen konnten. Die Funktionäre konnten ihre Besprechungen abhalten, während sich Frauen und Kinder mit Ballspielen und Ringewerfen auf der Wiese vergnügten und so das Bild eines harmlosen Familienausflugs darstellten.

Zu den Februartagen möchte ich noch sagen, dass wir Kinder nach den Kämpfen wieder in den schönen Höfen der Gemeindebauten spielten, die Einschüsse und Kampfspuren aber noch lange sehen konnten.

4.10. Interview mit Frau Ingeborg Wais

über ihre Großeltern Leopold und Anna Köpf, sowie über ihren Vater Leopold Köpf, Vater und Großeltern damals wohnhaft im Indianerhof – Rotenmühlgasse, aufgezeichnet am: 12.04.2011

Mein Name ist Ingeborg Wais, geb. Köpf, ich bin wohnhaft in Meidling, in der Rotenmühlgasse, im Indianerhof. Diese Wohnung wurde von meinen Großeltern im Jahr 1931 bezogen. Aus dieser Ehe gingen zwei Söhne hervor, Leopold, geb. 1919 mein Vater, und Otto. Mein Vater ist in dieser Wohnung aufgewachsen, ich habe diese

Wohnung im Jahr 1967 übernommen, da lebte noch meine Großmutter. Aus ihren Erzählungen weiß ich beispielsweise, dass der Indianerhof bei den Februarkämpfen zwischen Polizei, Heimwehr, Militär und dem Republikanischen Schutzbund, am 13. oder 14. Februar 1934 stark beschossen wurde.

Der Indianerhof ist mit einem Vierkanthof vergleichbar und begrenzt von der Schwenkgasse im Westen, Ratschkygasse im Norden, Rotenmühlgasse im Osten und Spittelbreitengasse im Süden.

Die im zweiten Stock befindliche Wohnung meiner Großeltern war so angelegt, dass die Fenster zur Schwenkgasse ausgerichtet waren. Unmittelbar gegenüber befand sich der Springerpark, aus dem massives Maschinengewehrfeuer auf die Wohnanlage gerichtet wurde.

Aus Erzählungen meiner Großmutter weiß ich, das während des starken Beschusses der Exekutive die ganze Familie große Angst hatte und im Wohnzimmer am Boden gelegen hat, damit durch die Hausmauer geschützt war, gewartet und gehofft hat, dass diese tödliche Beschießung bald zu Ende ist.

Dazu möchte ich noch erwähnen, dass meine Großmutter erzählt hat, dass durch die Wohnung durchgeschossen wurde, was sicher möglich war. Die Geschosse der Gewehre könnten beim Wohnzimmer- Fenster (Schwenkgasse) eingetreten sein und durch Zimmer und Küche, durch die Balkontüre in den Hof wieder ausgetreten sein, wäre aber nur mit Querschlägern möglich gewesen.

Meine Großeltern waren Mitglieder der Sozialistischen Partei und mein Vater und sein Bruder wurden auch in diesem Sinne erzogen. Mein Großvater und sein älterer Sohn Otto haben aus zwei Gründen an den Kämpfen nicht teilgenommen. Onkel Otto war körperbehindert und wie mein Großvater im Staatsdienst. Sie haben beide lange Jahre in der Staatsdruckerei gearbeitet.

Aus dieser Zeit gibt es von meinem Großvater eine sehr nette Karikatur, welche mir sehr am Herzen liegt.

Mein Vater hat meines Wissens nicht an den Kämpfen teilgenommen, war allerdings erst 15 Jahre alt und hat erfolgreich eine Tischlerlehre abgeschlossen. Er wurde aber nach 1934 in Haft genommen, hat aber darüber mit mir nicht gesprochen.

Karikatur von Großvater Leopold Köpf bei der Arbeit

4.11. Interview mit Herrn Josef Schmidberger

Jahrgang 1925, mit Eltern damals wohnhaft in der Spittelbreitengasse, nahe der Meidlinger Train- Kaserneaufgezeichnet am: 6.04.2011

Ich lebte damals mit den Eltern und einer Schwester in der Spittelbreitengasse16, daneben war gleich das Realgymnasium Erlgasse. (Komensky Schule, Anm. des Autors, siehe bei Anzeigen.)

Wir wohnten im 1. Stock des Hauses, mein Kabinett war direkt über der Hauseinfahrt. Schräg gegenüber stand kein Haus, es war nur eine ebenerdige Holzhandlung mit Holzlagerplatz.

Obwohl es dort keine Gemeindebauten gegeben hat und die Entfernung von der Train-Kaserne sicher 300m betragen hat, wurde am 13. Februar von der Hohenbergstraße, wo diese Kaserne stand, das Haus (und sicher andere Häuser) mit Maschinengewehren beschossen.

Ich erinnere mich, dass zwei schmale Fenster in meinem Kabinett genau über der Einfahrt des Hauses waren, und nur 30cm unter den Fenstern die Geschosse von schweren Maschinengewehren einschlugen. Wenn diese etwas höher gewesen wären, hätte meine Familie (oder ich) wahrscheinlich nicht überlebt.

Später konnte man die Einschüsse der Maschinengewehrsalven in der Hausmauer erkennen.

In der Wohnung waren noch außer mir meine Mutter und meine jüngere Schwester anwesend, ich weiß noch, dass man längere Zeit starken Schusswechsel hörte und wir uns sehr gefürchtet haben.

Mein Vater unterhielt in dem Haus eine Essiggurken- und Sauerkrauterzeugung und hat angeordnet, man soll ja im Haus bleiben, das Eingangstor zusperren und nicht vor das Haus gehen, da ja auf der Strasse gekämpft wurde und man leicht in einen Kugelhagel geraten konnte.

Er meinte, dass es doch zu Hause am sichersten ist, denn auf der Strasse könnte viel passieren.

4.12 Interview mit Frau Dr. Hertha Bren

Jahrgang 1922, mit den Eltern damals wohnhaft im Bebel-Hof – Längenfeldgasse-Steinbauergasse, sowie Erinnerungen von anderen Personen, die von Frau Dr. Bren eingeholt wurden, aufgezeichnet am: 7.04.2011

Meine Eltern lebten damals in der Längenfeldgasse-Steinbauergasse, im Gemeindebau „Bebelhof". Wir wohnten auf Stiege 6, im 3. Stock auf Zimmer und Wohnküche. Das Vorzimmer und die Toilette empfanden wir als Luxus, von den in Zinskasernen wohnenden Meidlingern nur träumen konnten. Ein Stockwerk unter uns wohnte Erich R. mit seinen Eltern; wir waren gleich alt, besuchten die Volksschule am Migazziplatz

(1944 ausgebombt) und waren eng befreundet. Ich entstamme einer alten (seit dem Großvater) sozialdemokratischen Familie.

Zu meinem 12. Geburtstag bekam ich das von mir so sehr gewünschte Tagebuch; meine erste Eintragung galt dem Februar 1934, ich zitiere nun wörtlich: „Als ich Dienstag früh, den 13. Februar aufwachte, hörte ich schon schießen.....wir standen den ganzen Vormittag beim Fenster und sahen wie Burschen alle Autos umwarfen und so unser Haus verbarrikadierten. Sobald aber ein Schuss hörbar wurde, liefen sie alle weg und die Strasse war leer.... Als mein Vater ins Büro fahren wollte, musste er zurücklaufen, denn es kam Wache, und unser Haus wurde mit Maschinengewehren beschossen!"...

Wenige Tage vor meinen 12. Geburtstag erlebte ich also im Arbeiterbezirk Meidling die Kämpfe um die Gemeindebauten, lernte die Bedeutung Barrikaden, Standrecht, Hinrichtung und Bruderkrieg kennen.

„Als die Gewehre der Heimwehr auf die Fenster unserer Wohnung im dritten Stock gerichtet wurden, als die ersten Schüsse fielen, verkrochen wir uns (Erich und ich) unter die Betten der Eltern. Ich erschrak furchtbar, als ich mit ihm aus einem Erkerfenster auf die Aßmayergasse blickte und sah, wie ein Polizist mit einem Gewehr direkt auf unser Fenster zielte. Wir bekamen Angst vor der Gewalt, vor dem Tod. Am Abend wollte das Militär unser Haus mit Artillerie beschießen, doch der Schutzbund gab den Hof auf. Die ganze Woche schulfrei!!" Nach ungefähr einer Woche trat Stille ein, Grabesstille. Nun wurde uns erst bewusst, was wir verloren hatten.

Als die Sozialdemokratische Partei und ihre Organisationen verboten und die Republik Österreich zum totalitären Ständestaat wurde, ging auch für uns Kinder eine große Hoffnung zu Ende. Fast andächtig las ich die „Arbeiterzeitung", die mein Vater in Abständen nach Hause brachte".

Weitere Erinnerungen, welche schon im Jahr 1988 von Frau Dr. Bren eingeholt wurden:

Hermine Kleinmann, geb. Brandl, Jahrgang 1919 erinnert sich: *„Seit 1923 wohnte ich mit meinen Eltern im „Fuchsenfeldhof" in der Längenfeldgasse auf Stiege 8.*

Der Fuchsenfeldhof in Wien-Meidling war ein Musterbeispiel für das Gemeinschaftsleben in Gemeindebauten vor 1934.

Während der Februarkämpfe 1934 habe ich vom Fenster aus mit angesehen, wie unser Hausarzt, Dr. Fisch (siehe auch Interview mit Franz Nekula), mit der

Medikamententasche in der Längenfeldgasse in Richtung Apotheke gelaufen ist. Er hat die verwundeten Schutzbündler versorgt, die auf Stiege 4 getragen wurden.
Nach dem Ende der Februarkämpfe war mit einem Schlag das gute Verhältnis in der Hausgemeinschaft zu Ende. Es gab Denunziationen, Verhaftungen, einer misstraute dem anderen. Hausdurchsuchungen bei sozialdemokratischen Familien waren nun an der Tagesordnung".

Stefanie Fahn, geb. Novotny, Jahrgang 1917, berichtet:
„Bei einer Hausdurchsuchung in der Wohnung meiner Eltern wurde mir von meinen wenigen Habseligkeiten mein Lieblingsbuch weggenommen, „Lampen für China" von Prof. Julius Tandler. Der Polizist blätterte darin und fand auf einem Zettel den Text „Lied der Arbeit". Wütend über die Beschlagnahme rief ich: „Das können`s auch mitnehmen, ich kann`s eh auswendig!""

Stefanie, ein begabtes Kind aus armer Arbeiterfamilie, hatte mit 14 Jahren neben ihrer Lehre als Weißnäherin die „Falkenführerschule" in der Diesterweggasse im 14. Wiener Bezirk besucht. Sie war glücklich, sich in diesem Rahmen weiterbilden zu können.

„Nach dem Verbot unserer Organisation trafen sich die Roten Falken auf der Wasserwiese (auch Seewiese, Johnwiese oder Predigtstuhlwiese) bei Kaltenleutgeben. Es muss im Sommer 1936 (Anm. des Autors: 15. Juli 1934) gewesen sein, als ich Rosa Jochmann dort zum ersten Mal sprechen hörte.
Nachdem sie erst wenige Sätze gesprochen hatte – sie war von vielen Menschen, die an der Kundgebung teilnahmen, umringt – hörte man Schüsse. Im Nu war die Wiese leer, wir flüchteten in den Wald. Geschossen wurde von Zivilisten, den sogenannten „Fünfschillingmanderln"; das waren arbeitslose Männer, die von der Heimwehr bezahlt wurden.
Der Lagerhalter des Liesinger Konsums bekam einen Bauchschuss, ein zweiter Mann war sofort tot." (Anm. des Autors: Sofort erschossen wurde Richard Lehmann, Herzschuss, und Hans Fröhlich, Bauchschuss, starb kurz danach), der erwähnte Konsummitarbeiter war Karl Reitmayer, kam mit einem Halsschuss ins Spital nach Mödling, verstarb später, siehe Kämpfe in Liesing. Einvernahme durch Polizei, Polizeibericht „Kommunistische Demonstrationen in Kaltenleutgeben" über diesen Vorfall im Anhang.

Besonders in den Siedlungsgenossenschaften wie in Altmannsdorf – Hetzendorf wurde man von den Nachbarn beobachtet.

Otto Göd, Jahrgang 1919, berichtet:

„Im Februar 1934 wurde unserer Nachbar, Herr Brabinec, verhaftet und in das Anhaltelager Wöllersdorf gebracht. Man durfte mit seiner Frau nicht sprechen, ja sie nicht einmal grüßen. Das alles wurde beobachtet und angezeigt.

Ich selbst habe meinen Posten als jugendlicher Hilfsarbeiter in einer Eisengießerei in der Eichenstraße (in Meidling) unmittelbar nach den Februarereignissen verloren, da mein Chef einen organisierten „Hahnenschwanzler" (Heimwehr-Angehöriger) einstellen musste".

4.13 Interview mit Herrn Rudolf E. Olsina

über seine Eltern Rudolf und „Dolly" Olsina, Vater und Großeltern damals wohnhaft im Fuchsenfeldhof – Längenfeldgasse, Beilage Gerichtsurteil von Rudolf Olsinsa, Zeichnung von „Dolly" Kajtar, verehelichte Olsina, aufgezeichnet am: 30. 03.2011

Mein Name ist Rudolf Olsina, derzeit wohnhaft im 23. Bezirk, ich war früher in der Schönbrunnerstrasse beheimatet, später im 4. Bezirk in der Margaretenstrasse, nach Bombentreffer im Jahr 1945 haben wir eine Wohnung im Gemeindebau „Am Fuchsenfeld", Stiege 27, Tür 5, bezogen.

1934 war mein Vater höchst wahrscheinlich noch wohnhaft im „Fuchsenfeldhof" bei seinen Eltern. Dadurch war er bei den Kämpfen im Nebenhof „vor Ort" und wurde dort am 12. Februar 1934 durch ein „Dum-Dum Geschoß" verwundet. Durch seine Verletzung hat er sich dann in einen, den Eltern zugehörigen, nahegelegenen Kleingarten der Eisenbahner, ein Pachtgrund in der Längenfeldgasse, zurückgezogen und ist dann von seiner Schwester Irmina, versorgt worden.

Meine Mutter hat für mich und meine zwei Töchter Aufzeichnungen gemacht, welche zu Weihnachten 2001 übergeben wurden.

Ich möchte jetzt einige dieser Textpassagen vorlesen:

„Dein Vater war ein begeisterter Schutzbündler. Er wurde am ersten Tag angeschossen und schwer verletzt. Die Sozialisten verloren, dein Vater wurde trotz seiner Verletzung verhaftet und mit mehreren Schutzbündlern vom Gemeindebau wegen „Hochverrat"

verurteilt. Er musste vom Landesgericht überstellt werden und sollte seine 5-jährige Strafe am Bezirksgericht (Gefängnis) Mittersteig verbüßen.

Was Besseres konnte ihm gar nicht passieren, denn dort wurde er Koch. Er schrieb nur jede Woche einen Brief, bis es Liebesbriefe wurden und er mich bat, auf ihn zu warten. Ich tat es. Im Mai 1935 wurde er amnestiert. Er durfte sich natürlich nichts zuschulden kommen lassen. In der Verbotszeit waren viele Schutzbündler nach Tschechien geflüchtet und hielten Verbindung mit Österreich. Es kam öfter ein Mann namens Bruno Fuchs zu Deinem Vater. Dieser wollte, dass er wieder Berichte bringen sollte. Es kostete viel Überredung, dieses nicht zu tun. Ich machte den Vorschlag, dass ich mit „Mundl" (Spitzname von Bruno Fuchs) in die CSSR reisen sollte, den Männern klar machen, dass Dein Vater ja nicht mitarbeiten konnte, und so auch getan. Es nützte aber wenig. Mundl kam mehrmals nach Wien, drehte sich verdächtig oft um, bis es einem Polizisten auffiel und dieser ihn festnahm. Bei der Untersuchung fand man eine Liste aller Namen, auch meinen und den Deines Vaters und so schlitterte ich in etwas hinein, was mir absolut nicht gut tat.

Im August 1937 wurde Dein Vater und ich verhaftet und wir kamen auf die Elisabethpromenade ins Untersuchungsgefängnis.

Ich war politisch eine Null, da meine Eltern parteilos waren und steckte in einer Sache, die kaum zu erklären ist. Ich wollte mich ausreden, dass ich wegen Deinem Vater in der CSSR, wegen einer Gärtnerarbeit war, es hat mir aber keiner geglaubt.

Dann Überstellung ins Landesgericht I, dort war es wesentlich besser. Ich zeichnete meine Zelle, machte ein Gedicht dazu und sandte es Deinem Vater". (Diese Zeichnung ist abgebildet, ein Datum und LG I sind aufgeschrieben: Landesgericht I, vom 18. 11. 1937. Wahrscheinlich bedeutet E 68 die Zellennummer*).*

Weiter mit Eintragungen: „1938 -- Hitlereinmarsch. Wir hörten nur die Rufe „Sieg Heil!" Es gab Amnestie, wir waren keine politischen Häftlinge, unsere Sache wurde als Spionage gewertet, da einige Soldaten mit in Haft waren, von einer Anklageschrift noch weit entfernt. Juden wurden in Massen verhaftet, kein Platz mehr für uns. Wir kamen ins Jugendgericht im dritten Bezirk."

Für meine Kinder und mich war es sehr schön, dass sich meine Mutter diese Arbeit der Aufzeichnung gemacht hat, ihr Leben noch einmal Revue passieren zu lassen und uns eigentlich die Gelegenheit gegeben wurde, an den damaligen Geschehnissen teilzunehmen."

Zeichnung von „Dolly" Olsina (damals noch nicht verheiratet) von ihrer Zelle.

Gedicht von „Dolly" Olsina:

Hier in dieser düst`ren Zelle
warten wir seit vielen Tagen
auf die gold`ne Freiheit die nicht kommen mag.
Nur Kopf hoch, und nicht verzagen
Denn im Leben muß man viel ertragen!
Uns gehört die Welt!

Beilagen: Urteil von Rudolf Olsina und anderen Schutzbündlern.

gegen Wilhelm Sedivy, 19.3.1907 geb., verh., Hilfsarbeiter, Franz Geyer, 27.3.1879 geb., verh., Bundesbahnpensionist,
Rudolf Olsina, 12.11.1910 geb., ledig, Gärtnergehilfe,
Rudolf Moser, 28.2.1910 geb., ledig Mechanikergehilfe,
Stefan Reichel, 11.8.1889 geb., verh., Eisendreher,
Georg Wurm, 14.5.1892 geb., verh., Tischlergehilfe,
Johann Katzer, 18.7.1903 geb., ledig Monteur,
Wilhelm Axmann, 22.10.1898 geb., ledig., Elektrizitätsarbeiter,
zu Recht erkannt.

I.) Die Angeklagten Wilhelm Sedivy, Franz Geyer, Rudolf Olsina, Stefan Reichel, Georg Wurm und Johann Katzer sind schuldig :

Sie haben in Wien im Fuchsenfeldhof, Wilhelm Sedivy, Rudolf Olsina, Stefan Reichel, und Georg Wurm auch in den Schrebergärten längs des Südbahndammes im 12. Bez., am 13.2.1934, Wilhelm Sedivy, Franz Geyer, Rudolf Olsina, Stefan Reichel und Georg Wurm auch am 12.2.1934 an einer Rottierung teilgenommen, wobei es bei der Zusammenrottung durch die Widerspenstigkeit gegen die von der Behörde vorausgegangenen Abmahnung und durch die Vereinigung wirklicher gewaltsamer Mittel so weit kam, dass zur Herstellung der Ruhe und Ordnung eine

Verhandlung gegen Sediwy Wilhelm, Geyer Franz, Olsina Rudolf, Moser Rudolf, Reichel Stefan, Wurm Georg, Katzer Johann, Axmann Wilhelm

ausserordentliche Gewalt angewendet werden musste;

Sie haben hiedurch das Verbrechen des Aufruhrs nach § 73 St.G. begangen und werden hiefür nach dem strengeren Strafsatze des 2. Absatzes des § 75 St.G. unter Anwendung des § 265 a St.P.O. zu schweren Kerkerstrafen verurteilt und zwar

Wilhelm S e d i v y in der Dauer von 20 (zwanzig) M o n a t e n, verschäft durch 1 Fasttag 1/4 jährlich,

Franz G e y e r in der Dauer von 8 (acht) M o n a t e n, verschärft durch 1 Fasttag 1/4 jährlich,

Rudolf O l s i n a in der Dauer von 15 (fünfzehn) M o n a t e n ,

Stefan R e i c h e l in der Dauer von 8 (acht) M o n a t e n, verschärft durch 1 Fasttag 1/4 jährlich,

Georg W u r m in der Dauer von 8 (acht) Monaten, verschärft durch 1 Fasttag 1/4 jährlich,

und Johann K a t z e r in der Dauer von 6 (sechs) M o n a t e n, verschärft durch 1 Fasttag 1/4 jährlich.

Gemäß § 55 a St.G. wird den Verurteilten die erlittene Verwahrungs- und Untersuchungshaft auf die Kerkerstrafen angerechnet und zwar dem :

wie oben

fahrt Längenfeldgasse passierten, gab einer von ihnen den Befehl " Stahlhem ewa ". Hierauf drehte sich Olsina um und gab diesen Befehl weiter. In diesem Zeitpunkte hatte Olsina sowie die anderen Schutzbündler Klarheit darüber daß nunmehr Waffen geholt werden und daß die Bewaffnung dem Zwecke dient die Aufständischen zum Bewaffneten Widerstande gegen die Obrigkeit zu rüsten. Er wusste auch daß es sich um einen Aufstand der sozialdemokratischen Partei gegen die Regierung und deren Exekutivorgane handelt.

Am 13. Februar vormittags hat sich Olsina längere Zeit im Hofe I bei der Hauseinfahrt Längenfeldgasse mit Helm und Gewehr ausgerüstet, aufgehalten. Zwischen 10 und 11 Uhr Vormittags kniete Olsina beim Haustor Längenfeldgasse, gedeckt durch einen Mauervorsprung, und schoss mehrmals in der Richtung gegen die Südbahn.

Bei dieser Gelegenheit wurde Olsina um etwa 11 Uhr vormittags durch einen Schuß in den linken Oberarm verwundet. O l s i n a begab sich dann in seine Wohnung und wurde von Dr. F i s c h verbunden.

O l s i n a hat noch im Laufe des Montags nachmittags vom Standrechte erfahren.

Der Angeklagte Olsina verantwortet sich wie

wie oben

Alle Interviews wurden nach der wissenschaftlich bestätigten Methode „Oral-History" vom Autor dieser Arbeit durchgeführt.

Es sind dies Aufzeichnungen von Personen, welche bisher noch nie über die Erlebnisse ihren Eltern oder über ihre eigenen Wahrnehmungen aus der Kindheit berichtet haben (Ausnahme Franz Nekula).

Es waren, wie bereits erwähnt, keine besonders bedeutenden Berichte von den Kampfhandlungen, sondern Schicksale von einfachen Familien, welche aber in diesen Tagen, Wochen und Monaten um ihre Angehörigen besorgt waren. Aber die meisten befragten Personen erklärten, dass sie diese Ereignisse für ihr späteres Leben geprägt hatten.

Trotz aller berührenden und ergreifenden Aussagen der Gesprächspartner – „wir mussten uns während des Beschusses im Wohnzimmer unterhalb des Fensters auf den Boden legen, um so Schutz vor den Gewehrgeschoßen zu haben…" (Interview Frau Ingeborg Wais, Indianer-Hof) - ist zu bedenken, dass die Erzählungen von der zweiten oder dritten Generation der Betroffenen mitgeteilt wurden. Diese sollten nicht in Zweifel gestellt werden, aber es könnten doch im Lauf von Jahrzehnten die erlebten Tatsachen verzerrt ausgedrückt worden sein.

Für einige der damaligen Schutzbündler hat aber die Verfolgung einige Jahre später ihre Fortsetzung gefunden. Zum Teil nach Ausreise und danach durch Verhaftungen und Prozessen in der stalinistischen Sowjetunion, zum Teil als Opfer des Nationalsozialismus, als Tausende in Konzentrationslagern durch die NS Gerichtsbarkeit ihr Leben verloren.

5. Die Kämpfe in Liesing (damals Niederösterreich)

5.1. Versammlung und erste Kampfhandlungen bei der Wohnbaugenossenschaft „Wien Süd"

Seit Beginn der Industriellen Revolution im 18. Jahrhundert, als die Landflucht durch den Einsatz der ersten Maschinen die Bevölkerung in die wachsenden Städte oder Vorstädte trieb, war die Wohnsituation das vordringlichste Bedürfnis der Arbeiter. Jahrzehntelang in „Zinskasernen" untergebracht, war es meist ein unmenschliches „dahinvegetieren".

Im Jahr 1910 wurde von einer Gruppe sozialdemokratisch denkender Bürger wie Rudolf Waisenhorn, Friedrich Khek, Franz Pülsl und anderen, die „Gemeinnützige Bau- und Wohnungsgenossenschaft für Liesing und Umgebung registrierte Genossenschaft mit beschränkter Haftung" gegründet. Sie wurde 1941 mit der „Gemeinnützigen Bau- und Wohnungsgenossenschaft der Bediensteten der k. u. k. Hof- und Staatsdruckerei", und der „Gemeinnützigen Bau- und Wohnungsgenossenschaft in Perchtoldsdorf", zur „Gemeinnützigen Wohnbaugenossenschaft Wien-Süd" vereinigt.

Bereits am 1. Februar 1934 wurde das gesamte Schutzbund- Kommando verhaftet: Bezirkskommandant Franz Depil, Ausbildner Zeidner, Kompanie- und Zugsführer Plescher, Buchinger, Urban und Hanzl.

Sie wurden nach Wien in das Polizeigefangenenhaus an der Elisabeth- Promenade gebracht, erst nach heftiger Demonstration der Liesinger Frauen vor dem Gendarmerieposten beim Liesinger Rathaus (heute Amtshaus und Bürgerservice Lehmanngasse) am 6. und 7. Februar aus der Haft entlassen.

Montag, der 12. Februar 1934:

Am **12. Februar** 1934 sammelten sich in den Abendstunden Angehörige des Schutzbunds in Liesing, in Eigeninitiative ohne Alarmierung. Es kam zu größeren Ansammlungen von bis zu 300 Kampfwilligen bei den „ Genossenschaft – Häusern" (heute „Wien- Süd")

Gedenktafel an die versammelten Schutzbündler an der Hausmauer der Bau-und Wohnungsgenossenschaft Wien-Süd

Dabei wurden sie von den „Faschisten unter Assistenz der Exekutive überfallen. Nach heftigem Kampf wurden die Faschisten in die Flucht geschlagen".

Die Schutzbündler besetzten die wichtigsten Stützpunkte der Stadt (Liesing wurde 1905 zur Stadt erhoben) und bezogen auch Stellung mit Gewehren, Munition und Handgranaten beim Aquädukt am sogenannten „Tryhel", eine Geländererhebung, wo die Rohre der Wasserleitung vom Aquädukt in den Erdboden geführt werden.

Sie setzten sich in den Bauten der „Staatsdruckerei-Kolonie" in Perchtoldsdorf und in den Genossenschaftshäusern in der (damaligen) Josef-Schöffel-Gasse fest und versetzten diese Wohnbauten in Verteidigungszustand.

Dienstag, der 13. Februar 1934

Als am 13. Februar morgens Gendarmerie und Einheiten der Heimwehr eingesetzt wurden, leisteten die Kämpfer des Republikanischen Schutzbundes den Regierungstruppen heftigen Widerstand, sodass sich diese genötigt sahen, sich vorübergehend zurückzuziehen und das Eintreffen von Verstärkung abzuwarten.

Bei diesen Kämpfen wurde eine Zivilperson, welche mit den Auseinandersetzungen nichts zu tun hatte, von einem Gendarmen mit einem Karabiner erschossen, einige andere Personen wurden verletzt.

Die Schutzbündler hatten sich in den frühen Morgenstunden mit Gewehren, „Schmiervasen" und Munitionsvorräten versehen und besetzten den Dachboden des Hauses Josef-Schöffel- Gasse Nr. 36, um den erwarteten Angriff der Exekutive mit

Waffengewalt zu widerstehen. Die anrückenden Regierungstruppen wurden auch tatsächlich bei ihrer Annäherung an den Häuserblock von den im Dach verborgenen Schutzbündlern mit heftigem Gewehrfeuer empfangen und mussten sich vorerst zurückziehen. Die Kämpfer des Republikanischen Schutzbundes waren aber nur kurze Zeit Sieger, sie mussten zurückweichen, weil sie fast keine Munition mehr hatten und ohne Parteiauftrag keine ausgegeben wurde.

Erst als Verstärkung der Exekutive eintraf, wurde der Widerstand der Kämpfer gebrochen und die verteidigten Objekte konnten besetzt werden.

5.2. Verhaftung und Anklagen von Schutzbündlern in Rodaun und Liesing

Am **14. Februar 1934**:

Friedrich Khek, geb. 24. Juni 1874, Bürgermeister, Verdacht des Hochverrates.

Leopold Purer, geb. 30. März 1911, Maurer, Zusammenrottung, Schiesserei.

Am **15. Februar 1934**:

Franz Depil, geb. 4. August 1892, Schulwart, militärischer Bezirksführer des Schutzbundes, Hochverrat, Zusammenrottung, Bewaffnung der Schutzbündler. Bereits am 1. Februar verhaftet und wieder enthaftet – siehe oben.

Robert Zeidner, geb. 8. April 1895, Architekt, Beamter der Gemeinde Liesing, vorsätzlich unterlassene Unternehmung--Hochverrat. Ebenso am 1. Februar verhaftet und wieder enthaftet – siehe oben.

Karl Wanek, geb. 17. September 1897, Turnlehrer, Beamter der Gemeinde Liesing, vorsätzlich unterlassene Unternehmung—Hochverrat.

Alfred Gromus, geb. 10. Juni 1916, Elektrikerlehrling, Aufruhr, Tatbeteiligung.

Bruno Bachler, geb. 22. Februar 1916, Gärtnerlehrling, Aufruhr, Tatbeteiligung.

(Jugendstrafsache des Bezirksgericht Liesing folgend).

Jugendstrafsache Bezirksgericht Liesing (Wort- und schriftgetreu übernommen)

Liesing, 15. Februar 1934

Gromus Alfred, Bachler Bruno, Aufruhr. Nationale.

1) Gromus Alfred, 10.6.1916, Liesing
2) Bachler Bruno, 22.2.1916, Hirschwang, Bez. Neunkirchen

Verhaftet am 13.2.1934 und eingeliefert am 14.2.1934 um 20:00 Uhr durch Ray. Insp. Franz Schuckert des Postens Siebenhirten und Johann Letzbor gleichfalls Siebenhirten.
Die Tatgeschichte und zwar:
Am 13. Februar 1934 in der Zeit von 11:00 bis 16:00 Uhr haben die im Nationale Genannten im Vereine mit Angehörigen des ehemaligen Schutzbunds an einer Zusammenrottung in den Häusern Liesing, Josef- Schöffel-Gasse 34-40, teilgenommen, haben durch die Vereinigung gewaltsamer Mittel die Öffentliche Ordnung, Ruhe und Sicherheit gestört und musste zur Wiederherstellung des gesetzmäßigen Zustandes eine außerordentliche Gewalt, bestehend aus vier Gendarmeriezügen und zwei Zügen des freiwilligen Schutzkorps und Indienststellung von drei Maschinengewehren, angewendet werden. Durch die gewaltsame Handlung der Genannten, welche aus den vorerwähnten Häusern, aus einer größeren Anzahl von Gewehren eine vorbeimarschierende Schutzkorpsabteilung, welche unter Führung des Rayonsinspektors Franz Baar und Karl König, sowie Patrouillenleiter Emmerich Kallinger stand, beschossen, wurde der Schutzmann Anton Almer, Aufgebot Erlaa bei Wien, Baon. 61, wohnhaft in Göstling bei Scheibbs, durch einen Schuss in die rechte Wade verletzt.
In dem nun folgenden Feuergefecht, zwischen der beschossenen Schutzkorpsabteilung und den Aufrührern erhielt der Hilfsarbeiter Karl Wieser, Liesing, Pellmanngasse 1 wohnhaft gewesen, eine tödliche Verletzung. Außerdem wurde der in Liesing, Aquäduktgasse 2 wohnhafte Hilfsarbeiter Martin Chiversky, sowie der in Liesing, Ernst-Haeckel-Gasse 33 wohnhafte Hilfsarbeiter Rudolf Buchleitner schwer verwundet.
Die an dieser Tat beteiligten und der Staatsanwaltschaft Wien II unter h.o. Spfkt. Nr. 5 vom 14.2.1934 eingelieferten ehemaligen Angehörigen des Republikanischen Schutzbunds sind: Max Goldenberg, Josef Jirak, Josef Rendl, Johann Haberl, Andreas Krischanitz, Anton Coufal, Alois Wollrab und Gottfried Gromus.

Beweismittel:
Die auf den Dachböden der vorgenannten Häuser vorgefundenen Infanteriegewehre so die dazugehörige Munition und Sprengkörper (Schmiervasen) und die Aussage der Zeugen.
Rayonsinspektor Franz Schuckert des Postens Siebenhirten bei Wien gibt an: *„Ich kam in das Haus Josef-Schöffel-Gasse 36. Mit mir war noch Rayonsinspektor Johann Letzbor vom Posten Siebenhirten. Ich begab mich in die Wohnung des Gottfried Gromus, wo wir*

eine Durchsuchung vornahmen, welche jedoch negativ war. Sodann begaben wir uns mit Gromus auf den Dachboden, wohin wir Gromus mitnahmen:

Letzbor blieb mit Gromus auf den unteren Dachbodenraum stehen, wogegen ich mich auf das hoch gebaute Abteil begab. Ich fand auf diesem Bodenabteil einen scharf geladenen Karabiner und einige Kartons Infanteriemunition. Aufgrund dieses Fundes öffnete ich das Dachbodenfenster, blickte hinaus und bemerkte auf dem Bauch liegend Wollrab, Coufal und Bachler. Über meine Aufforderung, in das Bodenabteil zu kommen, krochen diese beim Fenster herein, wurden festgenommen und von einigen inzwischen erschienenen Gendarmen abgeführt.

Letzbor und ich nahmen sodann in der gegenüberliegenden Dachnische eine Durchsuchung vor und fanden dort einen Rucksack in welchem zwei Handgranaten (Schmiervasen) und mehrere Magazine Infanteriemunition steckten, vier Karabiner, sowie fünf Stück Handgranaten (Schmiervasen), zwei Stahlhelme und ca. 30 Magazine Infanteriemunition frei liegend. Die Karabiner waren scharf geladen und bei jedem lagen mehrere Magazine Munition".

Rayonsinspektor Johann Letzbor macht die gleichen Angaben wie Schuckert.

Rayonsinspektor Franz Baar des Postens Liesing gibt an: *„Ich sowie Rayonsinspektor Karl König und Patrouillenleiter Emmerich Kallinger erhielten den Befehl, mit einer 25 Mann starken Schukoabteilung in den Genossenschaftshäusern in Liesing nach Waffen zu suchen, weil die Meldung eingelangt war, dass in diese Häuser solche verschoben worden sein sollen. Die Waffen sollten vom Neubau des Josef Foureaux, in Rodaun, Aumühlgasse, in die oben erwähnten Häuser gebracht worden sein. Die bei Foureaux vorgenommene Durchsuchung war negativ.*

Als die Abteilung vom Haus des Foureaux in die Schöffel- Gasse einmarschierte, um in den Häusern eine Durchsuchung vorzunehmen, wurde sofort von den Dachbodenfenstern auf die Abteilung geschossen. Die Abteilung suchte Deckung hinter den Pfeilern des Wasserleitungsaquädukts und erwiderte das Feuer. Inzwischen waren auch bewaffnete Personen auf dem Wasserleitungsaquädukt am Tryhel, Gemeindegebiet Perchtoldsdorf, aufgetaucht und beschossen die Gendarmen und die Schukoleute von der rechten Flanke. Aus diesem Grund zog sich die Abteilung nach Rodaun zurück, von wo ich dem Posten telefonisch Mitteilung erstattete. Mit einer Gruppe von acht Schukoleuten ging ich über die Breitenfurter Straße zum Posten Liesing. Um diese Zeit kam über die Julius-Hofer-

Stiege Franz Foureaux, wurde festgenommen und dem Posten überstellt, nachdem er an der Waffenschiebung beteiligt gewesen sein soll".

Rayonsinspektor Karl König und Partouillenleiter Emmerich Kallinger geben gleichlautig an: *„Wir marschierten mit der Abteilung in die Josef-Schöffel-Gasse und wurden sogleich von den Dachbodenfenstern beschossen. Die Abteilung suchte hinter den Wasserleitungspfeilern Deckung und erwiderte das Feuer. Nachdem auch aus der Richtung Perchtoldsdorf, Tryhel, geschossen wurde, zog sich die Abteilung nach Rodaun zurück. Hiebei wurde sie auch aus der gleichen Richtung mit Revolverschüssen angegriffen.*

Nachdem bei der Wasserleitung bereits der Schukomann Anton Almer durch einen Schuss in den Unterschenkel verletzt worden war, hat sich die Abteilung in gedecktem Feuer zurückgezogen und auf dem Posten Rodaun Verstärkung angefordert".

Die gegenseitige Belastung der Beschuldigten.

Angaben der Beschuldigten.

Alfred Gromus gibt an:

„Ich war am kritischen Tage vormittags in der Arbeit und kam mittags zum Essen um ca. 12:30 Uhr nach Hause. Nach dem Essen wollte ich wieder in die Arbeit und fuhr mit dem Rade nach Atzgersdorf in meine Arbeitsstätte Alois Glock. Es waren aber Posten aufgestellt und ich durfte nicht in das Haus des Glock, sondern wurde ich von einem Gendarmen zurück geschickt. Als ich um ca. 14:00 Uhr zu Hause ankam, begab ich mich zu den Genossenschaftshäusern, nachdem ich erfahren habe, dass dort geschossen worden sei. Ich ging in das Haus Josef-Schöffel-Gasse 36. Dort waren die mir bekannten Krischanitz, Goldenberg, Bergauer, Rendl, und noch andere die ich kenne, mit mir aber verhaftet wurden, anwesend. Wir standen im Hausflur und ich bin auf den Dachboden nicht gekommen. Von Waffen und Sprengmittel wusste ich nichts und wurde mir auch nichts gesagt."

Bruno Bachler gibt an: *„Ich war vormittags in der Arbeit und kam um 12:30 Uhr zum Mittagessen nach Hause. Zu Hause habe ich erfahren, dass bei den Genossenschaftshäusern in der Schöffel-Gasse geschossen worden sei und Leute dort versammelt sind. Ich begab mich dorthin um nachzusehen was eigentlich los sei. Dort angelangt ging ich in das Haus Schöffel-Gasse 40 wo ich verblieb und Coufal und Wollrab dort antraf. Wir begaben uns auf den Dachboden um von dort die Vorgänge beobachten zu können. Wir waren ca. zwei Stunden auf den Dachboden, als die Gendarmerie kam. Ich wollte flüchten, doch konnte ich nicht mehr, da das Haus bereits* umstellt war. Da ich Angst hatte, blieb ich auf dem Dachboden und kroch ich schließlich beim Dachbodenfenster auf das Dach hinaus. Es kamen mehrere Gendarmen und holten uns aus dem Versteck. Gewehre und Sprengmittel habe ich nicht gesehen und wurde mir auch nicht gesagt, dass solche vorhanden seien und beim Erscheinen von Gendarmen angewendet werden sollten."

Begründung der Verhaftung: Vorgenannte wurden, weil sie an der Tat beteiligt waren und unmittelbar nachher betreten wurden, wegen Flucht- und Verabredungsgefahr verhaftet und dem Bezirksgerichte in Liesing eingeliefert.

Am **16. Februar 1934:**

Franz Pülsl, geb. 22. Februar 1875, Vizebürgermeister und Sekretär, ehem. Obmann des Republikanischen Schutzbunds, vorsätzliche unterlassene Unternehmung – Hochverrat, Zusammenrottung und Bewaffnung .

Karl Geldner, geb. 8. April 1879, Juwelier, verteilte Handgranaten, Hochverrat.

Heinrich Urban, geb. 26. Februar 1894, Tischlergehilfe, militärischer Unterleiter des Republikanischen Schutzbunds, Zusammenrottung.

Karl Hörnich, geb.15. Jänner 1913, Maler, verteilte Waffen und Handgranaten

Friedrich Rohaczek, geb. 16. Mai 1907, Privatbeamter, verteilte Waffen und Handgranaten.

Rudolf Morawetz, geb. 5. Juli 1915, Kellner, verteilte Waffen und Handgranaten.

Am **17. Februar 1934 und danach** wurden ebenso folgende Personen verhaftet und ins Landesgericht für Strafsachen Wien II eingeliefert:

Josef Mottl, geb. 30. Dezember 1898, Hilfsarbeiter, Beschießung der Schukoabteilung.

Josef Eybek, geb. 12. April 1900, Tischler, Zusammenrottung.

Adalbert (richtig Herbert) Mayer, geb. 2. September 1895, Hilfsarbeiter, dzt. unbekannten Aufenthalts (flüchtig).

Friedrich Hrdlicka, dzt. unbekannten Aufenthalts (flüchtig).

Weiters: Anton Bergauer, geb.7. Jänner1913, Robert Thomaskewicz, N. Pscheidl, Wilhelm Hartl geb. 13.Jänner 1895, Franz Zatloukal, Gottfried Gromus, geb.1. Juni 1910, Franz Foreaux, Rudolf Senninger, geb. 21.Mai 1908, Johann Werndl, geb. 4.Juni 1887, Rosenbichler Martin, geb. 24.Juni 1899, Hauser Willibald, geb.19.August 1880.

Weiters wurde eine Anklageschrift der Staatsanwaltschaft Wien II am 17. Februar 1934, gegen folgende Personen erhoben: (alle in Haft)

Max Goldenberg, geb. 24. 2.1907, Eisengießer

Josef Jirakgeb. 13.12.1897. Bauarbeiter

Josef Rendl geb. 7.1.1911, Hilfsarbeiter

Johann Haberl,geb. 6. 4.1905, Hilfsarbeiter

Andreas Kryschanitsch geb. 26.11.1912, Gärtnergehilfe

Anton Coufal geb. 14.12.1914, Formstecher

Alois Wollrab geb. 2. 6.1913, Hilfsarbeiter

Gottfried Gromus geb. 1.7.1910, Zimmergehilfe

Franz Kolrosz keine Angaben

Anklage wegen Verbrechen des Aufruhrs, Sprengstoffgesetz usw.

Weiterer Bericht:

Am 24. Februar 1934 wird vom Gendarmerieposten Mödling ein Bericht an die Bezirkshauptmannschaft Mödling bzgl. der sozialdemokratischen Revolte verfasst, wo die Verhaftung des ehemaligen niederösterreichischen Landtagspräsidenten Leopold Petznek, des Schutzbundobmanns Josef Vogel, des Bezirkssekretärs Josef Hoffmann, der Schutzbundfunktionäre Franz Sagmeister, Johann Piplitsch und Wilhelm Rührl, gefordert wird.

Leopold Petznek, Wilhelm Rührl und die Funktionäre Hermann Wurmbrand, Franz Kernmüller und Anton Oswald sen. konnten festgenommen werden, die anderen haben sich durch Flucht der Verhaftung entzogen. Vom Posten Mödling wurden wegen Aufruhr und Hochverrat 112 Personen dem Bezirksgericht eingeliefert.

Leopold Petznek (1881- 1956) war Schutzbundkommandant des Viertels unter dem Wienerwald und gehörte von 1921- 1934 dem niederösterreichischen Landtag an, auch zeitweise dessen Präsident. Seit Anfang der 20er Jahre mit der Tochter Erzherzog Rudolfs Elisabeth Marie Windisch-Graetz liiert, wurde er 1933 in den unfreiwilligen Ruhestand versetzt und 1934 sowie 1944 verhaftet und für jeweils mehrere Monate eingesperrt. 1948 heiratete er seine langjährige Lebensgefährtin.

Eine anonyme Anzeige an die Bundes- Polizeidirektion Wien, Präsidial-Protokoll mit der Aktenzahl Pr. Zl.IV-136/173/34 ist am 21. März 1934 eingelangt.

An die löbl. Polizeidirektion in Wien. (Wort-, Satz- und schriftgetreu wiedergegeben) Uneigennützig möchte ich der Polizeidirektion von Wien bekannt geben, wie es am 12. Februar in Liesing zugegangen ist. Es soll niemand erfahren von wem sie die Mitteilungen haben.

In Liesing in der Akumulatoren Fabrik war ein Betriebsrat mit Name Heinrich Kowanda. Dieser Mann hat in der Fabrik den Schutzbund gegründet und in so ausgebaut, dass alle mit Waffen versehen worden sind (7schüssige Revolver) Namen die die Waffen bekommen haben kann ich nicht alle angeben nur die mir in Erinnerung sind Julius Blaschek, Josef Blaschek, Roman Kowanda, Karl Kowanda, Richard Hauser, Emil Leichart, Karl Blasenbauer, Josef und Anton Filzmeier und so weiter. Durch diese Gründung einer Schutzbundabteilung in der Fabrik ist er sehr in Ansehn bei der roten Gemeinde gekommen, in Liesing und ist Gemeinderat geworden. Als Gemeinderat hat er den Friedhof auch verwaltet und da sind Waffen versteckt geworden (Handgewehre und 5 Maschinengewehre) 8 Tage vorher war eine Versammlung in Betrieb und da er noch die Leute aufgehetzt, jeder wenn es zu was kommen sollte mit der Waffe in der Hand.

Von Montag auf Dienstag wie das Licht nicht gebrannt hat sind auf sein Kommando die Waffen vom Friedhof in die Akkumulatorenfabrik gebracht worden. 10 bis 12 Schutzbündler sind unter sein Kommando gestanden und haben die Waffen in Zwischenräumen wo sie sich durch Lichtsignale verständigten vom Friedhof in die Fabrik gebracht. Heinrich Kowanda ist im Betrieb gewesen unter dem Schutze, eine Brandwache gehalten zu haben. Die nächstfolgende Nacht sind die Waffen im Wirtschaftgebäude gebracht worden und am Tage sind die Schutzbündler ausgerüstet geworden nur durch ein Missverständnis ist es zu keinem Kampf gekommen.

2 Schutzbündler sind verhaftet geworden von der Fabrik Josef Eibeck Tischler aus Liesing, Franz Vouro Tischler aus Liesing beide beschäftigt in der Akumulatorenfabrik Liesing. Josef Eibeck ist noch in Untersuchungshaft, hat aber nur im Auftrag von Schutzbundkommandanten Heinrich Kowanda gehandelt.

Es müssen noch Waffen versteckt sein, die Kowanda jetzt los haben möchte und Eibeck und viel andre wissen da jede Woche vom Kowanda von den Genossen gesammelt wird um seine Familie zu unterstützen damit er nicht verrät. Die Namen die bei der Sache dabei waren Heinrich Kowanda, Julius und Josef Blaschek, Karl Blasenbauer, Josef Eibeck, Emil Suchard.

Einer aus Siebenhirten der auch in Untersuchungshaft ist der nicht beschäftigt ist in der Fabrik und auch eine Unterstützung bekommt da er bei dieser Sache auch dabei war, in

(sic!) Blaschek Julius bekannt und noch mehr die sie alle bekommen wenn sie die Leute 8 bis 14 Tage einsperren erfahren sie alles was sie wissen wollen.
Kowanda Heinrich arbeitet jetzt noch unterirdisch weiter und vielleicht gelingt Ihm ein Husarenstück, das ihm riesigen Anhang verschafft. Wenn er auch eingeschrieben ist bei der Vaterländischen Front umso besser der Deckmantel. Greifen sie nicht ein dann gibt es um ein paar Tote mehr sein Ausspruch ist immer gewesen Siegen oder Sterben.
N.N.

Eine weitere anonyme Anzeige vom 24. Februar 1934 über Waffenverstecke im Liesinger Brauhaus befindet sich im Anhang.
Zur Erinnerung an die Liesinger Arbeiter, welche wie bereits erwähnt, sich am 12. Februar 1934 in dieser Wohnhausanlage versammelt haben, um Widerstand gegen die faschistische Diktatur zu leisten, für den Erhalt von Freiheit, Demokratie und Republik zu kämpfen, wurde 2004 eine Gedenktafel an dem Haus Nr. 36 der Genossenschaft „Wien-Süd", der damaligen Josef-Schöffel-Gasse (jetzt Elisenstraße), enthüllt.

Ein damals junges Mitglied der Sozialistischen Arbeiterjugend und Arbeiterturner, **Eduard Weikhart**, ist so wie sein älterer Bruder Maximilian, untrennbar mit der Geschichte der „Wien-Süd" verbunden.
Ob der damals 28-jährige Eduard Weikhart zu den ca. 300 Männern des Schutzbundes am 12. Februar gehörte, lässt sich nicht mehr mit Sicherheit feststellen.
Allerdings ging er, nach dem Verbot aller sozialdemokratischen Organisationen, wie viele andere in die Illegalität und nahm eine wichtige Rolle bei den Revolutionären Sozialisten ein.
„Edi Weikhart aus Liesing besaß die rastlose Energie und den engen Fanatismus des Menschen, der eine Sache ein für alle Mal entschieden hat und nun ohne Zweifel und Scheu für sie einsteht. Seine Mitarbeiter trieb er zu unglaublichen, in keinem anderen Gebiet Österreichs erzielte organisatorischen Leistungen an....Vom Zentralkomitee forderte er klare Weisungen, aber was klar war, überließ er ihm keineswegs. Nichts schien bei der Zentrale zu klappen, nichts war den Liesingern radikal genug..." (Aus: Am Beispiel Österreichs. Von Joseph Buttinger)
In einer „Vertraulichen Mitteilung" vom 23. März 1934, eine „Note an den Herrn Sicherheitsdirektor für Niederösterreich, Landesregierungsrat Alfred Gautsch in Wien beehrt sich die Bundespolizeidirektion ein anonymes Schreiben betreffend die

Beteiligung von Mitgliedern des Republikanischen Schutzbundes an den Vorfällen des 12. und 13. Februar 1934 in Liesing zu übermitteln." Darin wird mitgeteilt, dass *„…folgende Personen sich illegal beim Vertrieb und der Herstellung von Flugblättern mitwirken:* **Eduard Weichhart** (Name falsch geschrieben), *der früher bei der Partei journalistische Arbeiten verrichtete…"* sowie weitere bekannte Liesinger Schutzbündler (Zierhut, Eisenmenger, Buchmann, Kowanda, Zerroch, Mehlführer, Bezdeka, Stöger, Wech, Liebezeit, Schmiedberger, Reindl, Meisgeier usw).

Bereits im Juni 1945 wurde Eduard Weikhart erster Bezirksobmann Liesings der neu gegründeten Sozialistischen Partei Österreichs. Im November 1945 wurde er bei den ersten freien Wahlen nach dem Zweiten Weltkrieg bereits in den Nationalrat gewählt.

Bei der Wohnbaugenossenschaft „Wien Süd" stand schon bald der jüngere Bruder des 1948 gewählten Obmanns Maximilian Weikhart, Abgeordneter zum Nationalrat Eduard Weikhart, in den 1950er und 1960er Jahren am häufigsten im Licht der Öffentlichkeit.

Er war langjähriges Mitglied des Aufsichtsrates der Bau- und Wohnungsgenossenschaft Wien-Süd. Als Abgeordneter und später Staatssekretär war ihm die Förderung speziell des sozialen Wohnbaus ein besonderes Anliegen.

Der Höhepunkt seines politischen Wirkens war die Berufung von 1956 bis 1966 als Staatssekretär im Bundesministerium für Handel und Wiederaufbau.

Gespräch mit Herrn **Ing. Helmut Weikhart**, *Sohn des ehemaligen Staatssekretärs Eduard Weikhart am 20. Juli 2011. Herr Ing. Helmut Weikhart erklärt in einem Gespräch mit dem Autor, dass er aus Erzählungen seiner Eltern weiß, dass es die Flugblätter, die in aufgefundenen Akten des Staatsarchivs bestätigt wurden, gegeben hat. Dabei wurde festgestellt, dass Hr. Eduard Weikhart diese Flugblätter und die geheime sozialistische Monatszeitung „Volksstimme" in dem niederösterreichischen Bezirk Mödling mittels eines PKWs von Znaim nach Österreich schmuggelte und vertrieben hat (er war damals Angestellter und hatte ein Dienstfahrzeug). Die Auslieferung der Flugblätter in Wien war kurios, denn diese lagen in einem Kinderwagen unter der Matratze, wo der kleine Helmut spazieren geführt wurde. Es wäre niemand auf die Idee gekommen, in einem Kinderwagen unter dem Kind nachzusehen. Seine Mutter hat diese Flugblätter an Personen verteilt, die ihrerseits diese weitergaben. Weiters erzählt Herr Ing Weikhart, dass der Vater Eduard sich oft mit anderen Schutzbündlern in der Nähe von Bischofshofen in Salzburg, auf der Ladenbergalm im Tennengebirge getroffen hat. So wurden die geschmuggelten*

Flugblätter nach Westösterreich (Salzburg, Tirol und Oberösterreich) gebracht und verteilt. Bei diesen Treffen auf der Ladenbergalm war nach seiner Aussage immer ein pensionierter Eisenbahner aus Bischofshofen, Herr Steff Bubenik dabei, ein Schilehrer und Berführer, der im Umkreis dieser Ladenbergalm kontrolliert hat, ob nicht aus dem Tal Gendarmeriebeamte oder Heimwehrleute kommen, er hätte die Schutzbündler dann gewarnt. Eduard Weikhart war ein begeisterter Bergsteiger, welcher den Großglockner alleine, den Großvenediger und das Kitzsteinhorn mit seinen damals 15jährigen Sohn bezwungen hat. Ing. Helmut Weikhart war 1961-1991 Sektionsobmann der Sektion 5.

Staatssekretär a.D. Eduard Weikhart

A k t s n o t i z

Anliegendes Flugblatt wurde in den letzten Tagen in grosser
Anzahl in Liesing und Umgebung zur Verteilung gebracht. Hergestellt wurde dieses Flugblatt in einer Schrebergartenhütte
in der Umgebung Liesing worden sein. In Liesing ist eine grös-
sere Anzahl radikaler sozialrevolutionärer und kommunistischer
Parteigänger. Die Agitation, wie von ihnen betrieben wird, ist
recht lebhaft. Speziell im Arbeitsamtsamte von Liesing wird
anlässlich der Auszahlungen am Montag, Mittwoch und Freitag
von Mund zu Mund Propaganda gemacht. Tagtäglich finden auch
kleine Versammlungen vor dem Kalksburger Kloster statt. Diese
Zusammenkünfte sind ganz allgemein unter der Bevölkerung unter
dem Namen "Das Parlament" bekannt. Zivilorgane des Sicherheits-
dienstes könnten dort über die illegale Parteiorganisation interessante Daten erfahren.

Folgende Personen beteiligen sich auch dermalen noch
illegal und dürften beim Vertrieb und bei der Herstellung der
Flugblätter mitwirken: Eduard W e i c h h a r t , der früher bei
der Partei journalistische Arbeiten verrichtete,Josef E h r e n -
h u t, früherer Kassier des Schutzbundes, E i s e n b e r g e r ,
ein Funktionär der früheren Arbeiterbibliothek, der frühere Obmann des Schutzbundes S t a i d i n g e r und Heinrich K o w a n -
d a, Lukrer der Sprituosenabteilung der Akkumulatorenfabrik in
Liesing, der am 12.Februar die Arbeiter zur Niederlegung der
Arbeit bewog. Radikal eingestellt sind auch die früheren Mitglieder des Schutzbundes Z e r k o w i,Georg K e h l f u h r er
und L e n d e k a sowie ein gewisser S i n g e r ,der sei

Amtsnotiz gegen Weichhart (sic!) Eduard und andere Schutzbündler

der Sturmabteilung eingeteilt war. Bei Otto Quech dürfte
noch Material des Schutzbundes zu finden sein. Alle diese
Personen wohnen in Liesing. In Atzgersdorf wären als kommunistische Parteigänger der Chauffeur der Akkumulatorenfabrik
L i e b e z e i t , ein gewisser S c h w i e d b e r g e r und
ein gewisser R e i n d l zu nennen. Der in Atzgersdorf wohnhafte W e i n g e i s t ist Referent für Gewerkschaftsfragen.

14.September 1934.

wie oben

5.3 Wiedergabe eines Interviews von Dr. Gerald Netzl mit dem ehemaligen Schutzbündler Alfred Gromus aufgezeichnet am 10. November 2003

Netzl: Erzähl mir bitte von Deiner Familie.

Gromus: *Ich wurde am 10. Juni 1916 geboren. Wir waren eine Familie mit 6 Kindern, 3 Mädchen, 3 Buben. Meine Mutter war in der Sozialdemokratie hoch aktiv, vor allem bei den Frauen. Meine Mutter hat für die Partei gelebt. Mein Vater hat bei der Arbeiter- Zeitung gearbeitet. Nach dem Verbot der AZ 1934 in der Akkumulatorenfabrik. Ich bin in Mödling in das Bundesrealgymnasium gegangen und habe anschließend in Atzgersdorf Elektriker gelernt. Dort habe ich dann 35 Jahre mein Geschäft gehabt.*

Netzl: Wo habt ihr gewohnt?

Gromus: *Ich habe in meiner Jugend in Liesing gewohnt, in der Grenzgasse, der jetzigen Ketzergasse, Richtung Rodaun kurz vor dem Aquädukt. Dort war ein großer Gemeindebau, ein Doppelbau. Unsere Wohnung lag im 2. Stock.*

Netzl: Wie war die politische Situation in Liesing vor 1934?

Gromus: *Die Sozialisten waren natürlich die größte Partei in Liesing. Ich war bei den Arbeiterturnern. Meine Mutter hat natürlich geschaut, dass wir alle organisiert waren. Als meine Mutter 1938 von den Nazis verhört wurde, hat man ihr vorgeworfen, dass niemand in ihrer Familie bei einer NS-Organisation Mitglied war, was also ein Zeichen dafür war, dass die ganze Familie gegen die Nazis eingestellt war. In Liesing hat es nur eine Handvoll Heimwehrler und Nazis gegeben. Erst 1938 sind dann viele auf einmal Nazis geworden. Auch ehemalige Sozialdemokraten sind dann mit der Nazi-Uniform herum gerannt, sodass man sich für diese Leute geniert hat. Fürchterlich. Bei mir im Haus war auch einer, der war dann bei der SS.*

Netzl: Warst Du bei den Wehrturnern?

Gromus: *Nein, bei den Arbeiterturnern. 1934, als die Unruhen begonnen haben, hat das ja in Wien angefangen. Als zu Mittag überall der Strom abgedreht wurde, sind wir zur Genossenschaftsanlage und haben uns dort gesammelt, dort haben ja lauter Sozialisten gewohnt.*

Am Abend haben wir von Wien Schießen gehört, darauf wollten wir die Waffen holen. Ich war ja der jüngste (17Jahre). Ich hab einen langen Mantel angehabt.

Na, wir sind zum Beer Otto gegangen, der auch in Liesing gewohnt hat, dort lagerten die Waffen. Unterm Mantel haben wir die Gewehre in die Genossenschaftsanlage getragen. Dort sind wir den Wohnungen gesessen, mit den Gewehren und selbst gebastelten Handgranaten, den Schmiervasen, auf den Fensterbrettern. Wir sind also dort gesessen und haben auf einen Befehl gewartet. Der damalige Bezirksschutzbundkommandant war Franz Depil. Er hatte die Direktiven, was im Fall des Falles zu tun ist. Aber der Depil war feig, er hat sich zu Hause eingesperrt und ist nicht heraus gekommen.

Ich bin später mit ihm in einer Zelle gesessen. Dort hat er beteuert, er war nicht auf der Gasse gewesen, ihm könne man nichts anhängen. Aber die Leute sind in der Anlage gesessen und haben gewartet....

Von Meidling haben wir das Schiessen gehört. Einer hat gemeint, „packen wir uns zusammen und marschieren wir nach Meidling um denen zu helfen". Nach einer Weile ist einer gekommen, ich glaube es war der Bezdeka Schani, der gesagt hat „Leutln, da passiert nichts, gebt die Waffen wieder ab, wir sammeln sie ein. Geht heim und wartet dort auf Anweisungen. Kommt morgen wieder her." Die Waffen wurden eingesammelt und weg gebracht. Da waren die Leute natürlich, wie man so sagt, angefressen, denn endlich hatten sie Waffen und wollten etwas unternehmen. Am Montag waren wir an die 300 Mann! Am Dienstag ist dann kaum mehr jemand gekommen. Ich bin aber wieder hin. Schon auf dem Weg habe ich gesehen, dass die Gendarmerie unter einem Aquäduktbogen ein Maschinengewehr aufgestellt hatte. Dahinter ist einer mit Stahlhelm gesessen, ein Bundesheerler oder Gendarm. Darauf hat die Gendarmerie Stiege für Stiege und Wohnung für Wohnung durchgekämmt und so wurde auch ich verhaftet. Ich war mit dem Bergauer Anton mit der Kette zusammengefesselt, wir haben ihn „Bergauer-Blader" genannt, er war so ein Dicker.

Von Liesing haben sie uns durch den Schnee mit dem Lastauto nach Rodaun und dann nach Purkersdorf gefahren. Dort haben sie uns untersucht und beim Bergauer im Stiefelschaft Gewehrpatronen gefunden, die er heraus zugeben vergessen hat. In ihren Augen war er deshalb der Gefährlichste. Von Purkersdorf sind wir nach Mauer gekommen. Dann ist es schon angegangen mit dem Hauen. Sie haben ihn mit den Gewehrkolben und Fäusten geschlagen. Einen zweiten, den Reindl Peter, haben sie genauso gehaut, obwohl der harmlos war, der hat so wie ich gar nichts getan.

Danach kamen wir nach Liesing, wo sie den Bergauer wieder geschlagen haben. Das kann man sich gar nicht vorstellen, wie sie den gehaut haben! Mir haben sie nichts gemacht, ich war ja noch sehr jung und auch sehr schmächtig. Die nächste Station war das Landesgericht, dort wurden wir sortiert und ich kam in die Riemergasse, ins Jugendgericht. Noch einen haben sie sehr geschlagen, den Modl Didi, der wurde nachher auch ein Nazi, SA oder SS, wie blöd eigentlich? Mancher enttäuschte Sozialist wurde ein Nazi.

In der Riemergasse bin ich zwei Monate gesessen. Immer wieder gab es Einvernahmen, aber ich hab natürlich keinen gekannt, ich wollte ja niemanden verraten. Vom Sehen, hab ich gesagt, kenn ich die Leute schon, sind ja alles Liesinger, aber wie sie heißen weiß ich nicht. Die meisten Inhaftierten wurden nach zwei, drei Monaten aus dem Landesgericht freigelassen.

Netzl: Warum wurde vom Schutzbund nur in Liesing etwas getan, nicht in den anderen roten Gemeinden rundherum?

Gromus: Das weiß ich nicht, wir haben von den anderen nichts erfahren. Der Depil hat ja die Direktiven gehabt und hat sich versteckt.

Netzl: Es gab doch einen Toten in Liesing. Weißt Du, wie es dazu kam?

Gromus: Wie gesagt, die Häuser wurden von der Gendarmerie geräumt. Ein Unbeteiligter ist dort vorbeigegangen, auf die Art wie ein Spaziergänger. Gegenüber auf der Straße stand Gendarmerie, sonst war niemand auf der Straße. Mir wurde erzählt, ein Gendarm hätte sich niedergekniet, den Karabiner angelegt und den Passanten erschossen. Der Tote hat mit uns wirklich nichts zu tun gehabt.

Netzl: Weißt Du von Leuten, die dann emigriert sind?

Gromus: *Der Hanzl Erwin ist nach Russland gegangen, aber dann wieder zurückgekommen. Sein Bruder Adolf war auch bei uns dabei, dem ist aber später nichts passiert. Vom Bergauer weiß ich, dass er nach Spanien gegangen ist, um dort die Republik vor den Faschisten zu verteidigen. Er ist in Spanien wie so viele andere gefallen.*

Netzl: Du hast bereits erwähnt, dass viele aus Enttäuschung Nazis wurden.

Gromus: *Ja, das war leider so. Zur Kommunistischen Partei sind nur ganz wenige gegangen, das war immer eine sehr kleine Partei. Viele haben sich aber auch ganz zurückgezogen und neutral verhalten.*

Netzl: Wie ging es mit Dir persönlich weiter?

Gromus: *Nach zwei Monaten wurde ich gegen Gelöbnis frei gelassen. Ich wurde dann öfter zu Gegenüberstellungen geholt, habe aber nie jemanden verraten. Nach 1938 war nicht ich, aber meine Mutter unter verschärfter Beobachtung. Meine Mutter war kurz nach dem Einmarsch beim Greißler, Hofbauer hieß er, dort waren auch ein paar „Nazissen", die politisiert haben. „ jetzt ist mit dem Hitler endlich einer da, da wird was weitergehen" und so. Im Weggehen, mehr zu sich selbst, hat meine Mutter gesagt „aber nicht mehr lang". Diese Frauen sind dann gleich zur NSDAP und haben sie angezeigt. Wegen dieser Äußerung kam meine Mutter vor ein Sondergericht. Sie wurde wegen Verstoß gegen das „Heimtückegesetz" zu einem Jahr Kerker auf Bewährung verurteilt. Ihr wurde gedroht, dass sie beim geringsten Vorfall verschwinden wird. Das hätte KZ bedeutet und dann hätten wir sie wohl nicht wieder gesehen.*

Im Krieg war ich drei Jahre eingerückt. Wegen eines Motorradunfalls war ich nur zum Teil kriegsverwendungsfähig („garnisonsverwendungsfähig Heimat"). Ich machte einen Kurs für Funkmessgeräte, Radar. Diese Radargeräte kannte ich bis ins kleinste Detail. Ich versuchte, wo es ging, zu sabotieren. Das war aber sehr gefährlich, auch den besten Freunden durfte man nichts verraten, sonst hätte es den Kopf gekostet.

Netzl: Welche Lehren können wir Jungen aus dem 12. Februar 1934 ziehen?

Gromus: Das ist schwer. Es war eine schwierige Zeit damals. 600.000 Arbeitslose in Österreich, die Menschen hatten nichts. Heute kümmert man sich ja um die Leute, den meisten geht es gut, man hat Arbeit oder eine Pension. Das muss so bleiben! (Wort- und schriftgetreu wiedergegeben).

5.4. Die Protestversammlung am 15. Juli 1934 auf der Predigtstuhlwiese in der Liesinger Nachbarortschaft Kaltenleutgeben mit Rosa Jochmann und drei Todesopfern

__Rosa Jochmann__ (1901-1994) stammte aus einer Arbeiterfamilie und kam sehr bald mit der Gewerkschaft in Verbindung. Nach der Arbeiterhochschule kam sie bereits 1933 in den Parteivorstand. Nach dem Februar 1934 schloss sie sich den Revolutionären Sozialisten an und wurde 1935 wegen Verbreitung illegaler Blätter zu einem Jahr schweren Kerkers verurteilt. 1939 wurde sie von der Gestapo verhaftet und ins Frauen-KZ Ravensbrück deportiert, wo sie sich sehr um andere Häftlinge kümmerte. Sie konnte erst nach der Befreiung durch russischen Truppen 1945 nach Österreich zurückkehren, wo sie noch im selben Jahr in denNationalrat gewählt wurde, dem sie bis 1967 angehörte. Seit 1959 bis 1967 war sie Frauenvorsitzende der Sozialistischen Partei Österreichs.

Die „Revolutionären Sozialisten" versorgten die Sozialdemokraten mit einem geheimen Druck der „Arbeiter-Zeitung", die, wie bereits erwähnt, auf dünnem Papier und im kleinen Format aus Brünn nach Österreich geschmuggelt wurde. Nach einem Aufruf in dieser Zeitung eilten im Mai 1934 hunderte Sozialdemokraten aus dem Liesinger Bereich auf den Parapluieberg, dem Ausflugsberg im Westen Liesings.

Diese Versammlung verlief ohne Zwischenfälle. Zwei Monate später, am 15. Juli 1934, war die – natürlich verbotene – Sozialistenkundgebung zum Gedenken an den Justizpalastbrand am 15. Juli 1927, diesmal auf der Predigtstuhlwiese im Wienerwald in Kaltenleutgeben, in noch größerem Stil aufgezogen worden.

Aus vielen Bezirken waren ca. 3 000 Sozialisten, als Familienausflügler getarnt, gekommen. Die Teilnehmer sangen zum Gedenken der Juli 1927 Gefallenen das Lied „Unsterbliche Opfer, ihr sanket dahin".

Dann sprach Rosa Jochmann. Sie hatte noch keine drei Minuten gesprochen, als die Sicherungsposten des Schutzbunds (80 Mann sicherten die Veranstaltung) das Herannahen von drei Sturmschärlern in der Waldlichtung meldeten. Ein Warnungsruf der aufgestellten Wachen erfolgte und im nächsten Augenblick traten faschistische Schutzkorpsleute und Gendarmen, die Gewehre im Anschlag, aus dem Wald.

Der junge Arbeiter Richard Lehmann aus Liesing erhob abwehrend die rote Fahne, die er trug, gegen die bewaffneten Faschisten. Im nächsten Augenblick krachte ein Schuss und Lehmann stürzte tödlich getroffen zu Boden.

Richard Lehmann (1911-1934), war bei den Kinderfreunden und Roten Falken. Danach Mitglied der Sozialistischen Arbeiterjugend und der Wehrsportler. Seit dem Verbot der Sozialdemokratie Mitglied der Revolutionären Sozialisten. Seit eineinhalb Jahren arbeitslos. Die frühere „Rodaunergasse" im 23. Bezirk wurde 1949„Lehmanngasse" benannt.

Sein Freund Hans Fröhlich aus Liesing wollte die Fahne aufnehmen und schon traf auch ihn eine Mörderkugel.

Johann Fröhlich (1911-1934) auch er war bei den Kinderfreunden, den Wehrsportlern und der Sozialistischen Arbeiterjugend. Ebenso arbeitslos. Die früher „Liesingergasse im 23. Bezirk wurde 1949 „Fröhlichgasse" benannt.

Ein dritter junger Liesinger, Karl Reitmayer, wurde durch einen Streifschuss am Hals und Bajonettstiche schwer verletzt und und in das Krankenhaus Mödling gebracht. (Nach neuersten Forschungen überlebte er und starb erst nach dem 2. Weltkrieg.)

Karl Reitmayer *(1909-1976), war Angestellter der Konsumgenossenschaft Wien.*

Am 18. Juli wurden Johann Fröhlich und Richard Lehmann auf dem Liesinger Friedhof zu Grabe getragen. Die Gendarmerie zog um die Friedhofsmauer einen dichten Kordon und brachte vor dem Friedhofstor zwei Maschinengewehre in Stellung. Im Friedhof selbst standen hinter Grabsteinen und in Gebüschen Gendarmen mit schussbereitem Karabiner.

Ein Mahnmal mit in Tafeln eingravierten Namen von Freiheitskämpfern (auch aus den Jahren 1938-1945) erinnert am Liesinger Friedhof an diese furchtbare Zeit.

Am 2. Oktober 2004 wurde nahe der früheren Predigtstuhlwiese von den Freiheitskämpfern Liesing und Mödling ein Gedenkstein gesetzt.

5.4.1. Josef Gerl

Einer der Teilnehmer bei dieser Demonstration war der junge Arbeiter Josef Gerl. Er musste mit ansehen, wie diese jungen Sozialisten aus Liesing (Hans Fröhlich war ein persönlicher Freund von Gerl, mit dem er zusammen im „Victor-Adler-Heim" gearbeitet hatte), von einer faschistischen „Ortswehr" oder Gendarmen erschossen wurden. Da drängte es ihn, die gefallenen Genossen durch eine Tat gegen das Regime zu rächen. Für Josef Gerl handelte es sich um ein Erlebnis, das ihn aufwühlte. Er wurde nicht müde, zu erklären: „Diesen Mord an zwei Jugendfunktionären dürfen wir nicht tatenlos hinnehmen. Es gilt, zurück zu schlagen, Signale zu setzen, den Kampf gegen die faschistischen Mörder zu verschärfen, ihn härter, konsequenter als bisher zu führen".

Er besorgte sich Ammonitpatronen, mit denen er in der Nacht des 20. Juli 1934 mit seinen Freund Rudolf Anzböck einen Signalposten der Donauuferbahn sprengte. Die Sprengung richtete keinen großen Schaden an. Auf der Flucht wurden die beiden in der Nähe des Ostbahnhofs angehalten; Gerl widersetzte sich und schoss den Wachebeamten nieder, es konnten aber beide verhaftet werden.

Die Regierung hatte wenige Tage vorher, am 12. Juli 1934, angeblich zur Abschreckung von Naziterrorakten, die Todesstrafe für Sprengstoffdelikte eingeführt. Gerl nahm alle Schuld auf sich, am 24. Juli 1934 wurde er von einem Standgericht zum Tod verurteilt.

Der Tschechoslowakische Gesandte Fierlinger wollte bei Kanzler Dollfuß und Kardinal Innitzer eine Begnadigung erwirken, beide ließen sich aber verleugnen. Josef Gerl wurde am 24. Juli 1934 um 20:20 Uhr gehenkt, Bundeskanzler Dollfuß hat ein Gnadengesuch und Interventionen abgelehnt.

Einen Tag später wurde er selbst Opfer eines nationalsozialistischen Attentats. Am 25. Juli 1934 wurde Bundeskanzler Engelbert Dollfuß bei einem versuchten Nazi-Putsch im Bundeskanzleramt am Ballhausplatz von dem Nationalsozialisten Otto Planetta unter der Mitwirkung Franz Holzwebers ermordet. Beide waren ehemalige Angehörige des Österreichischen Bundesheeres.

5.4.2 Originalbericht der Gendarmerie - Predigtstuhlwiese

Im Anhang befindet sich ein Originalbericht der Gendarmerie, welcher von einer „Kommunistischen Demonstration in Kaltenleutgeben; Waffengebrauch mit tödlichem Ausgang" spricht.

Es gibt auch einen Beschwerdebrief des Evangelischen Kirchenrates. Inhalt: Eine evangelische Jugendgruppe, welche mit der geheimen Versammlung der Sozialdemokraten auf der Predigtstuhlwiese nicht in Verbindung stand, kehrte aus einem Ferienlager aus der Ortschaft Sulz nach Wien heim.

Sie wurde ebenfalls von den Heimwehrleuten und der Gendarmerie aus Kaltenleutgeben angehalten, die Jugendlichen kurzzeitig verhaftet, zum Gendarmerieposten gebracht und laut Auskunft einiger Teilnehmer dieser evangelischen Veranstaltung, einige Stunden festgehalten, sowie teilweise misshandelt.

Der Sicherheitsdirektor für Niederösterreich

S.D. 5178/169　　　　　　　　　　Wien, am 16. Juli 1934.

Kommunistische Demonstra-
tionen in Kaltenleutgeben;
Waffengebrauch mit tötli-
chem Ausgang.　　　　　　　　　A b s c h r i f t !

Gendarmeriepostenkommando
Kaltenleutgeben
Bezirk Hietzing-Umgebung, N. Ö.
E. Nr. 1276

Kommunistendemonstration
in Kaltenleutgeben.

An die

Bezirkshauptmannschaft Hietzing-Umgebung

in

Kaltenleutgeben, am 15. Juli 1934.　　　　W i e n .

Am 15. 7. 1934 um ca 14 Uhr meldete ein Ortsschutzmann dem hiesigen Posten, dass auf dem Wege zum Gaisberg Flugzettel gestreut seien. Am Gaisberg selbst sollen mehrere Personen gewesen sein, die sich mit „Freundschaft" begrüsst hätten. Daraufhin gingen Rayonsinspektor Josef König, Alexander Eschelmüller, Gemeindewachmann Anton Hochkogler und 4 Ortsschutzleute kreisförmig streifend auf den Gaisberg. Der dort postierte Ortsschutzmann (der zweite Ortsschutzmann hatte die Verständigung der Gendarmerie Kaltenleutgeben vom Flugzettelstreuen am Gaisberg übernommen) meldete, dass sich die Leute auf die Seewiese begeben hätten und am Gaisberg niemand mehr anwesend sei. König sendete 2 Ortsschutzleute, die sämtlich in Zivil waren, gegen die Seewiese voraus um die Situation auszukundschaften. Die übrige kombinierte Patrouille ging langsam auf die Seewiese nach. Als diese kurz vor der Einmündung zur Seewiese kam, begegneten sie dem Lehrer Ferdinand Gröpl (Sohn des

ehemaligen hiesigen Postenkommandanten) und gab ihnen derselbe
bekannt,dass auf der Seewiese ein Mann stehe und sämtliche
Ausflügler durch Handzeichen auf die Johnwiese hinunter-
dirigiere.Die Gendarmeriepatrouille ging nun mit dem Gemeindewachmann und den Ortsschutzleuten gegen die Seewiese
vor.Auf einer steilen Schneisse,die gegen diese Wiese führt
kam die kombinierte Patrouille in ein rasches Tempo wobei
der Gemeindewachmann etwas vor aus war.Als er auf die Wiese kam,waren dort ca. 200 Mann Versammlungsteilnehmer.
Als die Leute der Patrouille ansichtig wurden,erhoben
sie ein furchtbares Gebrüll und drangen sofort mit Knüppeln
auf die Patrouille ein. Hiebei bekam der Gemeindewachmann
einen Hieb mit einem Knüppel auf die linke Schulter und
Halsseite.Als der Täter und andere mit ihm neuerlich zu
Schlägen ausholten gab Eschelmüller einen Schuss mit dem
Karabiner gegen den Täter ab,der sofort niederstürzte.Fast
zu gleicher Zeit feuerte Ortsschutzmann Gattringer aus einer
Pistole.Die Menge zog sich hierauf um ca. 50 Schritte zurück und wurde von der kombinierten Gendarmeriepatrouille
mit vorgehaltenen Waffen in Schach gehalten.Auf der Wiese
blieben 2 Personen liegen.Ob diese durch Pistolen oder
Karabinorschüsse getötet bezw. verwundet wurden,ist bis
nun nicht festgestellt.Als die Menge neuerlich gegen die
Gendarmeriepatrouille vordrang hat Eschelmüller gegen die
Füsse der Vordringenden und König 2 Pistolenschüsse und der
Ortschutzmann Gattringer einen Pistolenschuss abgegeben.Es
wurde hiebei anscheinend niemand verletzt.Die Menge zog sich
hierauf langsam unter Rufen wie Rache,Arbeitermörder Pfui und
noch anderen Drohungen zurück. Der Rückzug dauerte ca. drei-
viertel Stunden.Die Menge zerstreute sich hierauf in den
umliegenden Wald.Die kombinierte Patrouille ,es waren 8
Mann-musste sich vor einer Einkreisung sichern und konnte

eine Verfolgung nicht vornehmen um auch ihre Schwäche gegenüber den Demonstranten nicht zu zeigen.Von den beiden Liegengebliebenen war einer tot(Herzschuss) einer schwerverletzt (Bauchschuss).Die Patrouille liess den Schwerverletzten durch freiwillige Helfer zur Seewiese befördern von wo ihn der Gemeindearzt Dr. August Breitwieser aus Kaltenleutgeben,welcher durch den Ortsschutzmann Johann Gattringer verständigt worden war und auch auftragsgemäss Sukkurs herbeirief,mit seinem Auto in das Spital nach Mödling brachte.Am Wege dorthin starb der Schwerverletzte.Dr. Breitwieser fand nach seiner Angabe auf der Seewiese noch einen dritten Verwundeten,den er ebenfalls in das Spital mitnahm.Der am Transport Verstorbene ist mit dem am 22. 11. 1911 in Perchtoldsdorf geb. nach Wien zuständigen Schlossergehilfen Hans Fröhlich ident.Dessen Eltern wohnen in Liesing,Grenzgasse Nr. 26.Er war beim Freiwilligen Arbeitsdienst in Perchtoldsdorf beschäftigt.Laut Meldung des Postenkommandanten von Perchtoldsdorf,war er Sozialdemokrat.Seine tötliche Verletzung wurde laut Mitteilung des Spitales durch einen Gewehrschuss hervorgerufen.Der Tote, der sich in der Leichenkammer des hiesigen Friedhofes befindet wurde vom Spenglermeister Anton Leibl in Kaltenleutgeben Hauptstrasse Nr. 102 und vom H. A. Ernst Götz in Kaltenleutgeben Stefaniegasse Nr. 4 wohnhaft,als der in Liesing,Rodaungasse Nr. 7 wohnhaft gewesene Spenglergehilfe Richard Lehmann agnosziert.Der von Dr. Breitwieser auf der Seewiese wie bereits erwähnt aufgefundene Schwerverletzte hat nach Angabe des Spitales Mödling einen Lungenschuss und ist ident mit dem Angestellten der Konsumgenossenschaft in Liesing Karl Reitmaier aus Liesing,Löwenthalgasse Nr. 23.Er wurde vom Posten Mödling einvernommen.Der Posten Mödling meldet:Reit-

meier,der einen Halsschuss habe,gibt an,dass er mit 3
Kollegen u. zw. mit Max Schulz,einen gewissen Hundsdorfer
und Gröhler(Grüner) nähere Adresse unbekannt auf der Wiese
tarockierend gesessen sei.Während des Tarockierens sei ein
Schuss gefallen und sie seien aufgesprungen. Es sei ein
2 ter Schuss gefallen,der Reitmeier in den Hals getroffen
hätte.

Die Gendarmeriepatrouille steckte inzwischen die
Situation auf der Johnwiese aus. Hernach kam das Überfallsauto der Gend. Ergänzungsabt.Der Gendarmeriezug durchstreif-
te den Wald. Als die Streifung auf die Seewiese kam,traf
dort ein Überfallsauto der Bundespolizei ein,und nahm dies
ebenfalls Streifungen nach verschiedenen Richtungen hin vor.
Die Streifung brachte mit Ausnahme von 3 Festgenommenen
durch die Polizei,die aber wegen Harmlosigkeit wieder freigelassen werden mussten,kein Resultat.Die Gendarmerie Kaltenleutgeben,nahm den in Wien XIV,Meisselstrasse Nr. 15,wohn-
haften Lederarbeiter Heinrich Oberhauser fest,der sich im
dortigen Gemeindearrest befindet.Er war auf der Wiese und
hatte sein Rad mit einem anderen Rad zusammengehängt an
einen Baum gelehnt am Waldesrand stehen.Wem das zweite
Rad gehört,ist noch nicht festgestellt.
Am 15. 7. 1934 vorm. wurden vom Posten Kaltenleutgeben folgende Personen perlustriert:
1.) Johann Holitzky,Schlossergehilfe Wien XVII, Geplerg.74,
nichts bei sich gehabt,
2.) Hilda Lang,Wien XVI,Gomzertsgasse 1-4,nichts bei sich
gehabt,
3.) Anton Polisensky,kaufmännischer Angestellter,Wien XVII,
Tröffergasse Nr. 5/9 Hirschgenicker abgenommen,
4.) Franz Muddra,Schlossergehilfe,Wien XVII,Meissengasse Nr.8/

Ergeht an die Bezirkshauptmannschaft Hietzing-Umgebung den Sicherheitsdirektor für N. Ö. in Wien und das Landesgendarmeriekommando für N. Ö. in Wien.

Postenkomdt. beurlaubt
Josef König m. p.
Rayonsinspektor

S.D. 5178/169   Wien, am 16. Juli 1934.

An

das Bundeskanzleramt, Generaldirektion für die Öffentliche Sicherheit,

in

Wien

mit der Bitte um Kenntnisnahme vorgelegt.

Die in der Gendarmerieanzeige erwähnten neun perlustrierten Personen wurden der Polizeidirektion Wien von h. a. fernmündlich zwecks Vornahme von Hausdurchsuchungen bekanntgegeben.

Der Sicherheitsdirektor:

6. Verhaftungen, Verfolgungen, Verurteilungen

6.1. Verhaftungen und Einlieferungen in die Landesgerichte für Strafsachen Wien I und Wien II [8]

Noch während der Kampfhandlungen im Februar 1934 fanden umfangreiche Verhaftungen und Einlieferung in die Landesgerichte statt. Oft genügte nur Verdacht, die bekannte Mitgliedschaft in der Sozialdemokratischen Partei. Bisweilen führte auch die Denunzierung der Hausbewohner zu Verfolgung, Verhaftung und anschließende Verurteilung.

Die folgende Liste beinhaltet nur Meidlinger Bürger, auch solche, welche nachweislich nicht an den Kämpfen teilgenommen hatten.

6.1.1. Landesgericht Wien I:

Nr:	Name:	geb:	Adresse:	§[9]	eingeliefert
32	Schmid Erich	26.11.07	Bendlgasse 22/7	73	14.2.
48	Bauer Karl	9.12.10	Koflergasse 9/6	73	14.2.
52	Leitgeb Franz	2.11.11	Furschützstraße 18/13	73	14.2.
54	Windpassinger Johann	8.8.11	Grünbergsiedlung 50	73	14.2.
66	Schlapschy Franz	26.8.13	Wolfganggasse 33/13	73	14.2.
72	Havel Rudolf	26.5.18	Am Fuchsenfeld St 7/10	73	14.2.
112	Juvancic Ludmilla	14.4.90	Arndtstraße 1	58	16.2.
113	Juvancic Josef	15.2.04	Arndtstraße 1	58	16.2.
149	Vogt Johann	9.10.74	Arndtstraße 1/st 16/7	58	17.2.
151	Seebacher Friedrich	14.7.97	Herthergasse 2	58	17.2.
158	Wollenetz Franz	2.5.98	Murlingengasse 43/2	73	18.2.
159	Tersteniak Blasius	2.2.79	Rosenhügelstraße 112	73	18.2.
224	Christ Oskar	6.6.13	Michael Bernharsgasse 7	73	19.2.
233	Schaffranek Hermann	12.5.96	Wienerbergstraße 28/19	73	19.2.
249	Schmid Anton jun.	22.3.09	Grieshofgasse 20/16	58	19.2.

---

[8] Alle Angaben (wenn nicht anders bezeichnet) aus dem Staatsarchiv: Politische Häftlinge Februarrevoltanten, Polizeiabteilung Staatsanwaltschaft Wien I, Strafsachen Landesgericht Wien I-Namenslisten. Karton 7, IV- 2606/600/34, 401-600 (nur aus Meidling und Liesing)
[9] Paragraphen 58, 65,68 ,73 ,75,83 sind Verdacht Zusammenrottung, Aufruhr, Mord, Hochverrat, Widerstand gegen die Staatsgewalt, Hausfriedensbruch.

250	Krutisch Hugo	3.3.85	Niederhofstraße 22/1	58	19.2.
251	Schmid Anton sen.	31.10.70	Grieshofgasse 20/16	58	19.2.
252	Hofmann Ferdinand	11.10.74	Spittelbreitengasse 42/4/1	73	19.2.
253	Wallisch Emmerich	5.10.95	Böckhgasse 2/12/6	73	19.2.
254	Köck Ernst	28.12.06	Böckhgasse 2/20/6	73	19.2.
292	Bock Franz sen.	28.3.71	Gatterholzgasse 17/23	73	20.2.
293	Bock Franz jun.	12.10.11	Gatterholzgasse 17/23	73	20.2.
302	Angermann Josef	25.10.12	Wilhelmstraße 48/4	68	21.2.
304	Wultsch Johann	20.8.09	Schallergasse 38/39	73	21.2.
305	Simicek Franz	10.12.83	Malfattigasse 12/24	73	21.2.
306	Kohlmayer Karl	5.4.89	Malfattigasse 1/6/12	73	21.2.
329	Leidenfrost Emma	7.5.95	Längenfeldgasse 68/3/20	73	21.2.
330	Rauch Marie	10.4.92	Längenfeldgasse 68/3/7	73	21.2.
331	Pisarek Anna	21.8.87	Wilhelmstraße 33/12	58	21.2.
332	Fahn Georg	8.6.15	Längenfeldgasse 68/4/1	73	21.2.
333	Reichl Stefan	11.8.99	Längenfeldgaee 68/3/11	73	21.2.
334	Fahn Karl	9.5.87	Längenfeldgasse 68/4/1	73	21.2.
335	Sedivy Wilhelm	19.3.07	Albrechtsbergergasse 31/2	73	21.2.
336	Nimführ Hubert	11.6.14	Neuwallgasse 27/13/5	73	21.2.
337	Nimführ Jakob	27.11.84	Neuwallgasse 27/13/5	73	21.2.
338	Wurm Georg	14.5.92	Neuwallgasse 27/14/4	73	21.2.
339	Wenzl Josef	31.8.13	Böckhgasse 4/23/2	73	21.2.
340	Steurer Karl	17.8.01	Ullmannhof 15/10	73	21.2.
341	Beywinkler Karl	20.6.10	Längenfeldgasse 68/4/	73	21.2.
342	Beywinkler Emmerich	31.10.89	Längenfeldgasse 68/4/	73	21.2.
343	Moser Rudolf	28.2.10	Neuwallgasse 27/18/	73	21.2.
344	Geyer Franz	27.3.79	Längenfeldgasse 68/5/4	73	21.2.
345	Redl Ignaz	5.3.83	Längenfeldgasse 68/5/4	73	21.2.
346	Jenkner Franz	28.9.87	Neuwallgasse 27/11/6	73	21.2.
394	Bittner Karl	17.10.03	Ratschkygasse 12/11	73	21.2.
474	Renner Ludwig	25.6.96	Koppreitergasse 8/5/6	65	21.2.
475	Bezalez Josef	1.11.05	Schneiderhahngasse 7	68	21.2.
476	Kober Karl	16.6.97	Malfattigasse 5/8/15	68	21.2.
687	Erkinger August	27.8.89	Neuwallgasse 27/20/17	73	22.2.

688 Hedl Karl	23.9.94	Wienerbergstraße 20/28/12	73	22.2.
742 Schwarzer Franz	12.2.03	Johann Homannplatz 7	68	23.2.
743 Feferle Anton	28.12.07	Breitenfurterstraße 93	68	23.2.
746 Röt Alfred	10.4.99	Liebenstraße 48	68	23.2.
747 Wessnitzer Hermann	2.11.07	Sagedergasse 26/1/7	68	23.2.
748 Altschach Heinrich	2.5.07	Sagedergasse 26/3	68	23.2.
749 Pressl Bernhard	23.3.04	Breitenfurterstraße 93	68	23.2.
750 Reisner Ferdinand	5.1.06	Oswaldgasse 5	68	23.2.
751 Zwieb Stefan	9.12.03	Elsniggasse 10	68	23.2.
752 Herold Adolf	9.4.15	Breitenfurterstraße 102	68	23.2.
805 Neumeir Johann	16.12.15	Am Fuchsenfeld 3/29/13	73	23.2.
807 Juratzka Felix	14.8.08	Gatterholzgasse 26/31	73	23.2.
809 Krysta Johann	26.7.02	Längenfeldgasse 68/5/9	73	23.2.
839 Burian Viktor	22.4.09	Am Fuchsenfeld 3	73	24.2.
840 Axmann Wilhelm	22.10.98	Neuwallgasse 27/2/25	73	24.2.
841 Katzer Johann	18.7.03	Neuwallgasse 27	73	24.2.
861 Mathia Ernst	16.10.14	Böckhgasse 4/19/14	73	24.2.
862 Griesbach Ludwig	1.9.11	Böckhgasse 4/5/4	73	24.2.
863 Völk Josef	14.3.15	Längenfeldgasse 16/7/3	73	24.2.
864 Regenberger Leopold	18.9.97	Böckhgasse 4/8/4	73	24.2.
865 Senes Johann	1.9.09	Böckhgasse 4/9/2	73	24.2.
866 Spieler Mathias	1.1.92	Steinbauergasse 3/4/5	73	24.2.
867 Schuster Johann	7.2.02	Böckhgasse 4/7/3	73	24.2.
933 Albihelli Josef	26.9.14	Böckhgasse 2/24/9	73	24.2.
934 Krysta Karl	29.12.07	Längenfeldgasse 68/4/3	73	24.2.
935 Huber Josef	23.2.93	Längenfeldgasse 68/5/22	73	24.2.
936 Edlauer Karl	20.7.84	Böckhgasse 4/1/2	73	24.2.
992 Bauer Josef	8.10.06	Am Fuchsenfeld 1	73	25.2.
993 Cermak Josef	28.8.05	Gierstergasse 14	73	25.2.
1104 Kirchentreiber Franz	4.2.11	Schallergasse 25/2/25	73	28.2.
1187 Mayer Friedrich (General a.D.)	16.4.79	Tyroltgasse 7/2	58	1.3.
1209 Modlik Karl	25.10.03	Schwenkgasse 50/7	73	2.3.
1215 Kölbl Rosa	16.8.86	Neuwallgasse 27/14/3	73	3.3.
1216 Hugl Engelbert	12.8.84	Längenfeldgasse 68/1	73	3.3.

1217 Olsina Rudolf	12.11.10	Neuwallgasse 27/18/3	73	3.3.
1218 Noritz Johann	12.7.87	Am Fuchsenfeld 1/3/8	73	3.3.
1219 Brandt Rudolf	29.4.03	Arndtstraße 57/25	73	3.3.
1220 Velharticky Oskar	5.8.03	Gatterholzgasse 17/36	58	3.3.
1225 Obermayer Franz Anton	3.8.88	Firmiangasse 47	58	3.3.
1240 Szabo Josef	1.7.98	Gatterholzgasse 6/6	73	7.3.
1281 Kreil Rudolf	3.3.12	Wienerbergstraße 16/30	73	14.3.
1295 Graf Josef	25.10.82	Am Fuchsenfeld 3.H./31	73	15.3.
1296 Mlaker Adolf	14.1.12	Malfattigasse 37/7	73	15.3.
1306 Jancura Rudolf	26.7.94	Bonygasse 61/15	73	16.3.
1307 Haller Rudolf	8.5.85	Böckhgasse 4/14/9	73	18.3.
1316 Weiss Julius	22.3.80	Meixnerweg ¼	73	19.3.
1348 Christ Oskar	6.6.13	Michael Bernhardg. 7 68	73	21.3.
1349 Feifel Bernhard	8.4.96	Flurschützstraße 23/36	73	21.3.
1384 Krtek Wilhelm	31.3.95	Steinbauergasse 36	73	25.3.
1387 Pfandler Josef	2.8.92	Rotenmühlgasse 64/15/6	73	28.3.
1388 Gerstenbraun Alfred	18.12.06	Rotenmühlgasse 64/2/3	73	28.3.
1407 Heybey Johann	4.6.80	Neuwallgasse 27/11/20	73,75	30.3.
1408 Ribel Rudolf	11.1.96	Neuwallgasse 27/22/16	73,75	30.3.

6.1.2. Landesgericht Wien II:

221 Bozlep Franz	15.6.87	Steinbauergasse 1-7/7/13	58	17.2.
223 Dittrich Johann	7.11.83	Koppreitergasse 10/5	58	17.2.
426 Schmid Antonsen.	31.10.70	Grieshofgasse 20/16	58	
		am 14.2. ins LG I danach 23.2.		
427 Schmid Anton jun.	22.2.09	Grieshofgasse 20/16	58	
		am 14.2. ins LG I danach 23.2.		
428 Krutisch Hugo	30.3.85	Niederhofstraße 22/1	58	
		am 14.2. ins LG I danach 23.2.		

6.2. Prominente verhaftete Politiker, Landesgericht I:

1198 Danneberg Dr. Robert, Stadtrat 23.7. 85 3., Reisnerstraße 41/2/14 58 2.3.
1199 Helmer Oskar, Redakteur 16.11.87 Wr. Neustadt, Dittrichgasse 23 58 2.3.
1200 Ellenbogen Dr. Wilhelm, Arzt 9.7.63 1., Ledererhof 2/2/758 2.3.

1201 Weigl Karl, Gew.Sekretär 15.10.79 5., Margaretengürtel 98/2/15 58 2.3.

1202 Speiser Paul, Stadtrat 19.7.77 7., Schottenfeldgasse 9258 2.3.

1203 Weber Anton, Stadtrat 5.11.78 21., Am Spitz 16/1/6 58 2.3.

1204 Seitz Karl, Bürgermeister und Landeshauptmann
4.9.69 1., Rathausstraße 1358 2.3.

1205 Sever Albert, Privat-Beamter, 24.11.67 16., Kreitnergasse 29/4 58 2.3.

1206 Renner Dr. Karl, Präsident des Nationalrates
14.12.70 2., Praterstraße 8 58 2.3.

1207 Richter Paul, Nationalrat 22.11.77 12., Schönbrunnerstraße 254 58 2.3.

In das Landesgericht I wurden **1461** Personen eingeliefert, davon aus Meidling **107**.
In das Landesgericht II wurden **672** Personen eingeliefert, davon aus Meidling und Liesing **28**.

6.3 Kerkerstrafen

Aktenvermerk der Bundespolizeidirektion Wien:
Pr.Zl.IV.- 2606/185/1934Wien, am 18. März 1934.

Entsprechend des Erlasses vom 5. März 1934 Zl: 130.594 St:B. wird berichtet, dass aus Anlass der Februarrevolte in Wien **7 823** Personen verhaftet wurden. Von diesen wurden **1 894** den Strafgerichten eingeliefert und **429** polizeilich bestraft.
Die übrigen Personen wurden mangels eines strafbaren Tatbestandes und sonstiger Anhaltegründe bereits zum größten Teil auf freien Fuß gesetzt. Die Gesamtzahl derjenigen Personen, welche für die Verhaltung in einem Anhaltelager in Betracht kommen, wird sich nach Sichtung aller, sowohl bei der Polizei, wie auch bei den Gerichten in Haft befindlichen Personen ergeben; sie wird voraussichtlich ungefähr **300** Personen betragen. Von den noch in Haft befindlichen Mandataren und Funktionären werden Georg Emerling, ehemaliger Vizebürgermeister, amtsführender Stadtrat Hugo Breitner und Julius Braunthal, Chefredakteur des Kleinen Blattes, dem Landesgericht für Strafsachen in Wien wegen Verdacht des Hochverrates eingeliefert werden.
Dr. Seydel m.p.

Allein im ersten Halbjahr 1934 wurden **1 182** Februarkämpfer zu insgesamt **1 339** Jahren Kerker verurteilt.

Nicht nur die Gerichte (nach Anklage, Verhandlungen und Urteilen), sondern auch die Polizei konnte (ohne Anklage und Urteilen) Haftstrafen im Ausmaß von mehreren Wochen oder Monaten verhängen.

In den Arresten der Polizei wurden nach Verhaftung von Schutzbündlern oftmals bei Verhören die Beschuldigten geschlagen und bekamen tagelang keine Verpflegung.

Das Strafausmaß reichte von einigen Monaten, auch bei jungen Leuten (siehe Interview mit Alfred Gromus, Schutzbündler aus Liesíng, welcher 2 Monate in der Jugendstrafanstalt Riemergasse verbrachte) bis 18 Monate (siehe Urteil Rudolf Olsina im Anhang) und darüberhinaus. Der militärische Führer des Schutzbunds, Major Alexander Eifler, wurde zu 18 Jahren Kerker, sein Stellvertreter Hauptmann Rudolf Löw zu 12 Jahren Kerker verurteilt. (Löw wurde bei der Amnestie 1935 begnadigt und konnte im Jänner 1938 ausreisen.)

In verschiedenen europäischen Ländern wurden die Nachrichten von den Beschießungen mit Kanonen und Haubitzen auf Wohnhäuser und die anschließenden Hinrichtungen von einfachen Arbeitern mit Entsetzen aufgenommen.

Besonders in London und Paris erhob sich eine Welle des Protestes. Das Elend in den Kreisen sozialistischer Aktivisten war grenzenlos. Wie bereits erwähnt, startete die evangelische Religionsgemeinschaft der englischen und amerikanischen Quäker eine große Hilfsaktion, welche sich schon im Ersten Weltkrieg mit ihrer humanitären Arbeit solchen Ruhm erworben hatte. Bereits im März gab es 8316 Unterstützungsempfänger, besonders für die Frauen und Kinder der verwundeten oder toten Schutzbündler.

6.4. Anhaltelager Wöllersdorf und Kaisersteinbruch

Bereits am 21. September 1933 erließ die diktatorische Regierung Dollfuß eine Verordnung, die es erlaubte, „sicherheitsgefährliche Personen" festzunehmen und ohne eines gerichtlichen Urteils zur „Verhaltung in einem bestimmten Ort" zu verbringen, womit Anhaltelager gemeint waren. In den treffenden Worten von Heimwehrführer, Sicherheitsminister und Vizekanzler Fey ging es darum, „Personen nicht erst nach vollbrachter Tat, sondern schon vorher hinter Schloss und Riegel zu bringen, wenn anzunehmen ist, dass das Wirken dieser Personen nicht einwandfrei ist".

Das größte und bekannteste Lager war Wöllersdorf /Nähe Wiener Neustadt, ein kleineres existierte bei Kaisersteinbruch/Nähe Bruck an der Leitha. Es wurden dort die politischen Gegner, Nationalsozialisten und Kommunisten, nach den Februarkämpfen 1934 auch Sozialdemokraten, interniert.

In Kaisersteinbruch befanden sich rund 500 Häftlinge, hauptsächlich illegale Nationalsozialisten, der bekannteste war der Linzer Rechtsanwalt Dr. Ernst Kaltenbrunner, schon damals Führer der verbotenen SS in Österreich, welcher Mitte Jänner 1935 verhaftet wurde. Er organisierte einen Hungerstreik, der schließlich zur Auflösung des Lagers führte.

***Ernst Kaltenbrunner** war nach dem Einmarsch Hitlers Chef der SS und Gestapo in Österreich. Nach Heydrichs Tod wurde er Leiter im Reichssicherheitshauptamt in Berlin. Er wurde 1946 beim Hauptkriegsverbrecher- Prozess zum Tod verurteilt und hingerichtet.*

In Wöllersdorf befanden sich 5 000 bis 5 500 internierte politische Gefangene. Ein Vergleich mit deutschen Konzentrationslagern, welche nach 1940 besonders im Osten Europas zu Vernichtungslagern wurden, ist aber nicht zulässig, da in den sogenannten „Anhaltelagern" keine Menschen gefoltert oder getötet wurden. Dennoch war die willkürliche Verhaftung und Internierung der politischen Gegner ein schwerer Bruch der Menschenrechte und der immer noch verfassungsrechtlich garantierten Bürgerrechte.

Folgende Namen von (bekannten) Liesinger Schutzbund-Kämpfern, welche im Anhaltelager Wöllersdorf interniert wurden, konnten eruiert werden (ev. unvollständig), zusätzlich zu den bereits genannten verhafteten Liesinger Sozialdemokraten:

Fekel Josef, ehm. Nationalrat, Atzgersdorf, Erlaargasse 5, Juli 1934.

Gotteck Franz, Angest. Ortsvorsteher Inzersdorf, Siebenhirten, Schwarzgasse 8, von Juli bis September 1934.

Leroch Alfred, SPÖ Mitarbeiter, Liesing, Liesingerstraße 27, Juli und August 1934.

Radfux Johann, SPÖ Mitarbeiter, 1. Bezirksvorsteher nach 1945, Atzgersdorf, Feldgasse 5, Juli und August 1934.

Riel Alexander, SPÖ Mitarbeiter, Mauer, Heudörfelgasse 27, Von April bis Juni 1934.

Weber Johann, SPÖ Gemeinderat und Landtagsabgeordneter, Siebenhirten, Juli und August 1934.

Suttner Franz, ohne Angaben, März 1934.

Schicker Rudolf, SPÖ Mitarbeiter, ohne Angaben.

6.5. Kündigung der Gemeindebediensteten und andere Existenzverluste

In den ersten Apriltagen wurden 1 200 Gemeindeangestellte in Wien wegen ihrer Teilnahme an den Februar-Kämpfen aus dem Dienst entlassen. Dies galt auch für mehrere hunderte andere Beamte in Betrieben, welche der Gemeinde Wien nahestanden. Darüber hinaus geschah Vergleichbares auch in großen Industriebetrieben in den Bundesländern, besonders in Oberösterreich und der Steiermark. Ebenso verfiel natürlich jegliche Art von Pensionsansprüchen.

Rund eine Million Menschen, neben der Partei und Gewerkschaften in unzähligen Vereinen organisiert, hatte ihre politische Heimat verloren. Zehntausenden ehrenamtlichen Vertrauensleuten wurde ihr politisches Betätigungsfeld genommen, tausende hauptberufliche Funktionäre, Mandatare und Politiker büßten ihre Existenz ein. In die hunderte Millionen ging der Wert der beschlagnahmten Organisationsvermögen, Parteiheime, Gewerkschaftshäuser usw. Unmessbar sind die materiellen, aber auch immateriellen Verluste.

Über die zahlreichen Verwundeten, welche keinerlei Rente für ihre bleibenden körperlichen Schäden bekamen, gab es oft gar keine Aufzeichnungen.

7. Hingerichtete Schutzbundführer

7.1. Karl Münichreiter Wien

Karl Münichreiter wurde am 27.11.1891 als eines von sechs Kindern eines Bäckers in Steinakirchen am Forst (N.Ö.) geboren und erlernte das Schuhmacherhandwerk. Im Ersten Weltkrieg an der russischen Front verwundet, arbeitete er bis Kriegsende in der Munitionsfabrik Wöllersdorf.

Er wurde 1927 Mitglied des Republikanischen Schutzbunds, war 1934 Kompaniekommandant (eine Gruppe von ca.15 Mann). Seit 1918 wohnte er mit seiner Frau und seinen drei Kindern im Hietzinger Ortsteil Ober St.Veit in der Meytensgasse 18 in einer Kellerwohnung.

Stützpunkt des Schutzbunds in Ober St. Veit war die Kinderfreunde-Baracke am Goldmarkplatz, ein ebenerdiger Holzbau, welcher auch alle anderen sozialdemokratische Organisationen beherbergte: Roten Falken, eine Leihbücherei, die Naturfreunde, die Sozialdemokratische Arbeiterjugend und eine Abteilung des Hietzinger Schutzbundes. Münichreiter hatte einen Schrebergarten mit einer kleinen Holzhütte beim Roten Berg, wo sich auch ein Waffenversteck befand.

Als am 12. Februar 1934 um 11:46 Uhr in ganz Wien der Strom ausfiel, trafen einander die Hietzinger Schutzbündler an vereinbarten Sammelpunkten.

Münichreiter eilte zu seinem Schrebergarten, um mit einigen anderen die dort versteckten Waffen und Munition zu holen. Dann kehrten sie zur Baracke zurück.

Als sich etwas später ca. zehn Polizisten näherten, warfen einige junge Schutzbündler die Gewehre weg und liefen davon. Ungefähr eine Stunde dauerte der Kampf, wobei auch Polizisten verletzt wurden. Der Befehl zum Rückzug wurde gegeben. Der Kommandant Georg Meischl begann die Flucht mit der ersten Gruppe, welche auch gelang. Die zweite Gruppe unter Leitung von Münichreiter wurde beschossen, als sie über den Goldmarkplatz zum Roten Berg lief. Ein Schuss traf Karl Münichreiter, ein anderer Franz Mück. Als sie hinter einem Strohhaufen Deckung suchten und Münichreiter Mück einen Verband am Kopf anlegen wollte, wurde Münichreiter nochmals durch einen Schuss in die rechte Schulter getroffen.

Er wurde in das Rochusspital eingeliefert, danach verhaftet und in das Landesgericht II eingeliefert.

Der Mitkämpfer Johann Scheiferle und acht weitere Schutzbündler wurden von den Polizisten verhaftet und zuerst in das Polizeigefangenenhaus Elisabeth-Promenade Rossauer Lände gebracht, wo sie, wie schon vorher am Kommissariat Hietzing, von der Polizei misshandelt wurden.

Am Vormittag des 14. Februar 1934 wurden sie im Landesgericht II dem Standgericht vorgeführt. Das Verfahren gegen Münichreiters Mitangeklagte wurde an ein ordentliches Gericht verwiesen. An dem ältesten. amtsbekannten Beschuldigten sollte hingegen offenbar ein Exempel statuiert werden.

Münichreiter musste auf einer Tragbahre in den Gerichtssaal gebracht werden, durch seine Schussverletzungen konnte er weder gehen noch stehen. Zwar galten Schwerkranke laut Gesetz als nicht verhandlungsfähig, doch der sachverständige Arzt Dr. Sauer erklärte, dass Münichreiters Verletzungen „nicht als schwerkrank im Sinne des Gesetzes" anzusehen seien.

Karl Münichreiter wurde des Aufruhrs schuldig erkannt und vom Standgericht zum Tod durch den Strang verurteilt.

Er musste mit einer Tragbahre im Landesgericht I zum Galgen getragen werden, das Urteil wurde am 14. Februar 1934 vollstreckt.

Laut einem Vermerk im Gerichtsakt erhielt das Bundeskanzleramt über diese Hinrichtung eine telefonische Mitteilung aus dem Landesgericht I: „Todesurteil um 16:45 Uhr vollstreckt, kein Anstand, alles glatt gegangen." (Staatsanwalt Dr. Höllriegel)

„Ich sterbe, denn einer muss es ja sein, aber das macht mir nichts aus, ich wäre ja sowieso ein Krüppel. Doch das Schwerste für mich ist, dass ich dich mit den Kindern zurücklassen muss…"

Karl Münichreiter hinterließ seine Gattin Leopoldine und drei Kinder (Paul 12, Karl 10 und Lucie 3 Jahre).

Die Witwe bekam Unterstützung durch die Quäker und die „Rote Hilfe". (eine Hilfsorganisation aus der Sowjet-Union, welche Lebensmittel und Geld sowohl über die Kommunistische Partei, als auch über die Religionsgemeinschaft der Quäker verteilte) Sie wollte in die Tschechoslowakei auswandern, erhielt aber von den Behörden keinen Pass für sie und die Kinder.

Nach der Beisetzung der Urne ihres Mannes im Urnenhain Simmering konnte sie bald darauf mit falschen Papieren und den Kindern über die Schweiz, Frankreich und

England in die Sowjet-Union emigrieren. Zuerst als Witwe eines „Helden" gut aufgenommen, wurde das Leben auch für sie immer schwerer.

Im Juni 1941, als die Wehrmacht die Sowjetunion überfiel, waren die Kinder in einem Jugendheim und gerieten unter deutsche Besetzung. Der älteste Sohn Paul wurde 1942 von der Polizei erschossen, die beiden andern Kinder konnten erst 1946 mit der Mutter in Wien zusammengebracht werden.

Eine späte Ehrung wurde Karl Münichreiter im Jahr 1946 zuteil; die Gemeinde Wien hat in Hietzing die Stuttgarterstrasse (ehemals Bernbrunngasse) in Münichreiterstraße umbenannt.

7.2. Ing. Georg Weissel Wien

Georg Weissel wurde am 28. März 1899 in Wien geboren. Er trat 1926 in den Dienst der Wiener Berufsfeuerwehr und wurde, als Ingenieur für Maschinenbau, ab 1931 Wachkommandant der Hauptfeuerwache Floridsdorf. Darüber hinaus gehörte er der Studentenabteilung „Akademische Legion" des Republikanischen Schutzbundes an und war ab 1927 deren Kommandant.

Wegen grundsätzlicher Differenzen über Strategie und Taktik des Schutzbunds zog sich Weissel einige Zeit aus der Führung der Organisation zurück.

Ende des Jahres 1933, als der Schutzbund offiziell bereits verboten war und alles auf eine gewaltsame Auseinandersetzung hindeutete, nahm er seine Tätigkeit im Floridsdorfer Schutzbund jedoch wieder auf.

Am 13. Februar 1934 bewaffneten sich die Floridsdorfer Feuerwehrleute unter Weissels Führung, um die Hauptfeuerwache des Bezirks zu verteidigen. Als der damalige Branddirektor Wagner von der „Dienstverweigerung und Auflehnung" in Floridsdorf erfuhr, alarmierte er die Sicherheitskräfte.

Die vierte Kompanie der Alarmabteilung der Bundessicherheitswache trat in der Folge zum Sturm auf die Hauptfeuerwache an. Nach kurzem Kampf wurden 61 Feuerwehrmänner schließlich als Gefangene abgeführt.

Ing. Georg Weissel wurde kurz darauf dem Standgericht vorgeführt, erklärte, dass alle auf seine Anordnungen hin gekämpft hatten und wurde wegen Aufruhr zum Tod verurteilt.

Am 15. Februar 1934 kurz vor 01:00 Uhr früh fand im Landesgericht Wien I seine Hinrichtung statt.

Bereits am 27. März 1934 machte eine Frau Professor Artner eine vertrauliche Meldung an die Bundespolizeidirektion Wien, wonach in der Feuerwehrzentrale Am Hof unter den Feuerwehrleuten „Ansichtskarten mit dem Bild des Ingenieur Weissel am Galgen hängend verkauft werden und der Frau des Weissel bereits ein namhafter Betrag übergeben worden sein soll."

Ein weiterer Bericht wird am 14. April 1934 an den Stadthauptmann vom 11. Bezirk, Simmering, gesendet. Darin wird bestätigt, dass das Grab des Ing. Weissel seit längerer Zeit von Kriminalbeamten überwacht wird und dass „vorkommende Missstände" sofort beseitigt wurden. „Eine Frau Katharina Erasmus, geb. Rosenkranz, geb. 1. Februar 1887 in Altlengbach, wohnhaft in Meidling, XII. Bezirk, Herthergasse 24/10 wurde verhaftet. Diese demonstrierte am 11.April 1934 am Grab des Ing. Weissel (Wiener Zentralfriedhof Simmering, Gruppe 87 Reihe 40, Grab 11-13) „…in Gegenwart einer Anzahl Neugieriger gegen die Wegnahme (!) der Blumen von diesem Grab und erklärte sie auf die Äußerung eines unbekannt gebliebenen Burschen, dass nicht alle Tage Nacht sei, dass sie schon schauen werden bis die aus dem Landesgericht herauskommen. Die Frau wurde dem Amt überstellt und wegen politischer Demonstration mit 42 Tagen Arrest bestraft, die sie sofort antreten musste. Diese Strafe scheint ihre Wirkung nicht verfehlt zu haben, da seitdem das Grab von wenigen Leuten besucht wird."

Die Witwe von Ing. Weissel musste für die Entfernung der Grabsteininschrift binnen zwei Wochen wegen der „aufreizenden" Worte: „Ein Stein unter Steinen im Aufbau der Menschheit" einen Betrag von 65,70 Schilling bezahlen.

Die Stadt Wien widmete 1973 die Grabstätte des Oberkommissärs Ing. Georg Weissel zu einem Ehrengrab um.

Ing. Georg Weissel hinterließ seine Frau Maria und seinen Sohn Erwin (4 Jahre). Erwin Weissel (1930-2005) wurde später Professor für Sozial-, Volkswirtschafts- und Finanzpolitik an der Universität Wien.

An Georg Weissel erinnern mehrere Stätten in Wien. In Floridsdorf wurden die Weisselgasse und der Georg-Weisselhof in der Gerichtsgasse nach ihm benannt. Ein Denkmal in der Genossenschaft „Wohnbau" in der Pragerstraße und in der Feuerwehrzentrale Am Hof, wurden ihm gewidmet.

7.3. Emil Swoboda Wien

Emil Swoboda wurde am 15. Mai 1898 in Wien geboren. Er war Schlossergehilfe und wohnte mit seiner Frau Hermine und zwei Kindern in Döbling, 19. Bezirk, Heiligenstädterstraße 80/II/1. Swoboda hatte seit einigen Jahren dem Republikanischen Schutzbund angehört und war Gruppenführer.

Er gehörte bei den Februar-Kämpfen 1934 zu den Verteidigern des Karl-Marx-Hofs und führte seine Gruppe mit großem Einsatz.

Nach seiner Festnahme durch das Kommissariat Döbling (unterschriebene offizielle Meldung eines Kriminalinspektors Steinböck) wurde er in das Landesgericht II eingeliefert und dem Standgericht vorgeführt.

Emil Swoboda wurde wegen Aufruhr zum Tod durch den Strang verurteilt. Bereits am 16. Februar 1934 wurde er im Landesgericht hingerichtet.

Er hinterließ seine Gattin Hermine und die Kinder Walter (11 Jahre) und Amalie (8 Jahre). Er war der dritte Schutzbund-Kämpfer, welcher in Wien hingerichtet wurde.

Zur Erinnerung an Emil Swoboda wurde der Wohnbau der Gemeinde Wien in Döbling, Heiligenstädterstraße 80, wo er mit seiner Familie wohnte, Swoboda-Hof benannt. Eine Gedenktafel erinnert an den ehemaligen Gruppenführer des Republikanischen Schutzbundes.

Am 21. Februar 1934 fand das Begräbnis der gefallenen bzw. der zivilen Opfer des Bürgerkriegs statt. Aus diesem Anlass wurde der Friedhof von den Behörden für private Besuche abgesperrt. Trotz aller Geheimhaltungsversuche informierte die im Untergrund verbreitete „Arbeiter-Zeitung" am 8. April 1934 ihre Leser über die Gräber der Wiener Februargefallenen: „Mit Hilfe von Friedhofsarbeitern ist es gelungen, im Zentralfriedhof die Gräber Weissels und Münichreiters, die nach der Hinrichtung bei Nacht und Nebel verscharrt worden waren, aufzufinden. Weissels Grab befindet sich in der Gruppe 87, Reihe 40, Nummer 12; Münichreiters Grab liegt in der Gruppe 35, Reihe 25, Nummer 5. Zwei Schächte in der Gruppe 28, Nummer 1-65, in denen 130 gefallene Schutzbündler ruhen, wurden am Gründonnerstag mit einem großen Plakat bedeckt, auf dem geschrieben stand:

Hier ruhen unsere ermordeten Schutzbündler!` Die Kunde davon verbreitete sich sehr rasch und tausende Arbeiter zogen so an den kenntlich gemachten Gräbern vorbei."

7.4. Koloman Wallisch Steiermark

KolomanWallisch wurde am 28. Februar 1889 in Lugosch/Österreich-Ungarn, heute Lugoj/Rumänien, geboren. Nach dem dreijährigen Militärdienst machte er den Ersten Weltkrieg mit und diese Fronterlebnisse prägten den späteren Sozialdemokraten. Im März 1919 galt Wallisch als Befürworter der ungarischen Räterepublik, welche er als Funktionär unterstützte. Nach dem Zusammenbruch der Räterrepublik flüchtete Wallisch nach Österreich, ließ sich in der Steiermark nieder, wo er politische Arbeit leistete. Er war Gemeinderat in Bruck an der Mur, Landesparteisekretär der SPÖ, steirischer Landtagsabgeordneter und von 1930 bis 1934 Abgeordneter zum österreichischen Nationalrat. Bei einem Generalstreik der Arbeiter im Zuge der Februarkämpfe im Februar 1934 wurde der zu diesem Zeitpunkt in Graz wohnhafte Koloman Wallisch nach Bruck an der Mur gerufen, um dort den Republikanischen Schutzbunds zu führen, der zeitweise die Kontrolle über die Stadt übernehmen konnte. Einen Bericht der Bundesgendarmerie ist folgendes zu entnehmen: „ Die Seele des Aufruhrs in Bruck war der bekannte Brucker Gemeinderat, Landtagsabgeordnete und spätere Nationalrat Koloman Wallisch, der im Lauf des Vormittags des 12. Februar mit einem Kraftwagen in Bruck eingetroffen ist.

Als das Bundesheer anrückte, musste sich Wallisch mit 320 Schutzbündler in die nahe gelegenen Berge zurückziehen. Auf den Kopf des Genossen Wallisch hatte der Vizekanzler Fey eine Belohnung von insgesamt 5.000 Schilling gesetzt.

Wallisch trennte sich von seinen (ca. 320) Gefährten und unternahm, nur von seiner Frau Paula begleitet, das Wagnis einer einsamen Flucht. Als Wallisch und Frau die schützenden Berge verließen, wurden sie erkannt und am 18.Februar 1934 unterwegs mit einem Auto von Leoben nach Admont gefangengenommen. Sie wurden von einem Schutzbundkommandanten, Hubert Ruhs, verraten.

Paula Wallisch*: „Ein Held stirbt": „Die allgemeine Verwirrung der Flucht benützte Hubert Ruhs, der technische Leiter und Bezirkskommandant des Schutzbundes, um sich von seiner Truppe zu entfernen. Er ging allein nach Fronleiten, wo er sich, wie er später bei der Gerichtsverhandlung zugab, tel. mit dem Gendarmerieposten in Verbindung setzte und mitteilte, dass Wallisch mit einer großen Gruppe im Anmarsch war. Dass nach diesem Verrat alles darangesetzt wurde, ihn und seine Garde zu fangen, ist selbstverständlich. Vielleicht wäre es möglich gewesen, nach Jugoslawien zu fliehen. Ruhs hat durch diesen Verrat, sein Leben gerettet".*

Auszug eines Interviews mit Otto Linhart, Funktionär der Sozialistischen Arbeiter Jugend (SAJ) in Bruck an der Mur zu Koloman Wallisch. Der Bruder, Josef Linhart, Kommandant der Sturmkompanie, fällt bereits am 12. Februar 1934 vor der Gendarmerie- Kaserne:

"Koloman Wallisch hat für uns hier im Bezirk alles gegolten. Er war der Mann, den die Bevölkerung echt geliebt hat, auf der anderen Seite ist er beim Bürgertum gerade deshalb so verhasst gewesen. Wie Wallisch gehenkt wurde, war das für uns erschütternd. Ich war damals auch im Gefängnis in Leoben und hätte seinerstatt die Verhandlung vor dem Standgericht haben sollen. Meine Verhandlung wurde um einen Tag verschoben, und da ist eben Koloman Wallisch drangekommen und zum Tode verurteilt worden. Als wir hörten, wie die Soldaten, es war Militär dort, Gendarmerie, wie die durch die Gänge marschiert sind, haben wir uns alle, soweit wir konnten, zu den Fenstern und den Luken gestellt und haben rausgehorcht. Zum Teil hab ich es auch gehört, wie er Abschied genommen hat von der Welt, und zwar in der Form: Es lebe die Sozialdemokratie – Freiheit...Dann war es aus, der Strang hat das –Freiheitunterbrochen gehabt, und wir haben alle in den Zellen, als ob wir es abgemacht hätten, die Internationale gesungen. Wir sind dann von den Fenstern weggeprügelt worden, aber das war so spontan. Für uns ist mit Wallisch eine Welt gestorben. Wir haben trotzdem gesagt: Wir kommen wieder. Das war von dort weg unsere Parole."

7.4.1. Interview mit Herrn Ing. Günter Mühlbauer über die Festnahme von Koloman Wallisch aufgenommen am 18.04.2011

Herr Ing. Günter Mühlbauer berichtet über ein Gespräch mit seinem Vater. Dessen Großvater (Urgroßvater Mühlbauers), Herr Ferdinand Lackner, hat über ein Ereignis im Februar des Jahres 1934 erzählt: Sein Schwager (Mann seiner Schwester), Gendarmerie- Inspektor Spuller, war Kommandant des Gendarmeriepostens Liezen.
Dieser bekommt den Auftrag, eine Verhaftung vorzunehmen.
Der bekannte und beliebte Gemeinderat von Bruck an der Mur, Landtagsabgeordneter und spätere Abgeordneter zum Nationalrat, Schutzbundführer Koloman Wallisch, ist sofort aufzuspüren und zu verhaften. Dieser hat mit den Kämpfern des Republikanischen Schutzbunds, am 13. und 14. Februar 1934 zeitweise die Kontrolle der Stadt Bruck an der Mur übernommen. Der steirische Sicherheitsdirektor sichert eine Kopfprämie von Schilling 1.000,- auf die Auslieferung an die Exekutive zu. (Kronen

Zeitung vom Donnerstag 15. Februar 1934, Nr. 12237, Seite 6; später von Vizekanzler Fey auf Schilling 5.000,- erhöht.)

Inspektor Spuller wollte diesen Befehl vorerst nicht ausführen (ev. weitergeben), da er offensichtlich mit der Arbeiterbewegung sympathisierte. Er bekommt einen Tip, dass sich Wallisch mit einigen Männern auf einer Alm versteckt hält, pflichterfüllt kommt er seinen Auftrag nach, verhaftet Koloman Wallisch, als dieser mit einem Auto zwischen Leoben und Admont am Sonntag, den 18. Februar auf der Flucht ist und bringt ihn nach Leoben. Noch am selben Tag wird Wallisch vor ein Standgericht gestellt und zum Tod durch Erhängen am Galgen verurteilt.

Das Urteil wird bereits einen Tag später, am 19. Februar 1934 vollstreckt.

Inspektor Spuller erzählte später, dass Koloman Wallisch „über Nacht weiß wurde". Anscheinend war ihm bewusst, dass ihn die Todesstrafe erwartet. So war es dann ja auch. Später wurde er von einigen Männern als „Verräter" beschimpft, erklärte aber immer, dass er ihn verhaften musste, der Verrat kam von anderen.

Laut dem Archiv der Kommunistischen Partei Österreichs gab es noch einen zweiten Verräter, welcher Wallisch erkannt hat: Karl Häfling, Fahrer des Kraftwagenbetriebes der Österreichischen Bundesbahnen. Dieser bekam 1 Woche bezahlten Urlaub von der Betriebsleitung (Aus: Arnold Reisberg: Februar 1934. Hintergründe und Folgen. Wien 1974, S.51.)

Gedenkkarte Münichreiter, Ing. Weissel, Swoboda, Wallisch

8. Fluchtpunkte und Auswanderungen: Tschechoslowakei, Sowjetunion, Spanien

8.1. Auffanglager in der Tschechoslowakei

Die österreichische Sozialdemokratie hatte die bitterste Niederlage ihrer Geschichte erlitten. Hunderte waren unter den Kugeln von Polizei, Militär und Heimwehr gefallen, neun Schutzbündler starben am Galgen. Tausende Verletzte lagen in den Spitälern, waren bei Freunden oder im Kanalnetz versteckt. Fast alle Parteivorstandsmitglieder, Abgeordneten und Spitzenfunktionäre saßen im Gefängnis. Tausende verhaftete Kämpfer wurden misshandelt und mussten langjährige Kerkerstrafen erwarten.

Das Verhältnis der Sozialdemokraten Österreichs zur Tschechoslowakischen Republik wurde seit einigen Jahren immer enger, da sich die übrigen Nachbarländer wie Deutschland, Italien, Ungarn und Jugoslawien (auch Polen) als faschistische Regierungsformen bewiesen. Schon Jahre vor dem Februar 1934 konnten Gewehre und Munition in großer Menge von der Tschechoslowakei nach Österreich geschmuggelt werden.

Eine solidarische Protestkundgebung für die österreichischen Schutzbündler wurde von den tschechoslowakischen Gewerkschaftsverbänden für 15. Februar 1934 angesetzt und durchgeführt. Um 11:00 Uhr vormittags wurde die Arbeit für 5 Minuten niedergelegt.

Nachdem in der Nacht vom 13. auf den 14. Februar Otto Bauer und Julius Deutsch kurz vor ihrer Verhaftung in die Tschechoslowakei flüchten konnten, setzten sich in den nächsten Tagen und Wochen bis zu 1 000 Schutzbündler, zum Teil mit ihren Familien, ebenfalls dorthin ab, um drohender Verhaftung und Kerkerstrafen zu entgehen.

Da ein legaler Grenzübertritt nach Bratislava mit einem ordnungsgemäßen Paß nur sehr selten mit der Bahn oder der „Elektrischen" (Straßenbahn von Wien nach Pratislava) möglich war, flüchteten die meisten Schutzbündler nicht bei Hainburg, wo starke Heimwehrbesetzung stand, sondern über Marchegg, Kittsee oder überhaupt illegal mit kleinen Booten über die March. Sie wurden oft von Berufsschmugglern, welche aber auch Sozialdemokraten waren, geführt. Dann wurden sie, nach kurzer Verhaftung, in Auffanglagern (18) untergebracht, wo es natürlich auch Vorschriften und die Aufforderung zu einem ordentlichen Verhalten in der Tschechoslowakei gab.Wie bereits erwähnt, waren als Mitarbeiter unter anderen Franz Jonas, späterer

Bürgermeister von Wien und danach Bundespräsident, sowie Max Opravil in den Verwaltungen dieser Lager tätig.

Franz Jonas (1899-1974), geb. in Wien, war Schriftsetzer und Gewerkschafter, bei den Naturfreunden, der Sozialistischen Arbeiterjugend und Esperantisten. 1934 floh er in die CSR, Rückkehr im Juli 1934, arbeitete illegal. Ab 1951 Bürgermeister von Wien, 1965 Bundespräsident bis zu seinem Tod 1975.

Die Situation in den Lagern war allerdings nicht konfliktfrei. Besonders der Lagerleiter von Brünn, der ehemalige Wiener Gemeinderat Edmund Reismann aus Meidling (der Gemeindebau in der Längenfeldgasse „Am Fuchsenfeld" wurde nach 1945 nach ihm benannt) wollte eine strikte Trennung zwischen Sozialdemokraten und Kommunisten. Auch wegen einer eventuellen Ausreise in die Sowjet-Union gab es große Meinungsverschiedenheiten.

Man wollte hauptsächlich nur Schutzbündler, welche schon Kommunisten waren, oder werden wollten. An ihre Seite traten hunderte Sozialdemokraten, die sich verraten fühlten und einen radikaleren Standpunkt vertraten.

8.2. Otto Bauer und Julius Deutsch in Brünn, Auslandsbüro Österreichischer Sozialdemokraten (ALÖS)

Große Teile der Arbeiterschaft waren enttäuscht, entmutigt, verbittert, weil die Führung der Sozialdemokratie und der freien Gewerkschaften schon vor dem 12. Februar 1934 ständig vor den Angriffen der Regierung Dollfuß zurückwich, statt rechtzeitig Widerstand zu leisten. Als es auch nach dem Verbot des Republikanischen Schutzbunds und der verfassungswidrigen Auflösung des Parlaments im März 1933 keinen Aufruf zum Widerstand gab, haben viele Arbeiter resigniert und daher am 12. Februar 1934 nicht gestreikt.

Otto Bauer wurde heftig kritisiert, da er anscheinend die Politik des Zurückweichens übertrieben hatte. Aber auch für Karl Renner, welcher die Bildung einer Koalition angestrebt hatte, gab es keinerlei Anerkennung und Sympathie.

Noch während des Kampfgeschehens im Februar 1934 und unmittelbar danach bildeten sich in verschiedenen Wiener Bezirken die ersten Ansätze illegaler sozialistischer Parteitätigkeit. Sozialistische Jugendfunktionäre kamen bereits am 18. Februar unter der Führung von Roman Felleis und Bruno Kreisky zwecks Gründung einer illegalen sozialistischen Jugendbewegung zusammen, der „Revolutionären Sozialistischen Jugend", (RSJ) und verbreiteten die ersten illegalen Flugblätter.

Beim Neuaufbau der Partei (Anfang März bildete sich das „Zentralkomitee der Revolutionären Sozialisten, RS") leistete das von Otto Bauer und Julius Deutsch in Brünn gebildete „Auslandsbüro Österreichischer Sozialdemokraten" (ALÖS) große Hilfe. Dieses sollte kein Parteivorstand im Exil sein, sondern vielmehr „den Kampf der Genossen in Österreich durch Sendung von Zeitungen, Flugblättern usw." unterstützen.

Die vordringlichste Aufgabe des ALÖS (die Zentrale war in Brünn, Zeile 83, im Haus der Konsumgenossenschaft Brünn untergebracht) war die Sorge um die materiellen Nöte der Schutzbündler, sowie die Aufgaben für die im Land verbliebene Partei. Es war ein Hilfsorgan, aber Otto Bauer lehnte den Führungsanspruch ab, da er nicht mehr in Österreich weilte, und daher keiner Verfolgung ausgesetzt war. Neben der Herstellung der Zeitungen und anderer Literatur war die Schaffung von Kontakten über Grenzstellen, die Rettung gefährdeter Genossen und die Flüssigmachung von Geldmitteln für die Opfer und Ihre Angehörigen die vordringlichsten Aufgaben.

Das ALÖS hat sich auch in Verbindung mit der sozialistischen Arbeiterinternationale und mit dem Internationalen Gewerkschaftsbund gesetzt, um Hilfe für die Frauen und Kinder der Gefallenen und Gefangenen zu organisieren.

Auch andere internationale Kontakte mussten gepflegt werden und ein besonders wichtiges, aber schwieriges Thema war die Weiterbeförderung von Schutzbündlern in die Sowjetunion.

Im ALÖS waren die Aufgaben streng getrennt. Mit dem Schutzbund befassten sich nur Julius Deutsch und sein Mitarbeiter Karl Heinz, meist außerhalb des ALÖS-Büros im Haus der Konsumgenossenschaft, während das Brünner Lager, welches das Gros der Schutzbündler beherbergte, in einem Außenbezirk der Stadt lag.

***Karl Heinz,** (1895-1965) war Schriftsetzer, Obmann der Sozialistischen Arbeiterjugend und Präsident der Sozialistischen Junginternationale. Er war auch Redakteur der Zeitschrift des Schutzbunds und Parlamentarier. Flüchtete 1934 in die CSR und 1938 nach Frankreich und Schweden, 1941 in die Sowjet-Union und 1942 in die USA.*

Die emigrierten Männer in Brünn machten – wie Beobachter meinten - einen eher unpolitischen Eindruck, aber natürlich bestand ein allgemeines proletarisches Bewusstsein, stark radikalisiert, und politisch nicht so stark, um der kommunistischen Propaganda Widerstand leisten zu können.

Die tschechoslowakischen Behörden drängten auf eine Lösung des Flüchtlingsproblems. Arbeit gab es für fast niemand, und in den Lagern lebten die Menschen kümmerlich von Unterstützungen. In der deutschböhmischen Presse wurde versucht, die geflüchteten Führer der österreichischen Arbeiterbewegung in Misskredit zu bringen, so wurde behauptet, die SP Elite habe 100 Millionen Schilling ins Ausland gebracht und ließen ihre Leute dabei hungern.

8.3. Herstellung der „Arbeiter-Zeitung" und Schmuggel nach Österreich

Die „Arbeiter-Zeitung" wurde im Kleinformat in Brünn als Wochenblatt hergestellt. Die erste Nummer erschien am 25. Februar 1934. Sie wurde von Schutzbündlern in 32.000 Exemplaren über die Grenze nach Österreich geschmuggelt und hier verteilt.

Eine große Leistung der in Österreich verbliebenen Parteiangehörigen bzw. der neuen „Revolutionären Sozialisten" war die Massenverbreitung illegaler Propaganda: allein von der illegalen „Arbeiter- Zeitung" konnten wöchentlich, bis zu 50.000 Exemplare – auf Dünnpapier – abgesetzt werden (siehe Oral History einiger Zeitzeugen).

Mit welchen Schwierigkeiten beim Transport der Arbeiter-Zeitung und andern Druckschriften von der Tschechoslowakei nach Österreich zu rechnen war, zeigt der nachfolgende Bericht an das ALÖS in Brünn vom 27. Mai 1934:

„Der Transport der AZ Nr. 14 ist verunglückt. Dies geschah wie folgt: Durch den letzten Unfall wurde ein Teil der Schmuggelwege versperrt.

Auch das Depot in Niederösterreich wurde durch einen eben erst angelegten Straßenbau nicht mehr benutzbar. Diesmal sollte ein etappenweiser Transport durchgeführt werden. Die Pakete waren in einem Wald auf österreichischem Boden. Ein Ausflügler bemerkte unter Streu einen Hügel und erstattete bei der Gendarmerie die Anzeige, dass er einem Verbrechen auf die Spur gekommen ist. Die Gendarmerie fand zwar keine Leiche, aber die Zeitungen. Es wurde jetzt wieder die Grenze stärker besetzt und zwei Leute, welche als Schmuggler der Zeitung vermutet wurden, verhaftet."

Ein weiteres Beispiel bringt Johann Eppinger, ein Funktionär aus Altnagelberg (nahe der Grenze), nach seiner Flucht in die Tschechoslowakei in einem Brief an das ALÖS am 28. Juni 1934 zur Kenntnis: *„Viermal wurde mir die Wohnung durchstöbert, ohne etwas zu finden. Am 18. April hatte ich noch 20 Nummern der „Arbeiter-Zeitung" in der Küchenkredenz zur Verteilung vorbereitet. Auf einmal war ein Gendarm mit fünf*

Heimwehrlern hier; durch die Geistesgegenwart meiner alten Schwiegermutter ist es gelungen, alles schnell zu verbergen, so dass mir nichts geschehen konnte. Am 29. April holte ich die Streuzettel für den 1. Mai. Kaum wurde ich zu Hause gesehen, waren die Heimwehrler im Hause, konnten aber nichts finden. Am 2. Mai kam der Gendarm wieder. Ich wurde der Bezirkshauptmannschaft Gmünd vorgeführt. Ich wurde während der Haft viermal verhört, stritt aber immer alles ab.

Einen Fall will ich ihnen berichten, welchen ich im Kerker selbst erlebte. Aus Gmünd II wurde am 1. Mai ein junger Genosse namens Karl Redl beim Streuen der Zettel ergriffen, da schleppte man denselben in den Keller des geraubten Arbeiterheims, wo man von ihm die Angaben des Waffenlagers des Gmündner Schutzbunds erpressen wollte. Als dies nach Zureden und Abwatschen nichts nützte, sperrte man ihn vier Wochen ein. Am 30.Mai ging erfrei. Am 2. Juni hörte ich Lärm und Wimmern am Gang des Strafhauses in Gmünd. Wer wurde daher geschleppt? Der Karl Redl, die Hände gefesselt, im Gesicht voller Blut, die Kleider vom Leib gerissen. In Gmünd waren 3-Pfeil-Zettel gestreut worden. Redl konnte aber nachweisen, dass er nichts gemacht hatte. Da man aber keinen anderen fand, musste es wieder der Redl sein. Er wurde von der Arbeit weggeholt. Da er die Unschuld beweisen konnte und die Verurteilung nicht zur Kenntnis nahm, wurde er auf die Erde geworfen, gefesselt über Stiegen, Gänge und Straßen in den Arrest geschleppt. Weil er sich weigerte, unschuldig in den Arrest zu gehen, wurde er mit den Füßen gestoßen, aber unsere Ideen werden die Banditen uns auch mit ihren Rohheiten nicht nehmen können."

Es wurden aber auch andere Broschüren in der Tschechoslowakei erstellt, gedruckt und nach Österreich geschmuggelt. Als Beispiel wird unter anderen angeführt: „Der Kampf, Sozialistische Revue", eine Monatszeitschrift aus Brünn von 1934 bis 1937.

Von jeder Ausgabe wurden 1934 ungefähr 1.200 in Österreich verbreitet, im Jahr 1935 insgesamt 16.000. Einblick in den Umfang des nach Österreich gelangten sozialistischen Propagandamaterials geben folgende Zahlen vom Februar bis Juli 1937: 752.898 Arbeiter- Zeitung, 37.134 Broschüren, 1,748.000 Klebezettel, 41.000 Flugblätter, 100.000 Streuzettel und 5.643 „Der Kampf".

Auch die Broschüre Otto Bauers: „Der Aufstand der österreichischen Arbeiter. Seine Ursachen und seine Wirkungen", welche er bereits am 19. Februar 1934 in Bratislava fertig gestellt und in Prag drucken ließ, wurde im Kleinformat für die illegale Arbeit verschickt. Otto Bauer schließt seine Analyse mit den Worten; „Für die Fehler, die begannen worden sind, bin ich mehr verantwortlich als jeder andere…"

Regelmäßige und enge Kontakte zu ausländischen Zeitungen ermöglichten es, dass die Wahrheit über die Situation in Österreich im Ausland weitgehend bekannt wurde. Mehrere Schriften, die im Exil erschienen, wurden in verschiedene Sprachen übersetzt. Die Sozialistische Arbeiterhilfe (SAH) wurde unter der Führung der früheren Gemeinderätin Wilhelmine Moik aus Ottakring gegründet. Sie sammelte Geld und unterstützte damit die Angehörigen der Verhafteten.

An den Verteilungen der AZ und anderen Streuzetteln haben auch sehr viele Frauen mitgeholfen. In Einkaufstaschen und in Kinderwagen versteckt, wurde die „Idee" der Sozialdemokratie von mutigen Frauen und Männern weitergetragen (siehe Gespräch mit Ing. Helmut Weikhart).

Bereits ab Herbst 1934 erschien die „Arbeiter-Zeitung" für Österreich nur mehr 14tägig. Die Auflage sank auf 15 000. Dafür kamen Bezirks- und Kreiszeitungen heraus.

In Brünn erschien aber auch noch weiter eine wöchentliche Ausgabe der „Arbeiter-Zeitung", die zur Verbreitung außerhalb Österreichs vorgesehen war. Aus diesen wöchentlichen Ausgaben wurden dann die Druckplatten für die 14tägige Ausgabe für Österreich zusammengestellt, über die Grenze geschmuggelt, gedruckt und verteilt.

Mitte März 1937 verfügte die tschechische Regierung die Einstellung der 14tägigen Ausgabe in Brünn. Ab diesem Zeitpunkt erschien die „Arbeiter-Zeitung" in Paris.

Arbeiter-Zeitung

Organ der österreichischen Sozialdemokratie.

50 Heller.   Erscheint wöchentlich.   15 Groschen.

Nr. 23.   29. Juli 1934.   1. Jahrgang.

Die Revolution geht weiter!

So also sieht das autoritäre Regierungssysteme, so die »Regierung« der starken Hand, so die »Stärkung der Staatsautorität« in Österreich aus! Man hat alle Volksrechte zerstört, das österreichische Volk in den Zustand völliger Rechtlosigkeit geworfen, um das Land von den Parteikämpfen zu befreien, um »Ruhe und Ordnung« unter autoritärer Führung zu sichern! Das Resultat ist ein Zustand der Revolution in Permanenz — tägliche Sprengstoffattentate, tägliche Morde und Hinrichtungen und als Krönung von alledem die blutige Posse vom 25. Juli!

Am hellichten Tage konnten sich 160 Hakenkreuzler in einer Schule versammeln, in Offiziers-, Soldaten- und Heimwehruniformen einkleiden und bewaffnen — die »beste Polizei der Welt« hat nichts davon bemerkt! Sie war gerade mit Massenverhaftungen von Sozialisten beschäftigt! Am hellichten Tage konnten die Putschisten in das Bundeskanzleramt eindringen, die Minister verhaften, den Bundeskanzler töten — die Militärwache, von einem Offizier kommandiert, die ständig im Bundeskanzleramt liegt, hat nicht den geringsten Versuch eines Widerstandes unternommen!

Der Hauptschuldige an dem Zustand, in dem heute Österreich lebt, Engelbert Dollfuss hat seine Taten mit dem Leben bezahlt. In vermessenem Übermut hat sich Dollfuss unterfangen, das österreichische Volk seiner Gewaltherrschaft zu unterwerfen, die von links und von rechts, von der ungeheuren Mehrheit des Volkes mit wildem Haß abgelehnt wurde. In vermessenem Übermut hat er geglaubt, er könne sich alles, alles erlauben, nur weil er über ein paar Batterien verfügte. Er ist, um sich nur an der Herrschaft zu erhalten, in Strömen von Blut gewatet. Er hat alle Eide gebrochen, alles Recht zerstört, alle Menschenwürde mit Füßen getreten, Zehntausender Lebensmöglichkeit und Lebensglück zerstört, Zehntausende vor die Wahl gestellt, ihre Gesinnung zu verleugnen oder ihr Brot zu verlieren. Er hat unsere Besten morden, hängen, einkerkern lassen. Seine letzte Regierungstat war, daß er Josef Gerl, unseren jungen Helden, zum Galgen geschickt hat. Nun hat ihn die Rache erreicht. Nur geheuchelte Tränen fließen an dieser Bahre.

Aber die anderen Würdenträger der faschistischen Diktatur! Sie hat ein noch viel schlimmeres Schicksal getroffen: Sie haben ihr Leben gerettet, aber ihre Ehre verloren!

Da ist Fey, der Theresienritter, der Held vom Februar. Oh, damals ist er tapfer gewesen, als er sich unter dem Schutz der Kanonen in Sicherheit wußte! Da ist er in den Ladihof gekommen, wo nicht ein bewaffneter Mann war, und hat Arbeiterfrauen, Arbeitermütter arme Huren geschimpft. Jetzt, da die Nazi ihm die Pistole an die Brust setzten, ist ihm der Mut vergangen. Er, der immer verkündet hat, die »Staatsautorität« müsse unbedingt und um jeden Preis gegen jedermann gewahrt werden, er, der hundertmal geschrien hat, man dürfe »mit Rebellen nicht spaszeln«, er ist an diesem 25. Juli zweimal zitternd auf den Balkon des Bundeskanzleramts getreten, um die angesammelten Polizeikräfte zu bitten, sie mögen doch um Gotteswillen die Putschisten nicht angreifen, weil sonst sein wertvolles Leben gefährdet werden könnte!

Da ist der Starhemberg, der Vizekanzler, der Stellvertreter des »Führers«, der Kommandant der bewaffneten Fa-

Ausschnitt der "Arbeiter Zeitung" aus der Tschechoslowakei

8.4. Flucht von ca. 2500 - 3000 Schutzbündlern 1934 in die Tschechoslowakei und die Sowjetunion

Über die Flucht der Sozialdemokraten, Schutzbündler und Angehöriger der seit 1933 illegalen Kommunistischen Partei gibt es viele unterschiedliche Meinungen.

Die genaue Anzahl der geflüchteten Politemigranten, welche zum Teil mit Familien aus politischen Gründen Österreich zwischen 1934 und 1938 verließen, kann nicht genau angegeben werden.

Ende März 1934 befanden sich (wie erwähnt) auf dem Gebiet der Tschechoslowakei ungefähr 1 000 österreichische Flüchtlinge. Diese Zahl erhöhte sich allerdings ständig. Es waren aktive Schutzbündler, die an den bewaffneten Kämpfen teilgenommen hatten, besonders gefährdete Parteimitglieder und Gewerkschafter, sowie Kommunisten, die im Zusammenhang mit der illegalen Tätigkeit in Österreich von einer Verhaftung unmittelbar bedroht waren. Im Laufe des Jahres 1934 wurde dieser Flüchtlingsstrom zwar dünner, aber er riss nicht ab. Und zweifellos mischten sich unter die Februarkämpfer, die auch meistens Arbeitslose waren, etliche junge Leute, die zwar ebenfalls politisch engagiert waren, die man aber heute doch als Wirtschaftsemigranten bezeichnen müsste. Es dürften im Lauf des Jahres 1934 mindestens 1 500 politisch links denkende Österreicher in die Tschechoslowakei gekommen sein. Tschechoslowakische Stellen sprechen von ungefähr 2 000 Flüchtlingen.

Einige Historiker nennen andere Zahlen: Auf dem internationalen Symposion zur Erforschung des österreichischen Exils von 1934 bis 1945 im Juni 1975 in Wien, reduzierte Helmut Konrad, der ursprünglich rund 3 000 österreichische Tschechoslowakei-Emigranten 1934 bis 1938 angenommen hatte, auf Grund eines Referates des CSSR - Historikers Frantisek Spurny ihre Zahl auf 1 500 bis 2 000 vor dem März 1938.

Herbert Steiner schätzte die Zahl in seinem Referat auf dem Februar-Symposion des Renner-Institutes 1984 dennoch auf 3 000. Am 20. 3. 1936 bezifferte das ALÖS in einem Brief an die norwegische Arbeiterpartei (AA, Mappe 155) die nach Russland gebrachten Schutzbündler mit 700. Wenn man dazu die Restemigration Ende 1934 von rund 250 Personen, die mindergefährdeten Februarflüchtlinge (die nach kurzer Zeit, oft ohne sich anzumelden, heimkehrten) und die zahlreichen Wiener mit Tschechoslowakischer Staatsbürgerschaft – die überhaupt nicht als Flüchtlinge galten – rechnet, kamen mindestens 1 500 Februarflüchtlinge in die Tschechoslowakei.

Zusammen mit den nach Jugoslawien, in die Schweiz und nach Deutschland Geflüchteten, muss man die sozialistischen Februaremigranten wohl auf insgesamt 2 000 schätzen. Zusammen mit den illegalen Revolutionären Schutzbund- und KP-Emigranten waren es wohl 3 000 Leute, welche **vor** dem März 1938 in die Tschechoslowakei flüchteten.

Die Flüchtlinge aus Österreich, welche sich auf tschechoslowakischem Boden an das ALÖS oder einer anderen Flüchtlingsstelle wandten, erhielten als erstes ein Merkblatt:

„Österreichische Flüchtlinge, Genossen!...Auch du gehörst zu denen, die nunmehr als Gäste der Arbeiterschaft der tschechoslowakischen Republik in diesem Lande leben werden. Hoffentlich nicht lange Zeit, denn der Tag des neuen Kampfes und des endgültigen Sieges wird kommen. Solange du aber nun das Asylrecht der tschechoslowakischen Republik und die Gastfreundschaft der Arbeiterschaft genießt, hast du wichtige Pflichten zu erfüllen....Sei bescheiden und zurückhaltend. Stelle keine ungerechtfertigten Ansprüche an deine Gastgeber.

Führe weder mit tschechoslowakischen noch mit österreichischen Genossen laute politische Diskussionen, hüte dich vor allem vor ungerechter Kritik an unserer eigenen Sache, an unseren eigenen Kämpfen und Leistungen....Hüte dich vor Spitzeln. Gib niemandem, den du nicht kennst, irgendwelche Auskünfte. Sonst aber sei freundlich und hilfsbereit gegenüber allen Genossen. So wie in der Heimat, so wollen wir auch in der Verbannung das bleiben, was wir immer waren: Für die Freiheit eintretende, treue und mutige Sozialdemokraten."

Darauf erfolgte eine Reihe von Richtlinien und Anordnungen, eine Heimordnung und der Hinweis auf Kameradschaft und Disziplin.

Es ging aber später in den Lagern nicht um Lebensbedingungen, sondern auch um schwerwiegende politische Auseinandersetzungen vor dem Hintergrund der Radikalisierung der geflüchteten Schutzbündler. Dies war der eine Faktor, der die Kommunistische Partei begünstigte. Der andere war, dass Letztere die Sowjetunion als Bundesgenossen hatte, die ihr durch ein großzügiges Asylangebot an die Schutzbündler zu zusätzlicher Popularität verhalf. Durch diesen Faktor, welcher von größter Bedeutung für die von Existenzsorgen geplagten Flüchtlinge war, gelang eine großangelegte politische Offensive in den Lagern, wo mit Hilfe der Schutzbündler, der „Helden des Februar", der sozialdemokratischen Führung der „Vernichtungsschlag" versetzt werden sollte.

In einigen anderen Ländern wurde versucht, Schutzbündler unterzubringen. Meist gelang es nicht. Selbst in dem von Sozialdemokraten regierten Schweden gab es größte Schwierigkeiten. So schrieb Paul Malles nach mehreren Vorsprachen in Stockholm, dass er keine Arbeitsgenehmigung für Schutzbündler erhalten könne, „trotzdem es in Schweden wenig Arbeitslose gäbe".

Die Kosten für Unterbringung und Verpflegung in den Lagern der Tschechoslowakei wurden zum größten Teil von der Sozialdemokratischen Partei des Landes getragen. Anfang des Jahres 1935 wurden noch 220 Schutzbündler in Lagern betreut, doch teilte der Parteivorstand dem ALÖS mit, dass er die Kosten für höchstens 120 Leute übernehmen könne und nicht mehr bereit sei, weitere politische Flüchtlinge aus Österreich anzuerkennen.

Die Sowjetunion war bereit, österreichische Schutzbündler aufzunehmen, ihnen Asyl und Arbeit zu geben. Es durften aber nur die in die Sowjetunion, welche aktiv mit der Waffe in der Hand an den Kämpfen teilgenommen hatten. Für den ersten Transport waren 350 Personen vorgesehen.

Es soll aber erläutert werden, wie es dazu kam, dass einige hundert österreichische Sozialdemokraten, welche die Kommunisten nie ernst genommen haben, nun eine sowjetfreundliche Erklärung abgaben und dann in die Sowjetunion fahren wollten. Die Führer der Sozialdemokraten hatten die Sowjetunion ja stets bejaht und nur die Kommunistische Partei abgelehnt, aber im Kampf gegen den Faschismus schienen die früheren Gegensätze angesichts der vollstreckten Todesurteile für neun Schutzbündler irrelevant.

Darüber hinaus waren die Politflüchtlinge eine große Belastung für die Tschechoslowakische Republik und auch das ALÖS war erfreut, da es auch nicht wusste, was es mit so vielen Leuten, welche keine Arbeitsbewilligung erhielten und mittellos waren, anfangen sollten. Weiters hatten die Ereignisse im Februar den Prozess der Radikalisierung dermaßen gesteigert, dass die Kommunisten leichtes Spiel hatten, auf ihre früheren Warnungen hinzuweisen.

Der erste Transport in die Sowjetunion, mit ca. 350 Schutzbündlern, stand unter der Leitung des Floridsdorfer Schutzbundführers Heinz Roscher, welcher später durch den Stalin-Terror ums Leben kam.

Die österreichischen Februar-Kämpfer wurden in der Sowjetunion überschwänglich begrüßt und als „Helden" empfangen. Unterkunft und Verpflegung waren für die Flüchtlinge besonders eindrucksvoll. Am 1. Mai 1934 konnte eine Abteilung sowohl an der Ehrentribüne vorbei defilieren, eine andere Gruppe hatte einen Sonderplatz und wurde wieder von allen bejubelt. Es gab in verschiedenen Städten Arbeit, Unterbringung in Hotels oder Wohnungen (für Verheiratete 1 Zimmer, mit Kindern 2-3 Zimmer) und viele, welche noch Verletzungen ausheilen mussten, kamen in Erholungsheimen.

Eine genaue Anzahl von österreichischen Emigranten, welche in die Sowjetunion gingen, lässt sich nicht angeben, aber sowohl die Historiker Herbert Steiner und Karl R. Stadler sprechen von etwa 1 000 Familien, wobei man nicht einig ist, ob hier Frauen und Kinder mit eingerechnet wurden. Ein eigener Transport von 115 Kindern, von gefallenen oder eingesperrten Schutzbündlern, traf im August 1934 in Moskau ein. Die Eltern hatten ihre Zustimmung zur Ausreise gegeben. Die Kinder wurden von den russischen Arbeitern und von in Moskau ansässigen Schutzbündlern begeistert empfangen und zur Erholung in ein Sanatorium auf der Krim gebracht. Sie konnten in Moskau die deutschsprachige Karl-Liebknecht-Schule besuchen und, wie Briefe an ihre Eltern zeigen, waren sie von der fürsorglichen Aufnahme in der Sowjetunion tief beeindruckt. Viele Schutzbündler leisteten gute Arbeit und waren bei ihren russischen Kollegen beliebt und anerkannt. Manche heirateten russische Frauen, andere ließen ihre Familien aus Österreich nachkommen. Nach dieser glücklichen Aufnahme in der Sowjetunion glaubten viele, sie hätten nun das Arbeiterparadies erreicht.

Die in die Sowjetunion geflüchteten Februarkämpfer waren jedoch „vom Regen in die Traufe" geraten, denn das vermeintliche Paradies der Werktätigen entpuppte sich bald als wahre Hölle. 1934/35 begann der stalinistische Staatsterror, der auch große Teile der Elite (Staats- und Parteiführung, Militärs, Mitglieder der Intelligenz, leitende Beamte der Geheim- und Staatspolizei) in aufeinanderfolgenden Wellen des Terrors vernichtete. Das berüchtigte NKWD (Volkskommissariat für innere Angelegenheiten) legte ein Plansoll für zu verhaftende „Volksfeinde" fest, woraufhin willkürlich Menschen verhaftet wurden. Wie viele Opfer der Staatsterror forderte, ist strittig. Der Streit über die Opferzahlen wird möglicherweise nie zu einem endgültigen Ergebnis gelangen, weil die Täter genügend Zeit hatten, belastende Materialien verschwinden zu lassen.

Bis zum Ende der schwersten Verfolgungen im November 1938 wurden 767.397 Menschen verhaftet, von denen 386.798 zum Tode verurteilt wurden.[10]

---

[10] Michael Kraßnitzer: Widerstand in Hietzing. Freiheitskampf 1934-1938 und 1938-1945 am Beispiel eines Wiener Bezirkes. Mauerbach, 2004. S.44f.

Das Dokumentationszentrum des österreichischen Widerstandes schätzt, dass etwa 500 in die Sowjetunion geflüchteten Schutzbundkämpfer verhaftet wurden und in furchtbaren Arbeitslagern verschwanden bzw. den Tod fanden. Nur Wenige überlebten die Straflager und kehrten nach Österreich zurück. Anfang März 1936 waren schon zirka 200 emigrierte Schutzbündler wieder nach Hause zurückgekehrt. Obwohl ihnen in Österreich Haftstrafen drohten, „zogen sie den österreichischen Kerker der sowjetrussischen Freiheit vor".

Aus einem Tagebuch des Schutzbündlers S. geht die ganze Bandbreite menschlicher Gefühle hervor – von heller Begeisterung und Dankbarkeit bis zu Enttäuschung und Verzweiflung: *„Bei der ersten Grenzstation Russlands wurden wir mit Musik und Jubel begrüßt. Wir stiegen aus den Waggons. Es wurden Ansprachen gehalten, dann bekamen wir zu essen...Als wir in Minsk einfuhren, erwarteten uns schon einige tausend Menschen. Wir wurden gefilmt, es wurden wieder Ansprachen gehalten, dann ging es weiter. Mit Rot-Front-Rufen auf unserer und Hurra-Rufen auf der anderen Seite passierten wir den Bahnhof...Das war der schönste Tag in meinem Leben...Der Empfang in Moskau war nicht zu beschreiben. Mir kam alles vor wie im Traum. Wir wurden im größten und schönsten Hotel Moskaus einquartiert, im Hotel Europa."*

Ab Mitte April begannen die Schwierigkeiten. Nach einem Arbeitsunfall und ungerechter Behandlung durch seinen Vorgesetzten schrieb S. in seinem Tagebuch einen Kommentar:

„Anscheinend hat hier in der Sowjetunion ein Arbeiter genauso wenig Rechte, oder noch viel weniger Recht, als ein Arbeiter in anderen Ländern." Vor einem Arbeitsgericht bekam sein Vorgesetzter Recht.

Damit endet das Tagebuch von S. Dieser scheint sich in seiner ausweglosen Lage an die Gesandtschaft gewandt zu haben und bald nach Österreich zurückgekehrt zu sein, da das Tagebuch mit dem Vermerk „Zur allfälligen Rückgabe an den Besitzer" nach Wien gesandt wurde.

Zu den prominentesten Opfern der stalinistischen Terrors gehörten Ing. Gustav Deutsch, der Sohn von Julius Deutsch, der Floridsdorfer Schutzbundführer Heinz Roscher, Josef Brüll sowie die Kommunisten Ing. Franz Quittner und Franz Koritschoner. Heinz Roscher und der Schutzbündler Alois Zehetner aus Steyr wurden sogar Mitglieder des Moskauer Sowjets (Gemeinderat).

Inzwischen gab es in Österreich auf Druck des Auslandes (Frankreich und England) Amnestien, und die Verhaftungen wurden seltener. Allerdings fanden im Jänner 1935 wieder weitere Verhaftungen statt, welche zum großen „Sozialisten-Prozess" führten.

8.5. Kurzbericht Erwin Hanzl: „Mein Weg als Schutzbündler Wien – Prag –Moskau"

Im Jänner 1992 schrieb der damalige Liesinger Bezirksvorsitzende des „Bundes sozialistischer Freiheitskämpfer und Opfer des Faschismus", Erwin Hanzl, einen Bericht an den Wiener Landes- und Bundesvorstand z.H. der Vorsitzenden Rosa Jochmann und N. Mistinger sowie den Vertretern der Sozialistischen Jugend, Erna Musik und Peter Lhotzky, über die Erlebnisse 1934 und seine Flucht nach Prag und Moskau.

Dieser Bericht wird auszugsweise wiedergegeben:

„Seit 1927 war ich Zugsführer der Liesinger Schutzbund-Alarmabteilung. Am 1. Februar 1934 (meinen Geburtstag) wurde ich zusammen mit dem gesamten Bezirks-Schutzbund-Kommando verhaftet. (siehe Beginn der Berichte aus Liesing)

Danach Flucht zu Verwandten nach Pernitz und Schwarzau, dann auf die Schnee-Alpe in die Schutzhütte des Turnvereins und später zu Freunden nach Wien 14., Goldschlagstraße. Am 8. März stand ich im Fahndungsblatt und musste mich nach Znaim absetzen. Ich wurde in einer Baracke mit 100 Betten untergebracht und traf dort auf interessante Genossen, den Floridsdorfer Gemeinderat Waltenberger und Sohn, Franz Jonas (wurde schon erwähnt) *und andere. Soviel Solidarität und Hilfe der Genossen Wlassak, Urbanek, Kotta und vieler anderer habe ich in meinem ganzen Leben nie mehr erlebt!..... In der CSR war strengstes Arbeitsverbot für Ausländer.*

(Anm. des Autors: Die CSR hatte selbst 850.000 Arbeitslose.)

Strafe : Ausweisung! Es bot sich als Möglichkeit die Arbeit in der UdSSR an. Man musste sich entscheiden: Auf Jahre in einen österreichischen Kerker oder Arbeit in der Sowjetunion, es schien ja alles so klar! Wie illusionistisch, idealistisch und uninformiert waren wir! Der Teufel muss mich geritten haben, dass ich mich für die Sowjetunion entschied und nicht für den österreichischen Kerker. Vom russischen Konsulat beauftragt, hatten die örtlichen CKP.- Komitees zu entscheiden, wer auf die Einreiseliste kam. Bedingungen waren unter anderen: Der Austritt aus der sozialdemokratischen und Eintritt in die kommunistische Partei, sowie waren

Fugblätter der Kommunistischen Partei zu unterschreiben. Ich ließ mich nicht kaufen. N I E M A L S habe ich Ein- oder Austritte oder Flugschriften unterschrieben!

Bei drei Transporten (von Brünn 1934, Znaim 1934 und Sternberg 1935) wurde ich von der Liste gestrichen.

Mit einem Fahrrad fuhr ich nach Prag, traf Max Opravil vom Büro Otto Bauer, der mir auch nicht helfen konnte. War kurzfristig bei einer Anti-Otto Bauer-Gruppe in Zbraslav (12km von Prag) und fuhr wieder nach Prag zum kommunistischem Komitee. Zurück in dem Lager traf ich auf einen Bundesrat Moser, welcher bereits schon zweimal in Moskau war und wusste, dass zu dieser Zeit schon Schutzbündler im GPU- Gefängnis waren. Er wusste es und hat uns nicht gewarnt! Durch Vermittlung sprach ich mit Richard Bernaschek, er wohnte sehr weit weg vom Lager. Ich weiß nicht warum, aber wir verstanden uns nicht, es war merkwürdig.

Im Oktober 1935 war es soweit, zwölf Familien und vier Männer konnten mehrheitlich mit von der CSR-Regierung ausgestellten Interims-Pässen über Polen nach der UdSSR/ Negorelje – Moskau reisen! Dass diese „REISE" später mit vielen hunderttausenden Flüchen bedacht werden würde, ahnte damals niemand! Es war die Zeit der Schau-Prozesse, von denen wir nichts wussten. Die Zbraslav-Lager- Schutzbündler fuhren nach Moskau ins Verderben. Es lief der Schau-Prozess Stalins gegen fast alle Mitglieder des Zentral-Komitees der UdSSR, der höchsten Partei-Instanz. Sinovjew, Kamenjew, Rykov, Bucharin und noch eine Reihe anderer, die er als „Verräter"(!) hinrichten ließ. Etwas später auch den berühmten Marschall Tuchatschewski. Der zweitmächtigste Mann, Trotzki, wurde, da er noch den weitaus größten Einfluss hatte, nach Alma-Ata an die Grenze der Mongolei verbannt und ging von dort nach Mexico." (Wo er später von einem Agenten Stalins ermordet wurde. Anm. des Autors.)

Nach Verleumdungen eines Kommunisten wurden einige Zeit später die Schutzbund-Emigranten, die mit Hanzl in die UdSSR gekommen und im Hotel Baltschug untergebracht waren, in einer Nacht überfallsartig von der GPU verhaftet. *„Ich selbst entging der Verhaftung nur, weil ich schon längere Zeit nachts bei einer russischen Frau war, was nur meine Zimmergenossen wussten. Ich rechnete stündlich mit meiner Verhaftung. Da es schlimmer nicht kommen konnte, tat ich etwas, was noch nie jemand gewagt hatte. Erstens wollte ich erfahren, wohin die GPU unsere Genossen brachten und zweitens wollte ich die allrussische GPU-Zentrale aufsuchen, um dort zu reden! Ich dachte, das ist ja eine Arbeiter-Behörde!*

M i r g e l a n g e s !

Nach langem Suchen und Nachfragen in verschiedenen Gefängnissen, und ständig mit seiner Verhaftung rechnend, gelang es Hanzl und den Frauen der verhafteten Männer, diese zu finden und teilweise von einem Straflager in einen Arbeitsguthof versetzen zu lassen. Im Jahr 1939 sollten alle ausländischen Arbeiter in den Ural verlegt werden. Hanzl war krank und wollte nach Österreich heimkehren. In Wien angekommen, wurde er von der Gestapo im Hotel Metropol verhört und zur Wehrmacht einberufen. Er war zuerst in Frankreich und dann an der russischen Front. Seine Frau musste sich im Auftrag der Gestapo jeden zweiten Tag bei der Polizei melden und in einem Buch im Rathaus Liesing unterschreiben, da Hanzl als „Unzuverlässig" galt.

Er hat auch nach dem Ende des Zweiten Weltkriegs nie aufgehört, Kritik an der Kommunistischen Partei zu üben. (Das gesamte Schreiben umfasst 14 Seiten und wurde gekürzt wiedergegeben)

8.6 Schutzbündler im Bürgerkrieg in Spanien 1936

In Barcelona sollte im Juni 1936 eine Arbeiterolympiade stattfinden, eine Gegenveranstaltung zu den in Hitlers Berlin veranstalteten Olympischen Spielen. Ehe sie noch eröffnet werden konnten, brach der Aufstand der Putschistengeneräle aus. Der Anführer der Generäle war der vormalige Generalstabschef Francisco Franco y Bahamonde, welcher gegen die gewählte Volksfrontregierung putschte. Österreich stellte im Spanischen Bürgerkrieg mit mehr als 1 400 (Hans Landauer: Lexikon der Spanienkämpfer) Freiwilligen im Verhältnis zu seiner Einwohnerzahl den stärksten Anteil der Ausländer in den Internationalen Brigaden (insgesamt gab es etwa 40 000 Freiwillige). In Österreich vom Austrofaschismus besiegt, meldeten sich viele Revolutionäre Sozialisten und Kommunisten zum Einsatz in Spanien.

Die Freiwilligen wurden häufig auf Schmuggelwegen über die Schweiz und Frankreich nach Spanien gebracht. Schutzbündler, welche in der Tschechoslowakei oder in der Sowjetunion Exil gefunden hatten, erreichten ihr Ziel über Skandinavien oder über die Halbinsel Krim, das Schwarze Meer und das Mittelmeer. Zwei Motive waren unter anderem auch die furchtbare Arbeitslosigkeit sowie der Gedanke in Spanien fortzuführen, was in Österreich verloren ging.

Österreicher nahmen in der XI. Brigade, dann auch im Bataillon „Thälmann" (deutscher Kommunist im KZ), der deutschen Brigade, an der Abwehr der Faschisten vor Madrid teil. Im Juli 1937 wurde ein eigenes österreichisches Bataillon „12. Februar" aufgestellt. Darüber hinaus waren Österreicher anderen Einheiten zugeteilt.

Ebenso gab es sie im Sanitätsdienst, auch einige Ärzte, unter ihnen auch Frauen. Im Bataillon "12. Februar" gab es Kompanien mit Namen österreichischer Justifizierten: Karl Münichreiter, Georg Weissel, Koloman Wallisch und Josef Gerl.

Der vormalige Obmann des Republikanischen Schutzbundes Julius Deutsch, den die Republik zum General der Küstenwache berufen hatte, stand mit seinen Landsleuten in Verbindung.

Das österreichische Bataillon hat an fast allen Schlachten des Spanischen Bürgerkrieges teilgenommen, so an der Offensive bei Brunete (bei Madrid) im Juli 1937, bei den Kämpfen in Quinto und Belchite, an der Aragonfront Ende August 1937 sowie an der Winteroffensive in Teruel zu Jahresende 1937/1938.

Besonders verlustreich war die Ebrooffensive im Juli 1938, wo eine Materialschlacht wie im Ersten Weltkrieg geschlagen wurde, die Tausenden das Leben kostete.

Im September 1938 wurden die Internationalen Brigaden von den Fronten zurückgezogen. Die republikanische Regierung wollte damit das Franco-Regime veranlassen, gleichfalls die deutschen und italienischen Truppen abzuziehen, was aber nicht der Fall war. Von den 350 Schutzbündlern, die aus der Sowjetunion gekommen waren, kehrten 150 bis 200 dorthin zurück. Die anderen österreichischen Freiwilligen sollten in einem Asylland (Mexiko) Aufnahme finden, was aber nicht zustande kam. Sie mussten über die Grenze nach Frankreich und wurden in elenden Lagern in den Bergen Südwestfrankreichs interniert.

Am 10. Februar 1939 berichtet General Julius Deutsch an Friedrich Adler als Sekretär der Sozialistischen Internationale: *„Die Situation an der Grenze ist nach wie vor sehr verworren. Man bringt die Menschen in sogenannte Konzentrationslager, die aus nichts anderem bestehen als aus einem freien Feld, umgeben von Stacheldraht! In solche **Lager** werden die Soldaten zu Zehntausenden gepfercht, sie haben kein Dach über dem Kopf. Die meisten von ihnen sind schlecht bekleidet, die Nahrung ist völlig ungenügend. Von allen Seiten kommen nun Hilferufe. Dem einen oder anderen gelingt es, sich in die nächste Stadt zu retten, und von dort wandern oder fahren die Leute ins Innere des Landes. Einige sind schon hier (in Paris) eingetroffen. Man weiß aber nicht, was man mit den Leuten anfangen soll..."* (gemeint sind wahrscheinlich die Lager Saint-Cyprien, Argeles-sur-mer und Barcares) Anfang Mai 1939 gelingt es Deutsch, das berüchtigte Lager Gurs zu besuchen; an seinen Bericht schließt er den dringenden Appell an die Internationale, den Gefangenen und ihren Angehörigen zu helfen und um ihre Freiheit zu kämpfen. Leider erwies sich die Internationale auch hier als zu schwach:

"Lieber Genosse Adler! Vorige Woche habe ich den längst fälligen Besuch im Konzentrationslager der Spanier gemacht, von unseren Genossen bereits erwartet. Das neue Lager befindet sich auf einer einsamen Hochebene bei Gurs, einem Pyrenäendorf in der Nähe von Pau. Das Lager besteht aus Holzbaracken. Es schläft niemand mehr im Freien. Dafür ist aber der Gefängnischarakter viel stärker ausgeprägt als in den früheren Lagern. Die Leute leiden sehr unter dem Mangel an Wäsche, Kleidung und Schuhen. Die meisten gehen geradezu in Lumpen herum. Die Stimmung ist die denkbar schlechteste. Jeder fragt, ob denn gar keine Möglichkeit bestünde, die Gefangenen zu befreien. Wie lange soll das noch dauern? Was wird mit uns werden?..." (Aus: Karl R. Stadler: Opfer verlorener Zeiten. Geschichte der Schutzbund-Emigration 1934.S.268.)

Nach der französischen Niederlage gegen Deutschland kamen sie ins KZ Dachau.

Im Spanischen Bürgerkrieg fielen etwa 700 österreichische Antifaschisten. Den Zweiten Weltkrieg überlebten etwa 1 000. Ihre Mortalitätsrate im KZ Dachau war, da eine enge Kameradschaft unter den politischen Gefangenen herrschte, nicht so hoch wie bei denen, die wegen ihres jüdischen Glaubens verfolgt wurden. Trotzdem mussten mehr als hundert ehemalige Schutzbündler in den Konzentrationslagern ihr Leben lassen. Der prominenteste war Ing. Alexander Eifler. Es ist eine besondere Ironie der Geschichte, dass die Überlebenden eines blutigen Krieges sich freiwillig ihren Henkern ausliefern sollten, denn zu viele der Spanienkämpfer gingen dort zugrunde.

Der Bürgerkrieg, der 1936 begonnen hatte, endete drei Jahre später mit dem Sieg Francos. Gegen politische Gegner ging er mit äußester Härte vor. Seine Alleinherrschaft kannte keine Milde. Der am ersten Tag des Aufstandes Francos einsetzende Kampf gegen Linke und Liberale wurde noch verschärft. Dazu hatte der Caudillo schon Anfang 1938 ein Dekret gegen Personen erlassen, die sich seit Oktober 1934 „subversiver Tätigkeit" schuldig gemacht hatten, aber auch gegen alle, die seither die nationale Regierung „aktiv oder durch passive Resistenz" bekämpft hatten.

Unter diesen Erlass fielen praktisch alle, die auf Seiten der Republik standen, und schon in den Tagen der Eroberung der letzten republikanischen Städte war dies ein Freibrief für tausendfachen Mord. Danach begannen die Dienststellen der Regierung nach Listen zu verhaften, zu foltern, ihre Opfer in KZ-ähnliche „Besserungsanstalten", in Zwangsarbeitslager zu stecken oder nach einem für den Angeklagten chancenlosen

Prozess hinzurichten. Einschließlich der in den Lagern an Hunger oder Krankheit Umgekommenen wird die Zahl der „Nachbürgerkriegs-Opfer" auf 200.000 geschätzt.
Der Bürgerkrieg in Spanien und die Rolle, die österreichische Freiwillige in der republikanischen Armee spielten, begeisterte die illegalen Organisationen in Österreich: Keine Nummer der illegalen Zeitungen, die nicht über den Fortgang der Kämpfe und die Probleme Spaniens berichtete.

Tausende Flugblätter und Streuzettel, die die Arbeiterschaft zur Solidarität aufgerufen haben, wurden verteilt. Schließlich führte man Sammlungen in den Betrieben und Wohnvierteln durch, die der spanischen Sache helfen sollten.

Damit endete eine weitere Station auf dem Leidensweg österreichischer Schutzbündler.

8.6.1. **Spanienkämpfer aus Liesing** (kein Vollständigkeitsanspruch)

Armer Josef geb. 6.1.1911, Liesing, 1936 Ö- Spanien,

Bauer Karl geb. 18.5.1905, Siebenhirten, 1936 Ö- Spanien, +

Bergauer Anton geb. 7.1.1913, Liesing, 1934- CSR- SU- Spanien, +

Hirschmann Franz geb. 21.6.1908, Atzgersdorf, 1934- CSR- SU- Spanien,

Krecht Franz geb. 1.4.1910, Siebenhirten, 1936 Ö- Spanien,

Pluchar Friedrich geb. 9.7.1910, Atzgersdorf, 1937 Ö- Spanien,

Sauer Johann geb. 29.4.1902, Atzgersdorf, 1934 Ö- CSR- SU- 1937 Spanien, +

Schwarzer Franz geb. 12.2.1903, Liesing, 1934 Ö- U-Haft- 1936 Spanien, +

Seidler Friedrich geb. 27.1.1914, Liesing, 1936 Ö- Spanien, +

Spanner Josef geb. 16.12.1900, Rodaun, 1937 Ö- Spanien, +

Welser Fritz geb. 14.6.1910, Siebenhirten, 1934 Ö-CSR- 1938 Spanien,

Zatlokal Franz geb. 27.9.1908, Liesing, 1934 Ö- CSR- SU- 1936 Spanien, +[11]

Über Spanienkämpfer aus Meidling gibt es keine Aufzeichnungen, da als Geburtsort nur Wien im „Lexikon der Spanienkämpfer" (Hans Landauer) eingetragen ist.

---

[11] DÖW 31.11.2011: Hans Landauer: Lexikon der Spanienkämpfer.

9. Die Teilnahme von Kommunisten an den Kämpfen

9.1. Die Kommunistische Partei Österreichs in der Ersten Republik

Die Kommunistische Partei Österreichs wollte bereits 1918 bei Ausrufung der Republik eine Räte-Regierung errichten. Dies gelang jedoch nicht und sie wurden nie zu einer Massenpartei wie die Sozialdemokraten. In den Zwanzigerjahren, vor allem während der Weltwirtschaftskrise, der Arbeitslosigkeit und Inflation sollten die kommunistische Warnungen und ihre Prognosen eintreffen: Das kapitalistische System wurde in seinen Grundfesten erschüttert, während die Sowjetunion keine Krise und keine Arbeitslosigkeit kannte. Das Bürgertum ging danach von demokratischen zu faschistischen Methoden über, weil es vor der wachsenden Radikalisierung der Arbeiterschaft Angst bekam.

Die Kommunistische Partei Österreich wurde bereits im Mai 1933 von der austrofaschistischen Regierung Dollfuß verboten und konnte daher nur mehr in der Illegalität tätig sein. Aber auch die Sozialdemokraten glaubten immer weniger an den friedlichen Weg in den Sozialismus.

Kleine Gruppen von Ungeduldigen und Unzufriedenen gingen zum Kommunismus über. Es waren meist jüngere Menschen, aber auch Funktionäre und aktive Mitglieder. Aber sie waren immer eine verschwindende Minderheit der Sozialdemokraten.

Das Verhältnis zwischen Sozialisten und Kommunisten war – und ist bis heute – eine der entscheidenden politischen Fragen in Europa. Otto Bauer hat den grundlegenden Unterschied zwischen illegalen kommunistischen und sozialistischen Parteien wie folgt formuliert: „…die kommunistischen Parteien unterwerfen sich gehorsam und willig der Moskauer Führung; die sozialistischen Parteien müssen sich in geistiger Freiheit, in freier Diskussion ihre Arbeitsmethoden, ihre Konzeption und Perspektiven selbst erarbeiten".

Die Kämpfe des Februars 1934 bedeuteten aber für die Kommunistische Partei Österreichs eine entscheidende Zäsur, da sie durch den Übertritt zahlreicher linker Sozialdemokraten, Schutzbündler, Jugendlicher und Intellektueller aus einer Kleinpartei zu einem politischen Machtfaktor innerhalb der Arbeiterbewegung werden konnte.

Der Massenzustrom von Sozialdemokraten schuf die Basis für den relativ breiten Widerstandskampf der Kommunistischen Partei der schließlich zum Ende des

Nationalsozialismus dauerte. Sie sah in den Februartagen ihre große Chance gekommen: die Enttäuschung über die schwache sozialdemokratische Führung, welche die Partei in die Niederlage geführt hatte und die ohnmächtige Wut gegen die Austrofaschisten, verstärkte den Zulauf zur Kommunistischen Partei Österreichs.

Otto Bauer bezeichnete die Februarkämpfe als einen „Aufstand der österreichischen Arbeiter" (Broschüre bereits am 19. Februar 1934 in Bratislava verfasst).

Die Kommunistische Partei Österreichs und das Exekutivkomitee der Kommunistischen Internationale schätzten den Februarkampf zunächst als einen „revolutionären Massenaufstand des österreichischen Proletariats" ein. Diese Beurteilung wurde bald überwunden und durch eine realistischere ersetzt, nämlich, dass der Februarkampf wohl ein bewaffneter Widerstand gegen den Faschismus, aber noch kein Aufstand war.

Die Auffassung, dass es sich bei den Kampfhandlungen auf seiten des Schutzbunds weder im juristischen noch im marxistischen Sinn um einen Aufstand, also ein vorbereitetes Unternehmen mit offensiven politischen Kampfzielen, sondern lediglich um eine Verteidigungs- und Abwehrreaktion handelte, steht heute unter den österreichischen Historikern weitgehend außer Streit.

Fraglich scheint allerdings, ob mit Definitionen wie „Abwehrmaßnahme zur Verteidigung der ernstlich bedrohten Demokratie und Freiheit", „Verzweiflungsakt einer treu gebliebener Minderheit", wie sie in den 70er Jahren von Historikern und Politologen formuliert wurden, wirklich die ganze Wahrheit über den Februar 1934 ausgesprochen ist. Der Kampf ist sicher auf der Grundlage der verzweifelten Notwehr eines Teiles der sozialdemokratischen Arbeiter losgebrochen, welche die Demütigungen der letzten Monate und Jahre nicht mehr hinnehmen wollten.

Die plötzlich über die Arbeiterschaft hereingebrochene Unsicherheit, ihr Trostbedürfnis und ihre Empörung angesichts der erlebten Enttäuschungen verwandelten eine politische unbedeutende kommunistische Gruppe über Nacht in eine politische Bewegung, welche jedoch nicht lange anhielt.

9.2. Kommunistische Einsätze bei den Kämpfen in Meidling

Ein persönlicher Bericht von Franz Freihaut:

***Franz Freihaut**, geb. 1902 in Wien-Meidling. 1923 Beitritt zur KPÖ, 1931 Lenin-Schule in Moskau, 1933 Wiener Organisationsleiter der KPÖ. Aufenthalt in der SU. Organisierung des Transportes 1936 österreichischer Spanienkämpfer in Paris. 1937 4 Monate in Wien inhaftiert. 1938-1944 KZ Dachau, dann bis 1945 KZ Flossenbürg*

„In Meidling gab es einige Kampfgruppen in mehreren Gemeindehäusern, auch in den Straßenbahnhöfen Koppreitergasse und Aßmayergasse hatten die Straßenbahner Kampfgruppen gebildet. Am Wienerberg wurde eine starke bewaffnete Widerstandsgruppe vom Schutzbundkommandanten und späteren Gemeinderat Max Opravil geleitet. Ihm standen zur Seite die Kommunisten Franz Schuster, Pepi Kohl und andere. Die Gruppe zeichnete sich insofern aus, dass sie einen Ausbruch über die Meidlinger Südbahn unternahmen und mit den kämpfenden Gruppen Am Fuchsenfeld, Liebknecht-Hof, Bebel-Hof, sich zu einem Verband zusammenschlossen. Auch in diesen Gruppen kämpften Schutzbündler und Kommunisten wie Zehetbauer, Plonsky, Karl Kaspar und andere zusammen.

Die Kommunisten Friedrich Vogel, Schebek, Kopetzky Christl, Faß Fritz, Stoiber waren am Rosenhügel eingesetzt und kämpften dort gemeinsam mit den Schutzbündlern. Beim Straßenbahnhof Flurschützstraße Ecke Böckgasse gab es ein Feuergefecht, wobei zwei Straßenbahner aus einem mit einem roten Kreuz vorbeifahrenden Sanitätsauto von einem Maschinengewehr beschossen und getötet wurde. Diese Toten lagen drei Tage als Abschreckung auf der Straße. Die Kampfgruppe im Bebel-Hof verteidigte sich gegen die angreifenden Faschisten, indem sie vor dem Haus aus Bierfässern eine zwei Meter hohe Barrikade errichtete; als vom Reumann-Hof der Liebknecht-Hof unter Beschuß geriet, hat eine Gruppe Schutzbündler, darunter Karl Kaspar und andere, vom Dach des Liebknecht-Hofs die Angreifer unter Beschuß genommen.

Eine bewaffnete Auseinandersetzung gab es auch am Straßenbahnhof Koppreitergasse. Dort fielen einige Straßenbahner, darunter der Kommunist Genosse Fritz Faß der faschistischen Übermacht zum Opfer.

Schwierigkeiten hatte die Kampfgruppe des Gemeindebaus Indianer-Hof, der nur 150 Meter von der (Train) Kaserne entfernt ist. Von dort aus ließ Major Fey den Bau mit Haubitzen beschießen. Sie schreckten auch nicht zurück, andere Häuser, wie zum Beispiel in der Ratschkygasse, Gatterholzgasse und Eichholzgasse (Aichholzgasse) zu beschießen (siehe Interview Herr Schmidberger). In letzter wurden von einem Wohnhaus zwei Balkone buchstäblich weggeschossen. Am dritten Kampftag, wo bereits alles entschieden war, begab ich mich auf den Dachboden des Liebknecht-Hofs, wo ich meinen Einfluß geltend machte und die Gruppe veranlasste, sich zurück zuziehen. Die Mehrzahl der kämpfenden Truppe mit meinem Schwager Karl Kaspar nahm mich persönlich mit. Er kämpfte als Kommunist die ganze Zeit gemeinsam mit den Schutzbündlern.

Zwei Jahre später meldete er sich nach Spanien. Als 24jähriger fiel er in Teruel."
(Wortgetreu wiedergegeben.)

Laut Bericht der „Rundschau" Nr. 21, Seite 761, der Autor „Gustav" Wien, haben es in Meidling die Kommunisten verstanden, die rein defensive Taktik der Sozialdemokraten zu durchbrechen und unter ihrer Führung zwei Kampfgruppen zum offensiven Vorgehen zu veranlassen. Auch in diesem Bezirk wurde der Kampf unter Rettung der Waffen abgebrochen.

Aufzeichnungen über den Kampf in der Zeit von 1933 bis 1945.
Hans Pointner, Zentrales Parteiarchiv KPÖ / 5012/ F/15, K2, MA, La 3.

„Als am 12. Februar 1934 die Straßenbahnen in Wien zum Stehen kamen, nahmen wir im Kreis III, die für eine Aktion vorbereiteten Transparente und warfen sie auf die Meidlinger Hauptstraße über die Straßenbahnleitung und verteilten unsere Flugblätter. Polizei war im Umkreis nicht zu sehen. Die Menschen waren sehr aufgeregt, obwohl wir noch nicht genau wussten, was in den anderen Bezirken vor sich geht.

Wir hatten schon längere Zeit mit jugendlichen Schutzbündlern auf den Gaudenzdorfer Gürtel Verbindung und kamen öfters nach 22:00 Uhr in das Schutzbund-Lokal (Gemeindebau) wo wir lange Zeit über die verschiedenen Fragen diskutierten. Einige Schutzbündler kamen am 12. Februar mit uns auf die Straße, sie hatten Schmiervasen und einige Pistolen bei sich. Einen leerstehenden Lastwagen nahmen wir in Beschlag und fuhren die Meidlinger Hauptstraße hinauf über die Philadelphiabrücke und stürmten die erste Polizeiwachstube. Der Posten war so überrascht, dass er wehrlos uns gegenüber stand. Wir nahmen Gewehre und Munition und verschwanden wieder.

Inzwischen wurde der Schutzbund zum Teil aktiv. Wir fuhren in eine Straßenbahnremise, dort waren einige Gruppen Schutzbündler beisammen und bereits bewaffnet. Auf dem Lastwagen wurde ein MG postiert und fuhr kreuz und quer durch die Straßen. Polizei und Heimwehr war kaum zu sehen.

Gegen Abend kam es auf dem Gelände des Meidlinger Frachtenbahnhofes zu den ersten Kämpfen mit der Heimwehr. Wir zogen uns in den Gemeindebau Fuchsenfeldhof zurück, dort befand sich schon eine größere Gruppe von Schutzbündlern bewaffnet. Die Nacht verbrachten wir Kommunisten gemeinsam mit ihnen.

Beim Haupteingang des Hauses war ein MG mit Posten aufgestellt. Nachts fur ein Rot-Kreuz-Wagen und feuerte auf den Posten, wobei ein Schutzbündler tödlich zusammen gebrochen ist.

Der Wagen war mit Heimwehrfaschisten besetzt. Die Nacht vom 12. auf den 13. war im Bezirk verhältnismäßig ruhig und wir hörten nur vereinzelt Schüsse. Inzwischen erfuhren wir, dass im Reumannhof, auf dem Gürtel, Schutzbündler von Heimwehr belagert wurden.

Im Fuchsenfeldhof wurde von den Schutzbündlern die Weisung gegeben, am grauen Morgen über den Meidlinger Frachtenbahnhof bei guter Deckung am Boden oder hinter abgestellten Waggons in Richtung Gürtel sich vorzuarbeiten und die Heimwehr im Rücken anzugreifen und dsamit die eingeschlossenen Schutzbündler zu entlasten und womöglich zu befreien. Bei dieser Gruppe waren zwei Kommunisten, Gen. Großbart und ich. Leider gelang die Entlastungsaktion nicht. Als wir noch einige hundert Meter vom Gürtel entfernt waren, kamen die ersten Schüsse von der Gürtel-Parkanlage gegen uns. Wir waren alle mit Gewehren und Schmiervasen bewaffnet. Das Feuer der Heimwehr wurde immer stärker und es wurde von ihnen auch MG eingesetzt. Durch die Übermacht des Gegners mussten wir uns zurückziehen. Neben mir hörte ich einen Aufschrei und ein junger Schutzbündler brach durch eine Kugel getroffen zusammen. Ich holte rasch eine Verstärkung und wir trugen ihn aus der Gefahrenzone und brachten ihn in ein Haus. Eine Wohnpartei verständigte einen Arzt, der feststellte, dass der Schutzbündler unter der rechten Schulter einen Durchschuß hatte.

Damit war für diese Gruppe der bewaffnete Kampf zu Ende und jeder versuchte in verschiedenen Richtungen einen Weg einzuschlagen und irgenwo unterzutauchen.

Erschütternd war es für uns, als wir an diesen Morgen sahen, dass viele Arbeiter zur Arbeit gingen und sich überhaupt nicht kümmerten, was um sie vorging. Ich konnte in meine illegale Wohnung im Gemeindebau des 13. Bezirkes gelangen und Verbindung mit anderen Kommunisten, die am Kampf nicht teilnahmen, aufnehmen.

Diese Genossen brachten mich noch vor den Abend zu einem uns nahestehenden Arzt, wo ich die ersten drei Wochen verbrachte. Ich nahm von dort die Verbindung zur Partei auf, und es wurde beschlossen, mich auf einige Zeit nach Oberösterreich zu schicken".

(Auszugsweise, aber wortgetreu wiedergegeben.)

10. Nachtrag

Am 18.1.2012 wurde im Nationalrat das Bundesgesetz über die Aufhebung und Rehabilitierung (Aufhebungs- und Rehabilitierungsgesetz 2011) beschlossen.
Die über die sozialdemokratischen Teilnehmer an den Februarkämpfen 1934 oder über Schutzbundangehörige verhängten Urteile der Straf-, Sonder- und Standgerichte sowie weitere Urteile wegen Taten zwischen 6. März 1933 und 12. März 1938 in diesem Zusammenhang gehörten bislang dem Rechtsbestand an.
Durch das Aufhebungs- und Rehabilitierungsgesetz vom 18. Jänner 2012, BGBL 1 Nr. 1644/2012, wurde die Möglichkeit geschaffen, diese Urteile rückwirkend als nicht erfolgt zu erklären.
Es ist aber keine Kollektiv-Annulierung aller 1934ff erlassenen Politurteile, sondern ist im Einzelfall vom LG für Strafsachen Wien durch Beschluss zu entscheiden (§ 3 Abs. 2).

Entgegen der gelegentlich geäußerten Behauptung, die von Bruno Kreisky 1935 erlittene strafrechtliche Verurteilung sei nie getilgt worden, der Bundeskanzler bis an sein Lebensende vorbestraft gewesen, wird erklärt, dass diese Vorstrafe spätestens durch Inkrafttreten des Tilgungsgesetzes 1972, BGBL Nr. 68 von Amts wegen getilgt wurde. Aber auch vorher hätte Kreisky diese Tilgung mit Erfolg bei Gericht beantragen können.
Beide Informationen freundlicherweise von Herrn Ministerialrat DDr. Maximilian Obauer, Wien.

Wie weitere Forschungen ergaben, wurde allen Personen, welche (ohne Gerichtsurteile oder nach verbüßten Kerkerstrafen) in die Anhaltelager Wöllersdorf oder Kaisersteinbruch verbracht wurden, nach deren Entlassung, Zahlungen für diesen Aufenthalt vorgeschrieben!

Der Tagsatz betrug 6,- Schilling. Ein Arbeiter verdiente damals ca. 50,- Schilling in der Woche (wenn er überhaupt Arbeit gefunden hatte und nicht arbeitslos oder „ausgesteuert" war). Vorgeschriebene Beträge von einigen hundert Schilling waren üblich (Akte Zahlungsvorschreibungen Staatsarchiv BKA 1934). Ein Einspruch war nicht zulässig, bei Beträgen über 1.000,- Schilling konnte man um Ratenzahlung ansuchen. Es wurde bewußt die Existenzvernichtung bzw. Verschuldung der ehemaligen politischen Häftlinge in Kauf genommen.

Noch bis Jänner 1938 wurden die Zahlungsanweisungen ausgestellt.

11. Schlusswort

Je länger und intensiver ich zu diesem Thema forschte, desto mehr zeigten sich die Gegensätze zwischen den Anhängern der verschiedenen Parteien. Jedoch hat die gnadenlose Härte, die auch nach der Gefangennahme durch die Polizei und später von Gerichten ausgeübt wurde, dazu beigetragen, dass viele ehemalige Schutzbund-Kämpfer sich den Nationalsozialisten zuwandten, um danach Rache zu üben, bzw. den Kampf gegen den Austrofaschismus fortzusetzen. Ebenso sind radikale Schutzbündler, welche von der „Rückschrittspolitik" Bauers enttäscht waren, zu den Kommunisten übergetreten.

Nach langen Differenzen der politischen Parteien, der großen Demonstration nach einem Fehlurteil und dem anschließendem Justizpalastbrand 1927, war für viele Menschen klar, dass es einmal zu einem offenen Kampf kommen könnte. Nach Ausschaltung des Parlaments 1933 enstand eine Einparteien-Diktatur, genannt „Ständestaat".

„Ein Bürgerkrieg, der keiner war", ist für mich zutreffend, da sich die Masse der Bürger aus verschiedenen Gründen nicht erhoben hat.

Jedoch hat Bundeskanzler Dollfuß und später Schuschnigg den falschen Gegner bekämpft. Ein gemeinsames Vorgehen gegen den Nationalsozialismus hätte möglicherweise den Lauf der Geschichte verändert.

So furchtbar und teilweise grausam die Folgen dieser Erhebung der Sozialdemokratie gegen den Austrofaschismus, mit hunderten Toten und mehr als tausend Verwundeten auch waren, folgte einige Jahre später mit dem erzwungenen Anschluss an das Deutsche Reich durch Adolf Hitler eine weiter größere Katastrophe, die beinahe alle Staaten dieser Welt betraf.

Die Ereignisse des Jahres 1934 in Meidling und Liesing wurden im Zuge meiner Forschungen beinahe zur Gänze zufriedenstellend geklärt, wobei eine umfangreiche und intensive Recherche neue und teilweise furchtbare Erkenntnisse zu Tage förderte und mikrohistorische Ergebnisse über den verzweifelten Kampf, das Leid und die Trauer der Familien in den betroffenen Bezirken lieferte. Die These, dass es sich um keinen „Bürgerkrieg", sondern um einen bewaffneten Aufstand der Arbeiterbewegung (wenn auch nicht vollständig) handelte, wurde für mich bestätigt.

12. Anhang

Brief des Landesleiters des Oberösterreichischen Schutzbundes, Richard Bernaschek, an Dr. Julius Deutsch, datiert Linz, am 11. Februar 1934. (Aus: Kurt Peball: Die Kämpfe in Wien im Februar 1934. Militärische Schriftenreihe. Heeresgeschichtliche Museum, Heft 25.)

Ich habe mich heute Vormittag mit fünf gewissenhaften, der Partei völlig treu ergebenen Genossen besprochen und mit ihnen nach wirklich reiflicher Überlegung einen Beschluss gefasst, der nicht mehr rückgängig gemacht werden kann. Die Begründung dieses Beschlusses werde ich vielleicht Gelegenheit haben, morgen Montag abends dem Reichsparteivorstand bekanntzugeben. In Durchführung dieses Beschlusses werden wir heute Nachmittag und diese Nacht sämtliche uns zur Verfügung stehenden Waffen, und zwar in ganz Oberösterreich, so weit bereitstellen, dass die heute noch zum Widerstand entschlossene Arbeiterschaft sie sofort greifbar hat. Wenn morgen in einer oberösterreichischen Stadt mit einer Waffensuche begonnen wird oder wenn Vertrauensmänner der Partei bzw. des Schutzbundes verhaftet werden sollten, wird gewaltsamer Widerstand geleistet und in Fortsetzung dieses Widerstands zum Angriff übergegangen werden. Dieser Beschluß sowie die Durchführung ist unabänderlich. Wir erwarten, dass auf unsere telefonische Mitteilung nach Wien: „Waffensuche hat begonnen, Verhaftungen werden vorgenommen", Du der Arbeiterschaft und darüber hinaus der Gesamtarbeiterschaft das Zeichen zum Losschlagen gibst. Wir gehen nicht mehr zurück. Den Parteivorstand habe ich von diesem Beschluss nicht verständigt. Wenn die Wiener Arbeiterschaft uns im Stich lässt, Schmach und Schande über sie.

Kurzbeschreibung von einigen Politikern im Text

Karl Renner Dr. Parlamentspräsident, nach 1945 Bürgermeister u. Bundespräsident
Otto Bauer Dr. Parteivorsitzender
Theodor Körner General a.D., Bundesrat, nach 1945 Bürgermeister u. Bundespräsident
Richard Bernaschek Landesparteisekretär und Schutzbundführer Oberösterreichs
Karl Seitz Bürgermeister von Wien
Franz Jonas Lagerschreiber, nach 1945 Bürgermeister von Wien und Bundespräsident
Rosa Jochmann Abgeordnete zum NR
Alexander Eifler Ing. Major a.D. Schutzbundführer

Julius Deutsch Dr. Schutzbund Leitung

Karl Heinz Schutzbund Leitung

Edmund Reismann Wiener Gemeinderat

Leopoldine Glöckel Wiener Gemeinderätin

Alois Zanaschka Bezirksvorsteher von Meidling

Max Opravil Schutzbund-Kommandant von Meidling, nach 1945 Bezirksobmann SPÖ

Richard Lehmann Todesopfer auf der Predigtstuhlwiese

Johann Fröhlich Todesopfer auf der Predigtstuhlwiese

Josef Gerl Hinrichtung am 24. Juli 1934 nach Bombenattentat auf Bahnlinie

Leopold Petznek Landesparteileiter NÖ, verh. mit (Erzherzogin) Elisabeth Habsburg-Lothringen

Eduard Weikhart nach 1945 Staatssekretär a.D.

Ignaz Seipel Dr. Prälat, Bundeskanzler

Engelbert Dollfuß Dr. Bundeskanzler

Johann Schober Dr. Wiener Polizeipräsident

Eugen Seybel Dr. Wiener Polizeipräsident

Emil Fey Major a.D. Heimwehrführer, Minister, Vizekanzler

Kurt Schuschnigg Dr. Bundeskanzler

Literaturverzeichnis

Ackerl, Isabella: Geschichte Österreichs in Daten. Von 1806 bis heute, Wiesbaden 2008.
Albers, Detlev- Heimann, Horst- Saage, Richard (Hgg.): Otto Bauer: Theorie und Politik, Berlin-West 1985.
Andics, Hellmut: Der Staat, den keiner wollte. Österreich von der Gründung der Republik bis zur Moskauer Deklaration, München 1980.
Bauer, Otto: Der Aufstand der österreichischen Arbeiter. Seine Ursachen und seine Wirkungen, Prag, 1934.
Bauer, Otto: Zwischen zwei Weltkriegen? Die Krise der Weltwirtschaft, der Demokratie und des Sozialismus, Böhmisch-Leipa 1936.
Bauer, Otto: Die illegale Partei, Paris 1939.
Bauer, Otto: Die Wahrheit über den Februar 1934, Paris 1939.
Benz, Wolfgang: Ausgrenzung, Vertreibung, Völkermord. Genozid im 20. Jahrhundert, München 2007.
Bernaschek, Richard: Österreich – Ein Brandherd Europas, Prag 1934.
Bärnthaler, Irmgard: Die Vaterländische Front, Wien 1971.
Böhm, Johann: Erinnerungen aus meinem Leben, Wien 1986.
Botz, Gerhard: Gewalt in der Politik. Attentate, Zusammenstöße, Putschversuche, Unruhen in Österreich 1918-1934, München 1976.
Botz, Gerhard (Hg.): „Qualität und Quantität". Zur Praxis der Methode der historische Sozialwissenschaft, Frankfurt/New York 1988.
Bousska, Hans Werner: Alltagsleben in Meidling. Die Reihe Archivbilder. Erfurt 2009.
Brandstätter, Christian : Stadtchronik Wien. 2000 Jahre in Daten, Dokumenten und Bildern, Wien 1986.
Brauneder, Wilhelm: Österreichische Verfassungsgeschichte, Wien 2005.
Bruckmüller, Ernst : Sozialgeschichte Österreichs, Wien 2001.
Buttinger, Joseph: Am Beispiel Österreichs. Ein geschichtlicher Beitrag zur Krise der sozialistischen Bewegung, Köln 1953.
Charmatz, Richard: Lebensbilder. Aus der Geschichte Österreichs, Wien 1947.
Dannenberg, Robert: Die Wahrheit über die „Polizeiaktion" am 15. Juli. Der Bericht der vom Wiener Gemeinderat zur Untersuchung der Ereignisse vom 15. Juli eingesetzten Kommission, Wien 1927.
Deutsch, Julius: Aus Österreichs Revolution, Wien 1923.
Deutsch, Julius: Der Bürgerkrieg in Österreich. Eine Darstellung von Mitkämpfern und Augenzeugen, Karlsbad 1934.
Deutsch, Julius: Wehrmacht und Sozialdemokratie, Wien 1927.
Deutsch, Julius: Ein weiter Weg, Lebenserinnerungen, Wien 1960.
Dokumentationsarchiv des österreichischen Widerstandes (Hg.) : Erzählte Geschichte. Berichte von Widerstandskämpfern und Verfolgten, Wien 1998.
Dokumentationsarchiv des österreichischen Widerstandes (Hg.): Gedenken und Mahnen in Wien 1934-1945. Gedenkstätten zu Widerstand und Verfolgung, Exil, Befreiung. Eine Dokumentation, Wien 1998.
Dokumentationsarchiv des österreichischen Widerstandes (Hg.): Gedenken und Mahnen in Wien 1934-1945. Gedenkstätten zu Widerstand und Verfolgung, Exil, Befreiung, Ergänzungen I. Wien 2001.
Duczynska, Ilona: Der demokratische Bolschewik. Zur Theorie und Praxis der Gewalt, München 1975.

Ehalt, Hubert Ch. (Hg.): Geschichte von unten. Fragestellungen, Methoden und Projekte einer Geschichte des Alltags, Wien-Köln-Graz 1984.

Ellenbogen, Wilhelm: Menschen und Prinzipien, Wien 1981.

Etzersdorfer, Irene – Schafranek, Hans (Hgg.): Erzählte Geschichte. Der Februar 1934 in Wien, Wien 1984.

Exenberger, Herbert – Zoitl, Helge (Hgg.): Februar 1934 in Wien. Chronik, Schauplätze, Gedenkstätten und Augenzeugenberichte, Wien 1984.

Fiereder, Helmut: Der Republikanische Schutzbund in Linz und die Kampfhandlungen im Februar 1934. Sonderdruck aus dem Historischen Jahrbuch der Stadt Linz. Linz 1978.

Fischer, Walter: Kurze Geschichten aus einem langen Leben. Mit einem Nachwort von Leopold Spira, Mannheim 1986.

Fröschl, Erich – Zoitl, Helge (Hgg.): Februar 1934. Ursachen Fakten Folgen, Wien 1984.

Gehmacher, Johanna: Jugend ohne Zukunft. Hitler-Jugend und Bund Deutscher Mädel in Österreich vor 1938, Wien 1987.

Garscha, Winfried R. – Hautmann, Hans (Hgg.): Februar 1934 in Österreich, Berlin 1984.

Gedye, George Eric Rowe: Die Bastionen fielen, Wien 1948.

Glaubauf, Karl: Die Volkswehr 1918 – 1920 und die Gründung der Republik (Österreichische Militärgeschichte, Sonderband 1993 – Folge 1, Wien 1994.

Gronemann, Rudolf: Floridsdorf in den Februarkämpfen 1934 von einem Schutzbündler, (mit Hilfe von Julius Deutsch), Karlsbad 1935.

Gulick, Charles A: Österreich von Habsburg zu Hitler, Wien 1976.

Hautmann, Hans: Die verlorene Räterepublik. Am Beispiel der Kommunistischen Partei Deutschösterreichs, Wien-Frankfurt-Zürich 1971.

Hautmann, Hans-Knopf, Rudolf (Hgg.): Die österreichische Arbeiterbewegung im Vormärz bis 1934, Wien 1976.

Hillegeist, Friedrich: Mein Leben im Wandel der Zeiten, Wien 1974.

Hindels, Josef: So starb ein junger Sozialist. Josef Gerl. Hingerichtet am 24.Juli 1934, Wien 1974.

Hindels, Josef: Der Weg zum 12. Feber 1934. Wien 1984.

Hobsbawm, Eric: Das Zeitalter der Extreme. Weltgeschichte des 20. Jahrhunderts, München-Wien 1995.

Holtmann, Everhard: Zwischen Unterdrückung und Befriedung. Sozialistische Arbeiterbewegung und autoritäres Regime in Österreich 1933—1938, Wien 1978.

Jahoda, Maria - Lazarsfeld, Paul F.- Zeisel, Hans (Hgg.): Die Arbeitslosen von Marienthal. Ein soziographischer Versuch, Frankfurt/Main 1980.

Jedlicka, Ludwig: Ein Heer im Schatten der Parteien. Die militärpolitische Lage Österreichs 1918-1938, Graz 1955.

Jedlicka, Ludwig: Ende und Anfang. Österreich 1018/19, Salzburg 1969.

Jedlicka, Ludwig (Hg.): Das Jahr 1934: 12. Februar, Wien 1975.

Jochum, Manfred: Die erste Republik in Dokumenten und Bildern, Wien 1983.

Kerekes, Lajos: Abenddämmerung einer Demokratie-Mussolini, Gömbös und die Heimwehr, Wien- Frankfurt/Main- Zürich 1966.

Klein- Löw, Stella: Erinnerungen. Erlebtes und Gedachtes. Wien 1980.

Klusacek, Christine – Stimmer, Kurt (Hgg.): Meidling. Vom Wienfluß zum Wienerberg, Wolfsberg 1996.

Kolb, Fritz: Es kam ganz anders. Betrachtungen eines alt gewordenen Sozialisten, Wien 1981.

Körner, Theodor: Denkschrift über das Heerwesen der Republik, Wien 1924.
Kreisky, Bruno: Zwischen den Zeiten. Erinnerungen aus fünf Jahrzehnten, Berlin 1986.
Krenn, Martin: Rudolf Haunschmid. Biographie eines Widerstandskämpfers, Linz 2009.
Kraßnitzer, Michael: Widerstand in Hietzing. Freiheitskampf 1934-1938 und 1938-1945 am Beispiel eines Wiener Bezirks, Wien 2004.
Kykal, Inez- Stadler, Karl (Hgg.): Richard Bernaschek. Odyssee eines Rebellen, Wien 1976.
Landes, David S.: Wohlstand und Armut der Nationen. Warum die einen reich und die anderen arm sind, Berlin 1999.
Leichter, Otto: Glanz und Elend der Ersten Republik, Wien 1964.
Leichter, Otto: Zwischen den Diktaturen. Österreichs Revolutionäre Sozialisten 1934 – 1938, Wien-Frankfurt-Zürich 1968.
Leichter, Otto: Otto Bauer. Tragödie oder Triumph, Wien 1970.
Leidinger, Hannes – Moritz, Verena (Hgg.): Die Republik Österreich 1918 / 2008. Überblick-Zwischenbilanz-Neubewertung, Wien 2008.
Leidinger, Hannes – Moritz, Verena – Schippler, Berndt (Hgg.): Schwarzbuch der Habsburger. Die unrühmliche Geschichte eines Herscherhauses. Innsbruck-Wien 2010.
Lein, Hermann – Schnell, Hermann (Hgg.); Kreuzer, Franz: Ein Leben für Österreich – Franz Jonas, Wien 1969.
Leser, Norbert (Hg.): Werk und Widerhall. Große Gestalten des österreichischen Sozialismus, Wien 1964.
Lindquist, Sven: Grabe wo du stehst. Handbuch zur Erforschung der eigenen Geschichte, Bonn 1989.
Magaziner, Alfred: Die Wegbereiter. Aus der Geschichte der Arbeiterbewegung, Wien 1975.
Magaziner, Alfred: Die Vorkämpfer. Aus der Geschichte der Arbeiterbewegung, Wien 1979.
Magaziner, Alfred: Die Bahnbrecher. Aus der Geschichte der Arbeiterbewegung, Wien-München-Zürich 1985.
Maimann, Helene – Mattl, Siegfried (Hgg.): Die Kälte des Februar. Österreich 1933-1938, Wien 1984.
Marschalek, Manfred (Hg.): Untergrund und Exil. Österreichs Sozialisten zwischen 1934 und 1945, Wien 1990.
Mautner Markhof, Georg J. E.: Major Emil Fey. Heimwehrführer zwischen Bürgerkrieg, Dollfuß-Mord und Anschluß, Graz 2004.
Meidlinger Kulturkreis (Hg.): Meidling – Fünf Dörfer – ein Bezirk, anlässlich 100 Jahre Meidling – 12. Wiener Gemeindebezirk, Wien 1990.
McLoughlin, Finnbarr: Der Republikanische Schutzbund und gewalttätige politische Auseinandersetzungen in Österreich 1923- 1934. Phil. Diss. Wien 1990.
Meisel, Josef: „Jetzt haben wir Ihnen, Meisel!" Kampf, Widerstand und Verfolgung eines österreichischen Antifaschisten, Wien 1985.
Mikoletzky, Hans Leo: Österreichische Zeitgeschichte vom Ende der Monarchie bis zum Abschluss des Staatsvertrages, Wien-München 1962.
Molden, Fritz: Fepolinski und Waschlapski auf dem berstenden Stern, Wien- München - Zürich, 1976.
Mück, Werner: Österreich: Das war unser Jahrhundert, Wien 1999.
Münichreiter, Karl: „Ich sterbe, weil es einer sein muss". Karl Münichreiter in 1891 – 1934. Erinnerungen des Sohnes Karl Münichreiter, Wien 2004.

Naderer, Otto: Der bewaffnete Aufstand. Der Republikanische Schutzbund der österreichischen Sozialdemokratie und die militärische Vorbereitung auf den Bürgerkrieg (1923-1934), Graz 2004.

Neuhäuser, Stephan (Hg.): „Wir werden morgen ganze Arbeit leisten" – Der austrofaschistische Staatsstreich 1934. Books on Demand, Norderstedt 2004.

Orwell, George: Mein Katalonien. Bericht über den Spanischen Bürgerkrieg. Zürich 1964.

Oswald, Franz: Die Stellung von Major a. D. Emil Fey in der Politik der Ersten Republik und des Ständestaates. Diss. Universität Wien 1964.

Pelinka, Anton – Rosenberger, Sieglinde (Hgg.): Österreichische Politik. Grundlagen – Strukturen – Trends. Wien 2003.

Pelinka, Peter: Erbe und Neubeginn. Die Revolutionären Sozialisten in Österreich 1934-38. Mit einem Nachwort von Manfred Ackermann, Wien1981.

Pollak, Oscar: Weg aus dem Dunkel, Wien- ohne Erscheinungsdatum.

Pollak, Paul: Der Tote im Bunker. Bericht über meinen Vater, Wien 2003.

Portisch, Hugo: Österreich I. Die unterschätzte Republik. Wien 1989.

Portisch, Hugo: Hört die Signale. Aufstieg und Fall des Sowjetkommunismus, Wien 1991.

Propst, Fritz: Mein Leben im Widerstand. Eine autobiographische Erzählung, Wien 2002.

Rathkolb, Oliver: Die paradoxe Republik. Österreich von 1945 bis 2005, Wien 2005.

Rathkolb, Oliver -Klocker, Friedrich -Netztl, Gerald -Anetzhuber, Gerald (Hgg.): 100 Jahre „Wien – Süd". 100 Jahre im Dienste des sozialen Wohnbaus. Die Geschichte der gemeinnützigen Bau- und Wohnungsgenossenschaft „Wien – Süd", Wien 2010.

Reiter, Franz Richard (Hg.): Wer war Rosa Jochmann? Dokumente, Berichte, Analysen, Wien 1997.

Renner, Karl: Die Gründung der Republik Deutschösterreich, der Anschluß und die Sudetendeutschen. Wien 1938, Wien 1990.

Roskosny, Josef: Liesing. Ein junger Bezirk mit Vergangenheit, Wien 1979.

Schafranek; Hans (Hg.): Die Betrogenen. Österreicher als Opfer stalinistischen Terrors in der Sowjetunion, Wien 1991.

Schärf, Adolf: Erinnerungen aus meinem Leben, Wien 1963.

Schefbeck, Günther (Hg.): Österreich 1934. Vorgeschichte – Ereignisse – Wirkungen, Wien 2004.

Scheuch, Manfred : Historischer Atlas Österreich, Wien 2008.

Schneeweiss, Josef: Keine Führer und keine Götter. Erinnerungen eines Arztes und Spanienkämpfers, Wien 1986.

Schneidmadl, Heinrich: Über Dollfuß zu Hitler, Wien 1964.

Schuschnigg, Kurt: Im Kampf gegen Hitler. Die Überwindung der Anschlussidee, Wien-München-Zürich 1969.

Schüssel, Therese: Das Werden Österreichs. Ein Arbeitsbuch für Österreichische Geschichte. Die Grundlage für dieses Werk bildet die „Geschichte Österreichs" von Erich Zöllner, Wien-München 1964.

Stadler, Karl R.: Opfer verlorener Zeiten. Geschichte der Schutzbund-Emigration 1934, Wien 1974.

Stadler, Karl R. (Hg.) Rape, Ludger: Die österreichischen Heimwehren und die bayerische Rechte 1920-1923, Wien 1977.

Stepan, Rainer (Hg.): Christliche Demokratie. Demokratie und der 12. Feber 1934, Wien 1989.

Steiner, Herbert – Sporrer, Maria (Hgg.): Rosa Jochmann – Zeitzeugin, Wien 1983.

Stiefel, Dieter: Arbeitslosigkeit. Soziale, politische und wirtschaftliche Auswirkungen am Beispiel Österreichs 1918-1938, Berlin- West 1979.
Streibel, Robert: Februar in der Provinz. Eine Spurensicherung zum 12. Februar 1934 in Niederösterreich, Edition Geschichte der Heimat, Grünbach 1994.
Tàlos, Emmerich- Neugebauer, Wolfgang (Hgg.): Austrofaschismus. Politik – Ökonomie – Kultur 1933 – 1938, Wien 2005.
Veiter, Theodor: „Das 34er Jahr". Bürgerkrieg in Österreich, Wien – München, 1984.
Vocelka, Karl: Geschichte Österreichs. Kultur – Gesellschaft – Politik, München 2000.
Wallisch, Paula: Ein Held stirbt, Prag 1935, Graz, 1946.
Wagner, Wilhelm J.: Der große Bildatlas zur Geschichte Österreichs, Wissenschaftliche Beratung: Bihl, Wolfdieter, Wien 1995.
Weinzierl, Erika – Hofrichter, Peter (Hgg.): Österreichische Zeitgeschichte in Bildern, Innsbruck – Wien 1975.
Weinzierl, Ulrich (Hg.): Versuchsstation des Weltuntergangs. Erzählte Geschichte Österreichs 1918—1938, Wien 1983.
Weissensteiner, Friedrich: Schicksalstage Österreichs. Wendepunkte, Krisen, Entwicklungen, Wien 1989.
Wieser, Georg (Pseudonym für Otto Leichter): Ein Staat stirbt. Österreich 1934 bis 1938, Paris 1938.
Winkler, Arnold: Österreich 1918 – 1938, Wien 1946.
Wiltschegg, Walter: Die Heimwehr. Eine unwiderstehliche Volksbewegung? Wien 1985.
Wisshaupt, Walter: Wir kommen wieder! Eine Geschichte der Revolutionären Sozialisten Österreichs 1934-1938, Wien 1967.
Wutzlhofer, Elisabeth: Oral History im Geschichtsunterricht. Diplomarbeit, Wien 2004.

Broschüren und Dokumentationen

Alfred Klahr Gesellschaft, Mitteilungen: Hans Hautmann: Die Pariser Kommune 1871. Volksherrschaft für 72 Tage. 18. Jg./ Nr. 1. März 2011
Bezirksmuseum Josefstadt: Hans Kelsen und die Bundesverfassung. Geschichte einer Josefstädter Karriere, Wien 2010.
Bund Sozialdemokratischer Freiheitskämpfer, Opfer des Faschismus und aktiver Antifaschisten: Netzl, Gerald: Der 12. Februar 1934 in Liesing, eine historisch-politische Rekonstruktion, Wien 2004.
Bund Sozialdemokratischer Freiheitskämpfer, Opfer des Faschismus und aktiver Antifaschisten: Netzl, Gerald: Liesing im Dunkeln, verfolgte und ermordete LiesingerInnen 1932-1945, Wien 2008.
Bund Sozialistischer Freiheitskämpfer und Opfer des Faschismus, Bezirksgruppe Liesing: Hanzl, Erwin: Mein Weg als Schutzbündler Wien- Prag- Moskau, 1927- 1934- 1939, Wien 1992.
Der Februar= Aufruhr 1934: Das Eingreifen des österreichischen Bundesheeres zu seiner Niederwerfung, Nur für den Dienstgebrauch! Im Auftrage des Bundesministeriums für Landesverteidigung als Manuskript gedruckt 1935.
Fey, Emil: Österreich über alles. Vom Isonzo bis zur Gegenwart. Vortrag des Vizekanzlers Maria Theresienritter Emil Fey bei einer Kundgebung des Verbandes ALT- ÖSTERREICH, 1934.
Franzobel: Theaterstück: „Hunt oder Der Totale Februar" Uraufführung des Verein „Theater im Hausruck" in Wolfsegg 2005 (mit dem Schauspieler Karl Markovics in der Hauptrolle).
Hirsch, Jürgen – Nemec, Margit (Hg.): Gmünder, Stefan – Scheuch, Manfred –

Wandler, Reiner: Der spanische Bürgerkrieg. Eine Serie, veröffentlicht im „der Standard" Juli/August 2006.
Institut für Österreichkunde (Hg.): Lhotsky Alfons: Österreich in Geschichte und Literatur: Das Problem des österreichischen Menschen, Wien 1968.
Jedlicka, Ludwig – Neck, Rudolf (Hgg.): Das Jahr 1934: 12. Februar; Protokoll des Symposiums in Wien am 5. Februar 1974, Wien 1975.
Margaretner Museumsblätter: Der Kampf um die Republik. 12. November 1918 – 12. Februar 1934, Heft 7, Wien 2004.
Militärhistorische Schriftenreihe, Heeresgeschichtliches Museum, (Hg.) Militärwissenschaftliches Institut: Peball, Kurt : Die Kämpfe in Wien im Februar 1934.
„Mit uns zieht die neue Zeit". Arbeiterkultur in Österreich 1918 – 1934. Eine Ausstellung der Österreichischen Gesellschaft für Kulturpolitik und des Meidlinger Kulturkreises. Straßenbahn-Remise Wien Meidling Koppreitergasse 23. Jänner – 30. August 1981 Katalog.
Österreichische Illustrierte Zeitung: 37.Jahrgang Heft Nr. 30 / 1927: Wiens Bluttage - Texte und zahlreiche Bilder von den Kampfstätten im Inneren des Blattes; Brand des Justizpalastes 1927.
Österreichische Woche: Wien, 21. März 1935, 3. Jahrgang Nr. 12; Wiener Intern. Messe.
Österreichische Woche: Wien, 9. Mai 1935, 3. Jahrgang Nr. 19; Der 1. Mai im Wiener Stadion.
Österreichische Woche: Wien, 30. April 1936, 4. Jahrgang Nr. 18; Frühjahrsparade der Garnison Wien im Zeichen Prinz Eugens.
Sieder, Reinhard: Bemerkungen zur Verwendung des „Narrativinterviews" für eine Geschichte des Alltags, Zeitgeschichte 5/82. S. 164-178.
Schriftenreihe des Österreichischen Ost- und Südosteuropäischen Instituts, Band 7 Brousek, Karl M.: „Wien und seine Tschechen" München 1980.
SPÖ- Landesorganisation Wien: Wir sind das Bauvolk. 40 Jahre SPÖ-Meidling 1945-1985, Wien 1985.
Sozialistische Jugend Wien: 70 Jahre 12. Februar 1934, Wien 2004.
Sozialistische Jugend Österreich (Hg.): 110 Jahre Sozialistische Jugend, Wien 2004.
Sozialistische Jugend Österreich (Hg.): Die Geschichte des Faschismus in Österreich, Wien 2004.
Sozialistische Jugend NÖ. (Hg.):Faschismus ist keine Meinung sondern ein Verbrechen. Hindels, Josef: Der Weg zum 12. Februar 1934. So starb ein junger Sozialist, St.Pölten 2004.
Sozialistische Jugend Österreich (Hg.): Die Geschichte des Faschismus in Deutschland und Italien, Wien 2004.
Suttner, Reinhold: Liesing – lebenswert, liebenswert, lobenswert. Geschichte der Sozialdemokratie in Liesing, Wien 1989.
Truppendienst, Bundesheer: Heft 5, 2011, Nr. 323. Mag. Martin Prieschl: Der „Pfrimer-Putsch" 1931.
Verein zur Erhaltung und Förderung des Meidlinger Bezirksmuseums (Hg.):Hans W. Bousska: Die Gemeindebauten der Stadt Wien; Die Kämpfe im Februar 1934 in Meidling. Gemeindebauten in Meidling. Wien 1999.
Verein zur Erhaltung und Förderung des Meidlinger Bezirksmuseums (Hg.): Vladimira Bousska: Helene Potetz, ein Leben für die Sozialdemokratie. Wien 1996.
Verein zur Erhaltung und Förderung des Meidlinger Bezirksmuseums (Hg.): Hans W. Bousska: Februar 1934; Meidling Februar 1934; Verhandlungsprotokoll; Der Februar 1934 im Spiegel der „Meidlinger Nachrichten". Wien 2004.

Verein für Geschichte der Arbeiterbewegung (Hg.): Otto Bauer: Die Österreichische Revolution, Wien 2008.

Wiener Geschichtsblätter 1974, Rauchensteiner, Manfried: Die Kämpfe in Wien im Februar 1934, in: Wiener Geschichtsblätter 1974, Sonderheft 2, S. 103- 114.

Literatur im Internet

www.dasrotewien.at/online/page.php?P=10983

www.unigraz.at/wsgwww/wsgwww_oralhistory_archiv/wsgwww_oh_zur_oral_history

www.kazan-memory.uni-tuebingen.de/oralhist.html

andrea.heuberger@gmx.at: Oral History im Geschichtsunterricht

www.dasrotewien.at/petznek-leopold.html

www.kinderfreunde.at/layout/set/print/V/Rote-Falken-Oesterreich/Themen/Marx-und-seine-Kinder/

www.kominform.at/article.php/20071226151251299

pluspunkt.at/var/storage/images/medien/bilder/helga-bilder/gedenkpostkarte-muenichreiter-weissel-swoboda-wallisch/37986-1-ger-De/Gedenkpostkarte-Muenichreiter…

www.freiheitskaempfer.at/site-new/kaempfer/kaempfer_07_08_09_2005.php

Curriculum vitae

Mag. phil. Dr. phil. Josef Fiala, geb. 1943 in Wien.
e-mail: josef.fiala1@chello.at

Schule und Beruf:

1949- 1957 Volks- und Hauptschule in 1120 Wien

1957- 1961 erlernter Beruf eines Elektromechanikers für Röntgen- und Elektromedizin Fa. ING. KARL MARHOLT

1961- 1962 Monteur in diesem Bereich im ehemaligen AKH, jetzt Universitäts-Campus

1963 Grundwehrdienst beim Österreichischen Bundesheer, Korporal d. R.

Weitere berufliche Tätigkeiten:

1964- 1972 Techniker und kfm. Angestellter bei Fa. PHILIPS

1972- 1985 Einkäufer und Vorstandsassistent der FUNKBERATERRING-EINKAUFSGENOSSENSCHAFT

1985- 1988 Mitarbeiter der Allgemeinen Verwaltung des KONSUM ÖSTERREICH

1988- 1992 Handlungsbevollmächtigter und Abteilungsleiter der Verwaltung des KONSUM ÖSTERREICH

1992- 2003 Gewerberechtlicher Geschäftsführer und Betriebsleiter in der chem. Industrie Fa. GEBR. SCHMIDT DRUCKFARBENFABRIK

2003 Ende des Berufslebens

Politische Tätigkeit:

1980- 1995 Gemeinderat der Marktgemeinde Breitenfurt /NÖ

Studium und Ausbildung:
2003 Beginn des außerordentlichen Studiums der Geschichte
2004 Studienberechtigungsprüfung mit Latinum
2009 Abschluss des Studiums als Magister der Philosophie Geschichte
2009 Beginn des Doktoratstudiums der Geschichte
2012 Abschluss des Studiums als Doktor der Philosophie Geschichte

Vortragstätigkeit:
Ab 2008 Gastdozent an der Volkshochschule Hietzing für unterschiedliche historische Themen, sowie bei verschiedenen Vereinen und Körperschaften, in der Stadt Rust, der Marktgemeinde Breitenfurt und in einigen Wiener Bezirken

Publikationen:
Fiala, Josef: Die individuelle Perspektive- Subjektives Erleben: Der Prager Frühling und der 21. August 1968. Ein Zeitzeugenbericht in: Kastner, Florentine- Vesela, Barbora- Jaros, Jakub- Knoche, Christian (Hgg.) Juvenilia Territorialia II. „Prager Frühling" und „Ära Kreisky".Zwischen Reformwillen und Reformverwirklichung. Untersuchungen zu den europäischen Nachbarn Tschechoslowakei und Österreich. Praha 2009.

Fiala, Josef: „Österreicher" in den SS-Einsatzgruppen und SS-Brigaden. Die Tötungsaktionen in der Sowjetunion 1941-1942. Diplomica Verlag, Hamburg 2010.